中国少数民族经济发展
协同创新中心文库

反贫困策略

美国的政策选择与评估

约翰·丰比（John P. Formby）
[美] 约翰·毕晓普（John A.Bishop）◎ 著
金浩成（Hoseong Kim）

王桂胜 ◎ 译

MINIMUM WAGES AND POVERTY

AN EVALUATION OF POLICY ALTERNATIVES

中国工人出版社

序　言

学术界对最低工资影响贫困的问题长期保持着浓厚的兴趣，近年来由于围绕最低工资的新经济学的有关争议重新激起了对这一问题的研究。很多今天讨论这些问题的研究人员往往从劳动经济学视角来切入分析问题，并且将美国官方贫困统计作为标准，来判断提高最低工资的影响。我们的方法是不同的。从我们的视角来看，只关注官方贫困线可能会包含一些具有严重误导性的幼稚判断。我们将应用有关收入分配的应用福利经济学重要发展及有关贫困测度的最新研究进展[1]，来探析最低工资及替代性劳动力市场政策的影响。我们不仅要考虑支撑官方贫困统计的统计货币收入，还要考虑综合性收入，因为后者能更好、更标准地反映家庭收入来源。

此外，我们研究了整体收入分配，并且具体考虑了整体收入分配中低收入部分的一系列点。官方贫困线对应着收入分配中一个单一的任意指定的点。我们将其视为一个有用的参考点，并分析最低工资提高及替代性等成本劳动力市场政策对整体收入分配中系列分布点的影响。

本书的研究大大超出了在收入分配、再分配、福利、不平等和贫困领域的早期研究工作。替代性劳动力市场政策模拟所依据的基本思想源起于一项研究，在研究中我们难以发现最低工资的变动对配对的1995—1996以及1996—1997年等两年期低收入家庭样本数据的可计量影响。这些年份中，联邦最低工资正好从4.5美元/小时提高到4.75美元/小时，随后又增长到5.15美元/小时。在同样的低收入家庭的两年期样本研究中，我们发现存在较高的离职率或流动性，这使得因最低工资增长而使收入改善的状

1　编者注：本书英文原版出版于2005年，书中述及的内容应为2005年前的情况。

况在实际上是不可能实现的。简而言之，在20世纪90年代中期，家庭收入增长或降低的自然变动远超出了可以观察到的名义最低工资少量提高的影响。同样，获得公共资助的家庭的向上或向下的流动性，使得我们难以判别最低工资的变动对在1996—1997年不再接受福利而去工作的家庭的影响。

观察到的流动性和我们对最低工资政策影响低收入家庭的研究兴趣，给我们提供了三个思路。第一，我们会想到通过模拟名义最低工资提高的影响来保持低收入人口中流动性及离职的影响不变。这当然需要我们考虑或吸收与最低工资提高相关的劳动力市场反应。任何模拟必须能够解释低薪工人的失业效应，这些工人也正处于当前最低工资新经济学的争议中心。这也导致我们对一组最可能受到最低工资提高影响的低薪工人的关键就业弹性开展了新的估计。

第二个思路就是我们分析两年期低收入人口配对样本的初始兴趣的自然延伸。同时使用一年期和两年期样本数据可以使我们将这些家庭分为持久和短暂低收入组。这样，最低工资对长期贫困家庭的影响就可以与其对临时贫困家庭或非贫困家庭（在两年期样本中）的影响进行比较。第三个思路与经济学中长期存在的一个质疑有关，就是最低工资政策在改善贫困工作家庭的福利方面要劣于替代性劳动力市场政策。一旦最低工资提高的成本已知，就可以对具有同样社会成本的替代性政策进行模拟和比较。关键问题是，哪一个替代性等成本政策最有效？

如果没有金浩成博士的编程技术，本书是难以写成的。我们同时特别感谢詹姆士·卡福对我们处理时间序列中时间趋势提出了诸多替代方法，以及在估计联邦最低工资变动下的就业弹性中使用截面面板数据时提供了很多指导与洞见。我们也要感谢阿拉巴马大学学生卡萨布里安·琼斯，以及东卡罗莱纳大学学生布里特·乔亚尔和杰斯卡·麦，感谢他们帮助检查和准备参考文献与索引。最后，我们感谢妮塔·丰比在我们完成最终书稿中提供的建议和帮助。

本书研究得到了阿拉巴马大学、东卡罗莱纳大学、就业政策研究所以及W. E. 阿普约翰就业研究基金会的支持。

译者序

当前我国正处在全面推进精准扶贫脱贫进程、加快建成小康社会的关键时期。在习近平新时代中国特色社会主义思想指导下，我国在政治、经济、社会、文化和生态等各领域取得了一系列重大发展成就。为在2020年如期实现全面建成小康社会，我们必须在先进思想理论和有效的实践经验指导下，结合国内外反贫困事业发展和取得成功的经验教训，为当前我国进行的精准扶贫脱贫工作保驾护航，以实现精准脱贫事业平稳发展。

我国当前实施的反贫困计划也是我国历代共产党人在马克思主义指引下努力奋斗追求的目标。从马克思主义到马克思主义中国化的成果——毛泽东思想和邓小平理论以及习近平新时代中国特色社会主义思想等都对反贫困问题做了精辟的理论分析和深入的实践总结。为了解国内外反贫困发展历程，在此有必要简要回顾一下近现代反贫困历史。根据马克思主义历史唯物论，资本主义在产业革命的基础上逐步取代了封建主义，大大提升了社会生产力，使人们的生活水平不断提高。但在社会物质财富不断增长的过程中，收入分配差距却越来越大，社会矛盾也逐步激化，对世界市场和资源的激烈争夺最终导致了两次世界大战。马克思在自由竞争资本主义阶段即对社会贫困现象进行思考，提出了马克思主义反贫困理论。该理论深刻揭示了贫困的制度根源——资本主义制度必然产生剥削，最终导致收入差距不断扩大。因此马克思主义反贫困理论可以归纳为社会制度决定论。"二战"以后，西欧及北欧一些国家吸收了改良社会主义思想，为增强社会凝聚力，大力进行福利国家建设，从而有力缩小了社会收入差距，使贫困人口大幅度减少。欧洲的福利国家建设对世界其他国家产生了或大或小的影响，不论是资本主义国家还是社会主义国家均加大了反贫困的力度。

中华人民共和国成立后，我们在一穷二白的基础上开展社会主义建设。毛泽东十分重视社会经济发展，新中国成立后的“一五计划”建设取得了巨大成功。毛泽东多次指出，我国必须发展经济，尽快改变积贫积弱的落后局面，否则就会被人欺负，人民也不会拥护我们，人民的政权也不能巩固。毛泽东不仅科学分析了我国贫困问题存在的根源，而且指明了消除贫困对于巩固和发展我国社会主义制度的极端重要性，从而为中华人民共和国反贫困事业奠定了坚实的理论基础。邓小平在我国反贫困事业上则起了承前启后的作用，他指出：贫穷不是社会主义；革命是解放生产力，改革也是解放生产力；只有解放和发展生产力，才能发挥社会主义的巨大优势；只有消灭贫困，实现共同富裕，才能体现社会主义制度的优越性。在邓小平理论指引下的改革开放使我国经济建设取得了巨大发展，人民生活水平大幅提高。二十一世纪尤其是党的十八大以来，我国经济结构开始转型升级，经济增长也面临多重考验。新时代下我们将实现全面建成小康社会，为此我们必须加大反贫困的力度和效度。在习近平新时代中国特色社会主义思想引领下，我国不断加大精准扶贫脱贫力度，同时实现经济高质量增长，为跨越“中等收入陷阱”奠定了扎实的基础。

本书就美国的反贫困政策及其效果进行了理论和实践的分析。众所周知，政策是一把双刃剑，既可能带来政府需要实现的社会经济发展目标，也可能会产生意想不到的影响结果。本书主要分析了美国最低工资（MW）、收入抵税额（EITC）和社会保障税减免（FICA）等政策对美国不同收入阶层的影响及其优缺点。本书首先介绍了运用占优方法分析收入分配状况的优劣以及贫困的测度方法，并指出贫困测度指标的选择直接影响到政府反贫困的效果。第三章主要研究了低收入人口，即其奥桑斯基等价收入低于两倍的官方贫困线的人口，同时考虑了贫困个人及贫困家庭。分析了四条贫困线并将低薪工人划分为四类——最低工资工人、接近最低工资工人、次最低工资工人和所有合并的低薪工人。研究结果表明在2001年大约有30%美国人是低收入人口，即有30%低于两倍官方贫困线的人口并有11.8%的工人就业于低薪工作。有十分惊人比例（35.9%）的低薪工人获得次最低小时工资。第四章使用20年一系列人口分组的月度和季度微观数据进行了新的估计并报告了结果。很多实证分析结果强烈表明实践中存在重要且显著的失业效应。第五章使用2001年微观数据提供了等成本替代劳动力市场政策的模拟分析结果。本书运用的研究设计是保持成本不变，同时比较2001年最低工资的小时工资率提高1美元时收入抵税额的等比例提高和低收入工作家庭缴纳的工资税等比例减免时的收入分配状况。在有关政策选择的争论中，一个关键问题就是到底选择提高最低工资还是增加收入抵税额或工资税减免政策，或者是兼而有之。本书报告的就业弹性估计和劳动力市场模拟结果，为这些政策难题和必须做出的社会选择提供了有力的建议和指导。

第六章通过劳动力市场政策模拟考察了三个等成本替代性劳动力市场政策对持久贫困家庭以及其他具有可识别流动性特征的家庭的比较影响。第七章是全书的总结。纵览全书，第一章是引论，是全书内容的概括介绍和引子。第二章至第六章可谓正文，是贫困分析和反贫困的政策研究等主要内容的分析论述。最后一章是总结与评论。全书内容紧凑、短小精悍而不乏丰富的实际分析。本书引用了大量美国人口调查数据进行模型分析，因而具有极强的实证性和实用性。本书既可作为有关贫困理论研究学者的参考读物，也可以作为各级政府相关部门管理者的政策咨询参考指南。此外，本书也可以作为各类大学、科研院所研究生、大学生的参考教材或辅导读本。

本书编译委员会成员包括：王桂胜、图登克珠、邹贤祥。参与单位包括：西藏大学经济文化研究中心，中国少数民族经济发展研究协同创新中心。

译　者

2018年10月20日

目　录

第一章

引论

INTRODUCTION

20 世纪 80 年代中后期至 90 年代，美国非技能和低薪工人劳动力市场 1
发展很不景气。低报酬工作虽然仍可找到，但由于非技能型劳动力市场供求双方的作用，使得位于收入分配底端的工作家庭更加难以通过工作获取足够收入来满足基本生活需求了。低薪劳动力市场的萧条已经得到了大量记载报道，[1] 有很多原创研究对其原因进行了深入分析。虽然关于萧条原因的研究仍在继续，但似乎正在出现的一个共识就是全球化力量——包括技术进步、贸易障碍减少和日益增长的与贫穷低薪国家的进口竞争等因素——正共同驱使美国及欧洲的非技能劳动力处于不利的境况。然而，也有部分观点不认可有关解释低薪劳动力市场不景气和实际工资下降的竞争性原因的相对重要性。[2]

有一个一致看法就是制度与政策的差异会使美国和欧洲低薪劳动力市场萧条的影响对工作家庭产生不同的结果。这些差异可以总结如下：美国工人尤其是处于或接近收入分配底端的男性工人的实际工资下降了。工资、所得及收入的不平等显著增长，同时这些变化伴随着很多非技能和低学历的男性劳动力供给在减少。与之相对比，弗里曼和卡茨（Freeman & Katz, 1994）指出，在欧洲工资结构发生微小变动时，失业率尤其是青年人失业率则会上升，某些情况下会显著上升。结果，很多欧洲国家的薪资和劳动收入份额明显下降。因此，与欧洲国家相比，处于美国工资分配底端的工资更具有弹性。此外，在美国除了地理位置不合适的问题外，一般低薪工作还可以找到。美国的根本问题是，从这些低薪工作所获得的收入不足以满足低收入工作家庭的基本生活需求。

很多学者强调，美国低薪劳动力市场不景气，受影响最大的是男性工 2

人。埃尔伍德（Ellwood，2000）指出在1973—1996年，无论男性收入下降还是保持平稳，均对通胀的调整有敏感性。他使用消费物价指数对夸大的通胀进行保守式校正，认为当实际人均收入增长35%时，男性实际所得收入保持平稳，但是这个变动在不同时间极为不平等。在男性工人收入分布前端的三分之一部分，工钱和薪水增长了27%，处于中间三分之一部分的工钱和薪水仅增长了1%，而后端三分之一部分的工钱和薪水却下降了4%。

埃尔伍德（2000）指出，情况对于女性工人而言却大不相同。处于收入分布前端部分的女性工人工钱和薪水所得是增长的，而在收入分布的中间和后端部分的女性工人工钱和薪水所得，以及男女性工人工资差距在1973—1996年下降幅度很大。而且在每一个年龄段和教育类别中，男性工人的收入均持续高于女性工人。埃尔伍德（2000）表明，当从双就业已婚夫妇的男性和女性工人工钱和薪水来看，女性工作和收入的增加，抵销了处于收入分布后端的男性工人收入的减少。但这个增收部分与处于收入分布中前端部分的双就业家庭相比相对较小。这是由于低薪男性工人往往与低薪女性工人结婚，因此，即便是双就业家庭，在处于收入分布后端的情况下，还是需要努力奋斗才能满足基本生活需求，而对于单就业工作家庭而言，面临的困难就更大了。

本书提供的研究聚焦于与美国低薪劳动力市场不景气相关的一系列政策问题。我们广泛关心的问题就是替代性劳动力市场政策如何改善处于收入分布后端的家庭或个人的经济福利。传统上，用于解决低薪工作和家庭收入不足的两大重要劳动力市场政策是在《公平劳动标准法》（Fair Labor Standards Act，公共法75－718）中制定的联邦最低工资政策（Federal minimum wage）和收入抵税额政策（Earned Income Tax Credit，缩写为EITC，公共法94－72）。由此，这两大可用于解决与低薪劳动力市场不景气相关的一系列问题的主要替代政策是十分清晰的。可以提高联邦最低工资，或者可以提高收入抵税额。低收入家庭的工人也可能会受到第三个主要政策的影响，这个政策就是《联邦社会保险缴费法》（Federal Insurance Contributions Act，缩写为 FICA，公共法 74－271）要求他们或他们的雇主缴纳的工资税。对低收入家庭的税收处理被认为是第三种主要替代政策。有一个观点就是认为如果提高 1986 年以及 20 世纪 90 年代初税收改革法中的收入 3
抵税额会抵销贫困工作家庭缴纳的工资税。但是，目前对这个抵消作用在实践中的具体情况还不是很清楚。我们可以通过调查以下问题来解决这个难题：作为替代提高最低工资或收入抵税额的政策，我们减免低收入家庭工人缴纳的部分联邦社会保险税会有什么效果呢?

本研究调查了 21 世纪初三个等成本替代性劳动力市场政策对低收入家庭的经济福利及对整个社会的影响。重点关注最低工资、收入抵税额和工资税如何影响美国低收入家庭的经济福利变动。我们所使用的方法也揭示出，在提高低收入家庭工人的最低工资、收入抵税额以及减少工资税中，有多少利益归于处于收入分布的中前端部分家庭。因此，我们必须要考虑整体收入分配，特别侧重于处于收入分布后端部分的家庭和个人。

本书提供的研究包含了三个显著的特征。第一，本书采用常用的分析方式考察和比较了最低工资、收入抵税额和工资税的变化。本书对提高最低工资和增加收入抵税额的影响作了深入的分析讨论。本书研究将这两大政策置于“等社会成本”的框架下并分析了每个政策对收入分配的影响结果。此外，我们也同样运用等成本框架考察分析了替代政策——减免低收入家庭工人缴纳的部分工资税的影响结果。本书研究的第二个显著特征就是从关于贫困和收入分配的研究文献中吸收了大量重要的观点，将其用于劳动力市场政策和家庭福利的分析。这些文献表明，任何对与贫困作斗争的政策（包括提高最低工资、扩大收入抵税额和减免工资税）的评估，均要求对贫困人口进行恰当识别，并采取和收入分配相关的贫困测度方式，而不是仅采取贫困率这个测量指标。与此同时，检查相关结论对于所选政策和替代政策的敏感性也十分重要。本书研究的第三个显著特征就是运用收入分配的应用福利经济学的最新进展来解决这个关键问题：哪一个替代政策最优？

为探析我们所感兴趣的难点问题，我们使用 2002 年度三月人口调查（Current Population Survey，缩写为 CPS）的微观数据来模拟最低工资提高、
4 收入抵税额增加和减免社会保险税的影响。特别地，我们考察联邦最低工资提高 1 美元时的情况。相应地也提高同等比例的收入抵税额，并保持与最低工资增长成本一致。同时也提高低收入家庭工人缴纳的工资税减免比例，并保持与最低工资增长成本一致。这样我们就可以在保持等社会成本条件下考察劳动力市场政策对收入再分配的影响。

在研究最低工资、收入抵税额和工资税政策的学者之间有一个共识，就是很多工人和低收入家庭会受到这些政策的边际变动的影响。然而，这些政策对工人和低收入家庭的确切影响通常还是有争议的。这是提高最低工资政策的特别真实的一面。本书研究的一个主要目标就是为帮助确定全面完善的政策选择提供科学合理的证据。为实施政策模拟，要求我们必须吸收劳动力市场供给和需求双方的市场反馈。一旦我们充分了解替代性政策的就业影响范围，我们就可以模拟政策对所得（earnings）及收入（incomes）的影响。运用最低工资每小时提高 1 美元的几种就业影响估计，我们可以对处于收入分布不同部分的个人及家庭是净收益还是损失进行分类。接着，我们可以对在收入分布的特定部分的最低工资福利与其他等成本替代政策分配情况进行比较（如增加收入抵税额和减免低收入家庭工人缴纳的社会保险税等）。

本书引论的其他内容组织如下，第一部分和第二部分评论先前提出的有关最低工资政策影响的观点和论述。第一部分讨论在经济学中基于劳动力负斜率需求曲线思想的传统理论。第二部分提供了有关新最低工资研究文献及其反应的简单评论。第三部分主要评述收入抵税额政策。第四部分讨论侧重于劳动力市场需求侧的替代政策。这些政策包括提供公共服务工作和工资补贴、实施定向经济发展计划等。第五部分简单讨论工资补贴以及工资税减免。最后一部分是读者指南和本书其余章节内容的概述。

一、关于最低工资影响的传统理论

毫无疑问，最低工资是与低薪工作相关问题作斗争的最有政治吸引力的政策选择。自从联邦最低工资于 1938 年立法生效以来，已经至少提高了 20 余次。这部法律已经修改了无数次，以不断扩大覆盖工人的层次和类别范围，将以前最低工资线没有覆盖的工人包含进来。随着时间的延续，整 5
个国家越来越多地方的劳动力市场也接受联邦最低工资的影响。最近的联邦最低工资提高分两步实施，在 1996 年由 4. 25 美元提高到 4. 75 美元，随后在 1997 年又提高到 5. 15 美元。1996 年的联邦最低工资法修订还确立了青年人的最低工资标准——4. 25 美元，这个标准是为 20 岁以下的新雇工人确定的，可以在其刚工作连续 90 个工作日期间支付。从联邦最低工资立法一开始，甚至在 1938 年之前，有些州就有自己的最低工资法，这样可以有效提升最低工资并扩大覆盖范围。今天，已有 43 个州设立最低工资法。在这些州中很多州的最低工资与联邦最低工资一样。但是还有 11 个州的最低工资是高于联邦最低工资的，其较高的工资底线适用于所有被覆盖的工人。[3]

从最低工资政策出台到当前，首要目标就是提高工作家庭的收入能力以消除贫困。关于最低工资，有两大领域为所有学者、政策分析人士和政府官员所一致认同。第一，就是最低工资法的目标——减少贫困——是广为接受的很有价值的公共政策目标。第二，最低工资是美国劳动力市场的主要政策之一。然而，关于这一政策在实现其主要目标的功效上还有意见分歧。很多政府官员和政策制定者相信最低工资是有效的政策。而经济学中的传统理论则持相反的看法。

关于最低工资的研究文献可谓多如牛毛。布朗等（Brown，1982）和布朗（1996，1999）对过去和现在的文献作了系统评述。我们的评论主要集中在几个关键的问题上。第一个问题就是最低工资与贫困的关系。经济学家长期质疑的问题就是最低工资能否有助于消除贫困。在《美国经济评论》杂志的一篇较早的文章中，诺贝尔经济学奖获得者乔治·施蒂格勒（Stigler，1946）提出问题：“这项立法减少贫困了吗?”（1946，358 页）施蒂格勒的回答是一个坚定的“不”。他指出，“人们不能期望小时工资率水平与家庭收入数量之间有紧密的联系”（1946，362 页）。此外，施蒂格勒还指出，“除非最低工资与就业量、挣钱人数、非工资收入以及家庭规模等很多其他因素同时变化，否则它对于消除贫困而言就是一个无用的策略”（363 页）。[4] 另外，施蒂格勒还论证了通过强加的最低工资操纵劳动力市场价格是一个非效率和不公平的给穷人进行个人收入再分配的方法。但是，由于认识到低收入家庭问题的严重性，施蒂格勒提倡采取消除贫困的其他替代政策。

在很大程度上，施蒂格勒关于最低工资影响的观点在经济学界一直到近期均没有受到挑战。而在最近却出现了一些不同的观点，比如考夫曼和
6 福伦（Kaufman & Foran，1971）对施蒂格勒的最低工资影响贫困的悲观论点提出了质疑。他们引用莱斯特·梭罗（Thurow）教授的一些研究，证明了最低工资的收入效应要超过失业效应，会给穷人带来净收益。考夫曼和福伦（1971）总结道，最低工资只是很多减少贫困的政策之一，它与其他政策共同走在减少贫困的路上，各自做出了一定的贡献。然而，在经济学界，传统理论却根深蒂固。例如，在 20 世纪 60 年代末，88% 的学院派经济学家公开承认自己是联邦政府发起的“贫困战争”的支持者，但是其中有 61% 的经济学家反对最低工资。[5] 大多数经济学家当时和现在均相信，有占优势的证据表明最低工资的影响与劳动力市场简单劳动供给和需求模型的预测是一致的。最低工资立法束缚了部分劳动力市场并使低技能劳动力失业，或使一些劳动力加入失业大军或被迫转移到没有最低工资覆盖的经济领域就业。

工人是异质的，并且正如柯里和法利克（Currie & Fallick，1995）所指出的，最可能遭遇最低工资逆向影响的就业对象是那些技能最差的劳动

力，包括非成年工人、年轻的成年工人、中学辍学者、妇女和少数族裔劳动力等。毋庸置疑的是，很多或大多数受逆向影响的工人来自美国收入分配后端或接近后端的家庭。如果这是正确的，很多经济学家也相信如此，那么最低工资政策可以解释为一项递减性劳动力市场政策，它使得收入和财富再分配远离贫困家庭而流向富裕家庭。[6] 由纽马克、施维茨和瓦希尔（Neumark，Schweitzer & Wascher，缩写为 NSW）做的一项最新研究提供了支持这一观点的证据。一些处于收入分配后端的家庭获得了收益，而其他家庭则产生损失。但是根据 NSW 的研究可知，净影响“是提高了贫困家庭和接近贫困家庭的比例，由此表明最低工资政策的效率和公平效应均是负向的”（1998，30 页）。

（一）最低工资影响的俘获理论（Capture Theory）

传统理论的一个变种就是提出了可能被称为“最低工资政策的俘获理论”的新观点，该理论在公共选择框架下有助于解释那些提高最低工资的拥立者或游说者的行为。这些作者认为，政治过程被巧妙地运用，在低薪工人和有较多特权、有工会组织的高薪工人之间树立了竞争障碍，并且预先阻止资本向低薪人口区的流动。这些观点在亨利·西蒙斯（Simons， 7
1948）的著作中已有清晰的说明：

> 南方工人可能被来自北方工会和《公平劳动标准法》的组织者提出的工资预期迷惑了。他们可能在几种情况下得到了这些工资，但是只有在不管北方工会和马萨诸塞州议员意图的情况下，他们才可能在这样的工资水平下获得更多的就业机会。

西蒙·罗腾伯格（Rottenberg，1981b）提出的论证更加直白。他首先记录了联邦最低工资对波多黎各岛国经济的灾难性影响，然后就直接指责大陆工会及其政治同盟：

> 波多黎各最低工资率越高，就有更多的波多黎各工人成为大陆工人的的不完全替代品。大陆工会是知道这个事实的。他们是最有侵略性的最低工资政策的发起人，故意抬高波多黎各劳动力价格……他们的意图十分清楚，不是为了改善波多黎各工人的工作条件，而是通过强迫他们在较高的法定工资下提供服务来剥夺他们的就业机会。他们的主要兴趣在于影响特别类型经济活动的空间布局，这样可使由他们会员生产的该类产品更多地从波多黎各转移到大陆上生产……他们想影响财富和收入的分配，通过牺牲波多黎各工人的竞争力，更有利于特殊集团的大陆工人。最低工资法就是工会达到这一目的的工具性策略（137 页）。

施蒂格勒在 1946 年发表了一篇颇具影响力的论文，就最低工资与贫困的关系发表评论。30 年后，他又指出，他坚持认为穷人是最低工资法不正当影响的受害者。进一步而言，施蒂格勒透露，他认为这是一个重大经济学错误，即这些穷人、他们的支持者和政策制定者没有认识到，控制工资水平是对低收入工人及其家庭的伤害，而不是帮助。

（二）一个俘获理论未回答的问题

俘获理论表明最低工资立法满足了相对富裕的劳动工会、北方（大陆）资本家和工人的需要，而实际上对经济体中一部分穷人是有害的，这些人恰是控制低薪劳动力市场政策最初假定的预期受益者。然而，俘获理论关于最低工资法影响穷人方式的解释面临着一个基本问题，就是有关俘获假设的有效性。为什么众议员、穷人的支持团体以及穷人自身都是保留
8 最低工资以及定期提高最低工资的最强和持续的支持者呢？联邦最低工资立法可以回溯到 65 年前，从最初立法到当前，最低工资已经经历了多于 25 次的修订，得到了提高和扩展。穷人及其拥护者的支持从未动摇。如果俘获理论是可信的，那么这里就有一个困惑有待解释。根据这个观点穷人及其支持者确实不知道什么对自己最为有利，同时也不想了解。如果这是

正确的，怎么会持续这么长时间？

当然，有可能俘获理论夸大了提高最低工资对穷人的危害。莱夫勒（Leffler，1981）简要评论了从俘获理论视角来看长期存在的穷人对最低工资的令人不解的支持，并建议采用一个替代解释。他写道：

> 我宁愿相信，支持最低工资的贫困群体代表的成功，以及影响这个政策的经济学家的相对不成功，不是由于穷人没有能力理解需求定律，而是由于与最低工资政策相关的有利分配影响。所以，缺少理解的可能正是这些指责别人缺乏理解的经济学家（531 页）。

不幸的是，莱夫勒并没有沿着他富有洞见的评论路线继续研究，而是指出如果经济学家想对有关最低工资变动的政策争论产生影响的话，理解所谓的受害者支持最低工资是十分重要的。

最低工资变动的有利分配影响可能是很重要的，但是它必须要与失业和资源错配等产生的有害影响相比较。仅在近期才有经济学家开始关注最低工资的有利分配影响和资源错配的有害失业影响之间的权衡取舍。这些关于最低工资影响的新生兴趣，正是被“最低工资新经济学”的一系列论文和研究文献所激发而起，而这些文献观点也同时挑战了传统理论。

二、最低工资的新经济学及其反应

20 世纪 90 年代初期，卡德和克鲁格（Card & Krueger）带头进行了最低工资经济学的新研究，他们重点关注以下焦点问题：

- 在 20 世纪 80 年代和 90 年代，州和联邦最低工资的较小变动和差异产生的有害影响是什么？
- 个体工人的最低工资变化与这些工人家庭整体收入变化之间的关系是什么？

9 • 最后，最低工资变动对收入分配会产生什么影响？

卡德和克鲁格的很多关于最低工资的研究工作首先出现在系列期刊文章中（卡德，1992a，b；卡德和克鲁格，1994，1995a），此后又被编撰成一本书——《神话与测度：最低工资新经济学》（1995b）。他们的研究挑战了有关最低工资的经济影响的传统理论。在使用不同的数据集和测算技术下，卡德、卡德和克鲁格以及卡茨与克鲁格（1992）等均一致得到了一个主要结论：在美国，很小的最低工资变动及差异不会产生逆向失业影响。

卡德和克鲁格的研究（1995b）重新激起了最低工资—贫困关系之争。他们论述道，“最新一轮的联邦工资提高（1990—1991）对工资和家庭收入分配的影响幅度很小，也可能导致工人贫困率很小的下降”（307 页）。然而，他们关于最低工资和贫困的研究成果均很小，而且无关紧要。艾迪生和布莱克本（Addison & Blackburn，1999）则发现，“20 世纪 90 年代最低工资提高有助于减少贫困，……而 80 年代的最低工资增长没有减少贫困”（407 页）。纽马克和瓦希尔（1997）指出，艾迪生和布莱克本的研究结果是针对广泛分布在家庭收入分配各部分的个体低薪工人的。按照他们的观点，关于最低工资对家庭收入影响的政策分析必须涵盖所有家庭，这必然有助于改进艾迪生和布莱克本的结论。

波克豪泽等（Burkhauser，1996a，b；2000a，b）也批评了将工资和收入不公平归咎于减少贫困和增加经济福利的研究。波克豪泽等（1996b）继施蒂格勒（1946）后指出，“工人的小时工资与他或她的家庭的经济福利之间不再有很强的联系”（90 页）。这个结果是基于几个因素得到的，包括一定时间内家庭增长的工人数。此外，波克豪泽等（1996b）指出，“重复……卡德和克鲁格的收入分配分析表明，经济福利的一个更精确测算是如何产生不同结论的”（547 页）。波克豪泽等（1996b）提出的更“精确”的测算经济福利意味着一个更宽泛的收入概念和家庭规模与构成差异的调整。[7] 考虑到准确测算贫困的重要性，波克豪泽等（1996a）总结道，“即使最低工资的负就业效应很小，对于帮助就业的穷人而言也是一个非效率方法”（548 页）。

纽马克、施维茨和瓦希尔（1998）运用家庭的配对三月当期人口调查数据研究了最低工资对贫困的影响。他们发现，“提高最低工资的整体影响就是提高了贫困家庭或接近贫困家庭的比例，同时减少了家庭收入在贫 10
困线 1.5 倍和 3 倍之间的家庭比例”（3 页）。他们相信这是一个坚实的证据，它表明了最低工资不是一个有效的反贫困措施。后期由纽马克和瓦希尔（2000）做的研究更加肯定了有关最低工资的影响，认为一个更高的最低工资“帮助了拥有成年劳动力的家庭”（26 页）。

佩奇、斯派茨和米勒（Page，Spetz & Millar，1999）估计了最低工资立法对福利申请量的影响。他们发现最低工资提高 35%（最近的加利福尼亚州最低工资提高了这么多）会引起福利申请量 2% ~7% 的提高。他们总结道，“最低工资不是一个可便于将福利申请者转移到就业者的有效政策”。特纳（Turner，1999）则同时采用静态和动态（时间风险）模型来估计提高最低工资是否会对福利申请和退出的概率产生影响。相较于佩奇等的研究，特纳的两个模型均预测到最低工资的提高会减少福利参与。特纳的静态模型预测到最低工资提高 50 分会减少 41000 名单身母亲接受福利。特纳的动态模型预测到一个较高的最低工资将使福利退出率增加 2.5 个百分点，同时不影响福利再申请率。

最低工资对贫困的影响衍生出另一个相关的问题：最低工资对收入分配的影响。考夫曼和福伦（1971）的一个早期研究指出，“最低工资可能会使收入再分配有利于工人，这样会形成减少个人收入分配不平等的趋势”（523 页）。最近的研究对最低工资影响收入不平等的论点不太支持。霍里根和明希（Horrigan & Mincy，1993）发现“提高最低工资不会对家庭收入不平等产生实际影响”（252 页）。纽马克和瓦希尔（1997）就最低工资对收入不平等的影响也持悲观态度，他们指出，“就净影响而言，提高最低工资产生的各种交易结果更加类似于在低收入家庭之间的收入再分配而不是在高收入与低收入家庭之间的收入再分配”（31 页）。

尽管最低工资对收入不平等的影响可能较小，但也有更加牢靠的证据表明，最低工资会减少工资不平等。查尔斯·布朗在其调研报告《最低工资、就业和收入分配》中发现，“最低工资确实影响到工资分配，特别是对非成年工人的工资分配”（2157 页）。布朗继续论述道，“当从工资分配转到收入分配时，最低工资的平等化潜力就被大大削弱了”（2158 页）。[8]
11 最后，迪尔、墨非和韦尔奇（Deere，Murphy & Welch，1996）论述道，“关于低薪工人劳动成果的买者是否比工人更富裕这一点不是很清楚，但是十分清楚的是很多低薪工人不来自低收入家庭”（52 页）。

我们将在本书第四章回到最低工资新经济学，在此我们将详细讨论卡德和克鲁格（1995b）以及波克豪泽（2000b）的最低工资失业效应的截面与时间序列估计。

三、收入抵税额

收入抵税额政策是美国最大的联邦基金资助和经家计调查的现金支持计划。收入抵税额已经由 1979 年的 39 亿美元增长到 1999 年的 319 亿美元（霍茨和希沃兹，Hotz & Scholz，2001）。收入抵税额之所以很受欢迎，是因为其具有与传统现金转移支付计划不同的独特设计，因其主要接受者是带孩子的工作家庭。与传统现金转移支付计划不一样的是，已婚夫妇也可以得到与单亲父母一样的津贴。收入抵税额之所以受欢迎还有一个原因就是，该政策往往被视为一个就面对一系列问题进行“选择的政策”（霍夫曼和塞德曼，Hoffman & Seidman，1990）。政策制定者已经说明了收入抵税额鼓励工作和结婚，替代了传统福利、最低工资和儿童照顾津贴等，可以部分减轻穷人缴纳工资税产生的沉重负担。[9]

近期关于收入抵税额的研究文献多得可谓不计其数，我们主要关注三个重要问题：劳动供给效应，结婚和生育以及收入抵税额的反贫困效应。

（一）劳动供给效应

布朗宁（Browning，1995）就收入抵税额中存在的工作负激励因素表达了关切。在20世纪90年代初期，收入抵税额政策扩展到了成百万的新增家庭，同时他指出多达一半这样的家庭具有足够大的工作负激励以致收入抵税额减少了家庭收入。梅耶和罗森鲍姆（Meyer & Rosenbaum，2001）以一种更加实证的方式比较了不同政策对工作努力和福利的影响，结果收入抵税额使得1984—1996年单身母亲就业增长了60%以上。

很少有证据表明收入抵税额提高了工时数。梅耶（2002）发现收入抵税额对单身妇女工时数的影响很小或不存在。然而吴（Wu，2002）对这一结果的解释提出疑问。他质疑道，尽管对工时数的平均影响可能非常 12
小，但这个平均影响由两个相互抵充的影响组成，这依赖于这个人是否处于收入抵税额的分段加入或分段退出区域。考虑到收入抵税额的扩大，“当抵税额随着收入的增长而提高时，贫困单身母亲的工时数也会增长，而当抵税额随着收入减少而下降时，她们的工时数也随之减少。这样，当在收入抵税额分段加入率和分段退出率同时提高时，我们可以观察到一些净影响”（26页）。

在收入抵税额对已婚夫妇的劳动供给具有负面影响方面，各位学者已达成了高度共识。麦克拉普拉斯和伯林（Michalopoulos & Berlin，2002）就此明确指出，“收入抵税额是一个十分蹩脚的鼓励双亲家庭工作的方法”（10页）。霍茨和希沃兹（2001）在一篇众所周知的关于收入抵税额政策的调查报告中为支持该共识提供了理论基础。霍茨和希沃兹（2001）论述道，“不同已婚夫妇间的毛工资率和/或对休闲感觉的差异越大，扩大收入抵税额时就越有动机使得已婚夫妇们离开劳动力队伍”（24~25页）。

伊萨和霍因斯（Eissa & Hoynes，1998）将上述论点阐述得更加明确了，“收入抵税额在资助已婚夫妇待在家中上是十分有效的”（30页）。他们发现，从净效应来看，收入抵税额导致了更少的家庭劳动供给和税前收人。据霍茨和希沃兹估计，在1996年，收入抵税额的扩大使得不工作家庭数增加超过了1000万，远远超过梅耶和罗森鲍姆关于因收入抵税额扩大致使单身母亲就业数增加的估计。因此，麦克拉普拉斯和伯林（2002）总结道，“如果政策制定者要鼓励人们去工作……收入抵税额可能是一个不太有效的方法”（11页）。

（二）结婚和生育

到目前为止，很少有人关注到收入抵税额政策对结婚和生育决策的影响（参考霍茨和希沃兹，2001）。现存相关实证材料是混合的。埃尔伍德（2001）指出低收入夫妇不可避免要结婚，主要是为了保留收入抵税额福利。霍恩和索希尔（Horn & Sawhill，2001）引用诺克斯等（Knox et al，2000）关于明尼苏达州家庭投资计划的一项研究中记录的一个案例，“如何消除结婚的财务负激励肯定会影响到结婚率”（430页）。罗森鲍姆（2000）的研究结果表明不可能排除收入抵税额等税收激励政策对结婚的重要影响。

然而，收入抵税额毫无疑问对结婚有很大的负激励。丰比、毕晓普和金（Formby，Bishop & Kim，2003）模拟了收入抵税额对符合收入抵税额
13 享受资格的已婚夫妇的影响，分为已婚和假设离婚两种状态。他们发现，这些家庭中超过四分之三收到了“婚姻处罚”，并且在1997年平均罚款差不多是2000美元。此外，他们发现在收入分配中没有收入抵税额的结婚补助超过结婚处罚的十分位点。结婚处罚发生在上十分位点反映了很多家庭是双职工家庭的现状；如果离婚了，低收入配偶则有资格领取收入抵税额。类似地，霍尔茨布莱特和里贝兰（Holtzblatt & Rebelein，2001）发现在2000年收入抵税额将净结婚处罚额提高了36亿美元。而且，这其中的一般罚款归结于已婚夫妇没有领取收入抵税额，这是因为他们的总收入超过了分段退出的门槛。

(三) 收入抵税额的反贫困效应

如上所述，在1999年花掉300亿美元用于收入抵税额，使其成为美国最大的反贫困计划。霍夫曼和塞德曼（2002）估计1999年收入抵税额实现贫困率下降1.5个百分点，脱贫人口达到400万。哈斯金斯（Haskins，2001）运用绿皮书（美国众议院，2000）中的数据分析了美国联邦税收（所得税，工资税和收入抵税额）对儿童贫困率和收入差距的影响。他发现，1989年，包括收入抵税额在内的联邦税收使儿童贫困率提高了几乎1个百分点；到1999年，包括收入抵税额在内的联邦税收使儿童贫困人口减少了1个百分点（儿童贫困率下降了10%）。很明显，这个逆转现象的发生主要是由于收入抵税额的扩大。[10]哈斯金斯总结道，“为消除贫困的福利支付效率的下降（福利改革造成的）基本被收入和收入抵税额带来的效率增长所抵销”（127页）。

其他统计结果也支持了收入抵税额是减少贫困的主要工具这一观点。对于位于收入分配第二个五等分点的家庭，收入抵税额是最大的一项转移支付收入来源，它比现金转移支付高50%，是食品券转移收入的2.5倍。平均而言，收入抵税额构成了劳动力市场相关收入的20%，也是位于收入分配第二个五等分点的家庭总收入的10%（哈斯金斯，2001）。格林斯坦和夏皮罗（Greenstein & Shapiro，1998）论述道，收入抵税额“现在使得工作家庭中的460万人口脱贫，其中包含240万儿童”（1页）。与哈斯金斯的说法如出一辙，他们指出收入抵税额已经远远抵消联邦税收和工资税对贫困人口的影响。[11]

由伊萨和霍因斯（1998）以及李普曼（Liebman，1998）完成的正式的劳动力市场计量经济研究解决了收入抵税额和家庭收入的问题。伊萨和霍因斯发现收入抵税额提高了收入但薪水有些许下降。李普曼发现收入抵税额减少了富人和穷人之间的收入差距。他论述道，在1976年到1996年， 14
统计货币收入进入收入分配五等分最下部分的家庭的份额从4.4%下降到

3.7%。他的研究结果表明，收入抵税额抵销了几乎三分之一的下降额度。

总之，尽管收入抵税额看起来确实是一个有效地减少贫困的政策，但是也存在对其影响结婚和工作负激励等问题的严重忧虑。霍恩和索希尔（2001）建议，收入抵税额需要进行改革，以确保不会惩罚选择结婚的低收入夫妇。霍夫曼和塞德曼（2002）建议设立一个独立的、更加慷慨的收入抵税额方案以便帮助已婚夫妇消除婚姻处罚。麦克拉普拉斯和伯林（2002）建议新财务激励（例如提高联邦和州的收入抵税额）应该与全职工作联系起来以抵消他们的工作负激励。布兰克、卡德和罗宾斯（Blank & Robins，1999，2000）建议财务激励应该瞄准长期接受福利者，包括低学历和缺少工作经历的人。

四、需求侧政策

一些学者看到作为反贫困措施的最低工资政策的非效率和收入抵税额政策的高成本——该政策至多带有一些很小的就业效应，以此认为我们考虑的重点主要放在劳动力市场的供给侧，而恰恰忽视了劳动力市场的需求侧。影响劳动力需求的替代政策包含创造公共服务岗位、对到私人部门就业提供工资补贴以及制订定向经济发展计划从而为非技能的和低学历的人口创造更多就业机会。

工资补贴的基本思想是降低雇主雇佣非技能工人及低薪工人的人工成本。雇佣成本下降会增加更多的就业机会，并逐步使工人及其家庭的收入提高。即使工资补贴是暂时的，但它由于给没有技能或技能较少的人提供了工作经验而带来了长期利益。工作经验一方面强化了工人的自信，另一方面也给未来的雇主提供了工作成绩的记录（巴蒂克，Bartik，2001）。这对雇主十分有用，特别是有些雇主对低薪工人的信息了解很不完全时，就需要该记录作为依据。工资补贴的不足之处与对最低工资的批评有关；不像收入抵税额政策，工资补贴可能不是十分精准地以家庭收入为依据，因此没有给特定的社会经济群体打上烙印（卡茨，1996）。[12]

三十多年来，联邦政府通过给雇主提供不可退还的税收抵免，实施了一系列很小规模的工资补贴计划。最大的工资补贴计划就是 1977 年的《税收减免和简化法》(Tax Reduction and Simplification Act of 1977，公共法 15 95 - 30）中的新岗位税收抵免条款。这是一个十分一般的政策，并没有精准地以家庭收入或低薪工作为考虑基础。新岗位税收抵免被 1978 年的《税收法》(Revenue Act of 1978，公共法 95 - 600）废除，同时被定向岗位抵免取代，该政策直到 1994 年仍生效。在 1996 年和 1997 年，工作机会抵免及工作抵免福利又以雇主税收抵免形式引进了工资补贴。[13] 巴蒂克（2001）对采取雇主税收抵免形式的联邦工资补贴进行了评论，并总结道，“它们以很小的规模运行——往往影响的只是每年新雇佣的不到 100 万人，实际影响到的通常不到这个水平”（212 页）。

当工资补贴政策在欧洲取得了一些成绩时，在美国却受到了政治抵制。反对“大政府”的保守派坚决不支持创造公共部门岗位。自由主义分子反对“企业福利”，坚决不支持使用公共资金去补助私营雇主。巴蒂克（2001）认为这是由于缺少一个可以解释为什么忽视了需求侧政策的“政治基础”。弗里曼和戈特沙尔克（Gottschalk）在其论著《创造岗位：如何提高低技能工人的需求》（*Generating Jobs*：*How to Increase Demand for Less Skilled Workers*，1998）的引言中指出，详细记录的低薪工人实际收入的下降和 20 世纪 80 年代和 90 年代期间的工资不平等的大幅上升，一样要求在政治上尽快解决这些工人的困境。

巴蒂克（2001）提出了一项劳动力需求政策，他认为该政策既可以提高就业又可以减少贫困。他建议制订一个大规模的劳动力需求计划，该计划“主要瞄准那些不在劳动力队伍中的人，或除计划照顾外不可能在正常岗位就业的人”（3 页）。为使该计划在政治上可行，巴蒂克提出可以给与短期工资补贴，特别是对“小企业和非盈利部门”（3 页）。卡茨（1996）发现“定向工资补贴看起来有两个障碍，一是污名，二是当合格群体并不为雇主所看好时雇主对该政策的低参与度”（31 页）。[14]卡茨发现有宽泛基础的工资补贴比定向范围较窄的工资补贴更为有效。他总结道，尽管有宽泛基础的工资补贴的效率仍具有很多不确定性，但这样的工资补贴还是具有进一步试验的价值。

一个替代的劳动力需求侧计划设想是，“如果私营雇主不能被引导去雇佣低技能工人的话，那么可能政府应该去这样做，就像一个最后可以依靠的雇主一样”（弗里曼和戈特希尔克，2000，10 页）。弗里曼和戈特希尔克指出，公共就业计划经常被批评为只是以公共部门岗位取代现存的私立部门岗位。戈特希尔克（2000）调查了这个问题并总结道，这些计划在提高就业上很成功，但是在提高参与人员的未来工资和技能上却难有起色。

16 需求侧政策能够担当什么角色呢？卡茨认为“政策应该运用可以联合岗位开发、岗位搜索帮助、培训和工资（或就业）补贴等功能的中介组织（如公共就业机构、非营利培训组织等）定向服务于能力不足的特定群体”（美国国民经济研究局，1996，3 页）。埃德蒙·菲尔普斯（Phelps）在其 1997 年的论著《报酬与工作》（*Rewarding Work*）中指出，现在可以找到解决低薪工人数量下降的措施，那就是就业补贴。他提议建立一个制度，就是“对于持续给低薪工人提供就业机会的私营企业要给与持续税收抵免”（5 页）。菲尔普斯也为就业补贴提供了一个理由，那就是它产生了社会外部收益，这个外部收益是指低薪工人“不仅能养活自己，而且还能体会作为公民、社会成员、父母和配偶的责任感”（1997，107 页）。既然雇主给雇员支付的工资相当于其个人生产率，则整个社会有兴趣看到低薪工人们也会得到相当于他们的社会生产率（包括外部收益）的回报。

为什么不扩大收入抵税额而是开展一个新的工资补贴计划呢？菲尔普斯首先指出，收入抵税额会产生超过 300 亿美元的当期成本。其次，他认为收入抵税额不是一个提高低薪工人就业和薪酬的工具，而只是对低收入家庭的补贴。很多收入抵税额收益支付给了这些“只是由于晚进入或早退出劳动力队伍而造成低薪”（133 页）的人。最后，菲尔普斯认为，抵免额递减得太慢以致工人获得补助加上薪酬达到了 27000 美元。菲尔普斯指出收入抵税额最大的不足就是“它实际刺激就业效果最差的群体是自理能力和就业能力最弱的人”（133 页）。

前文我们指出收入抵税额存在婚姻负激励和处罚。菲尔普斯认为这在收入抵税额设计中是一个悲剧性缺陷。该计划偏执地忽略了青年男性缺乏经济潜力去结婚和生孩子的问题。只是增加家庭人口数对这些女性结婚来说就没有多大好处。基于这些考虑，菲尔普斯提倡要废除现行福利制度。他建议要以分级工资补贴制度取代现行福利制度。菲尔普斯的估计表明，福利成本大致一样，但工资补贴制度的收益更大，因为它只是以工定酬而不再视低薪工人为二等公民。

五、工资税减免与工资补贴

菲尔普斯认为一般工资补贴和工资税并无二致，因为二者都是“综合
性的，且除了支付外对其他因素视而不见”（1997，106 页）。对雇主实施
一般工资补贴的一个方法就是，使用个人每个季度的专门收入报告和在社 17
会保障管理部门备案的个体工人的 FICA 税收支付，来减免雇佣低薪工人的
雇主应缴的部分工资税份额。如菲尔普斯（1997，175 页）所建议，个人
所得和工时数的观察值可用于调节每小时工资的工资补贴或减免的数量。
如前所述，一般工资补贴政策不大可能精准定向于低收入家庭。在第五章
工资税减免的模拟分析中，我们假设其流向个体工人而不是雇主。所以，
这些补贴应该位于劳动力市场的供给侧，而不是在需求侧。而且，在我们
的模拟分析中要求有资格享受减免的工人必须属于低收入家庭。这样我们
就考虑了一个精准定向的政策。然而，由于我们的减免没有减少雇主的雇
佣成本，因此它还不能代表需求侧政策。然而，对菲尔普斯型的分级一般
工资补贴政策以及工资税减免政策对低收入家庭的工人的收入分配的影响

进行比较还是很有意思的。对此比较的简单描述将放在最后一章。

在一个无交易成本和完全竞争的劳动力市场的世界中，补贴是否流向雇主（工资补贴）或雇员（收入补助例如收入抵税额）是无关紧要的。正如卡茨（2000）所指出的，在实践中，补贴在劳动力市场的需求侧还是在供给侧可能是很重要的。收入补助可能会较好地定位接受者，可是雇主侧补贴更加透明而且可以立即减少雇佣低薪工人的相对价格。因此，由菲尔普斯设想的这类工资补贴具有较大的正向就业效应。[15]最后，政策选择由政策制定者的特定目标来决定。卡茨（2000）指出：

> 选择劳动力市场的哪一侧提供补贴主要取决于决策者试图影响哪些目标。雇主侧对目标群体的雇佣补贴很可能是突出的并且影响对这些群体的招聘模式，而雇员侧工资补助或再就业红包可能会对工作搜索行为有更大的影响（25 页）。

六、后续章节的读者指南

第二章对收入分配和福利评估的占优方法进行介绍和简要概述。这个方法可以使研究人员对收入分配进行排序并提供相应的分布概率，这
18 个收入分配排序可以作为有用的政策指南。对于一般贫困测度的很多问题，特别是美国的贫困测度问题都有分析和评论。阿马蒂亚·森（Sen，1976）提出的分配敏感性贫困指数是一个相对于贫困发生率（简称贫困率）更优秀的贫困测度方法。此外，与使用单个贫困线和现金收入统计来测度贫困的相关问题在本章也得到系统的评论分析。根据需求调整的综合性收入为处于或接近收入分配后端的家庭收入总量提供了一个极好的指标。第二章显示，当研究人员对实际上在收入分配中任意选择单个分割点来划定贫困线而产生的变化进行测量时，运用复合贫困线可测量实证结

果的敏感性。

第三章研究的主要问题是：低薪工作如何恰好与位于收入分配后端的家庭联系起来？三月当期人口调查的微观数据被用于识别低收入人口，即被定义为奥桑斯基等价收入低于官方贫困线的两倍的个人。本章分析了四类贫困线，并将低薪工人分为四组——最低工资工人，近最低工资工人，次最低工资工人，所有组合低薪工人。我们分析和记录了个人与家庭的现金收入和综合性收入。第三章通过分析低薪工人的工资收入规模及其对家庭总收入的贡献份额，将低薪工人的工资收入与贫困家庭收入联系起来。这个联系较弱，但是实证数据表明，当提高最低工资时低薪工作对家庭综合性收入的贡献上升了。当实际最低工资由于通货膨胀影响而减少时，低薪工作收入的贡献最终会下降。因此，小时工资率与贫困人口收入水平的关系可能并不像施蒂格勒所认为的那么微弱和遥远。这个问题将在第五章、第六章得到深入调查。

第四章调查研究了一个核心问题，即最低工资影响的经济学传统理论与由戴维德·卡德和阿兰·克鲁格倡导的最低工资新经济学的差异。争议的关键点在于最低工资对非成年工人的失业影响。卡德和克鲁格坚持认为关于零弹性的原假设不能被拒绝，而传统观点的支持者认为这个弹性是负的，且很显著。本章评述了近期由卡德和克鲁格（1995b），迪尔、墨非和韦尔奇（1995），波克豪泽、库奇和威腾伯格（Couch & Wittenburg, 2000b），科弗和金（Cover, 2001）开展的截面与时间序列数据研究。这些研究的关键问题就是如何最好地控制所研究的宏观经济数据的时间趋势。本章使用20年一系列人口分组的月度和季度微观数据，进行了新的估计并报告了结果。很多实证分析结果强烈表明实践中存在重要且显著的失 19
业效应。一种卡德和克鲁格的设定仍然表明对于非成年工人存在零失业影响。然而，将同样的设定应用于女性非成年工人、女性年轻成年工人、非白人和非西班牙裔年轻成年工人的研究，我们发现存在负的和显著的失业影响。此外，使用科弗和金（2001）提出的设定得到很多一致的和可信的研究结果。就业弹性的新估计常被用于选择第五章中替代等成本劳动力市场政策的似是而非的模拟值。

第五章使用2001年微观数据提供了等成本替代劳动力市场政策的模拟分析结果。我们运用的研究设计是保持成本不变，同时比较2001年最低工资的小时工资率提高1美元时收入抵税额的等比例提高和低收入工作家庭缴纳的工资税等比例减免时的收入分配状况。其中心问题是哪一个政策最优。很多包含较大范围的就业弹性的模拟分析在本章得到估计，并且报告了每个劳动力市场政策影响的3项模拟分析结果。模拟1分析得到了有关最低工资的零就业弹性以及工作夫妇对收入抵税额政策和已缴纳工资税部分减免政策无逆向反应。因此，在这个模拟中没有失业效应。模拟2d吸收了相对较大的非成年工人的失业效应。模拟5c吸收了我们认为最可靠的就业弹性集。在这个模拟中6个不同的弹性引起了不同年龄、种族、性别和伦理的分组的失业效应。此外，两个分组（非西班牙裔成年中学辍学生和一般西班牙裔工人）具有较小的正弹性，意味着他们有就业的增长。在上述模拟分析中出现了很多新的重要结论。

第六章继续进行等成本替代劳动力市场政策的模拟分析，但重点是放在两年面板数据集，该数据集由连续三月当期人口调查数据中配对的同一家属、家庭和个人数据构成。低收入家庭一开始就分成四组，且根据可识别的流动性特征运用流动性转移矩阵来识别9个分组。9个流动性分组之一被指是“长期贫困”，是指该分组中的家庭是贫困的并且没有向上流动性。因此，该分组在2000年和2001年均一直处于官方贫困线之下。第二个流动性分组被称为“长期接近贫困”组，是指该组家庭收入在2000年和2001年处于官方贫困线之上以及低收入分割点之下。第三个流动性分组是“长期高收入”，该组家庭收入总是位于官方贫困线之上。其他具有不同流动性特征的六个分组，包括流入或流出贫困组或接近贫困组的各个家
20 庭。六个分组中，一些组表现出向下流动性，另一些分组则表现出向上流动性。除了这9个流动性分组外，我们还分析了在2000年及2001年均接

受福利资助的家庭（长期福利接受者）、在2000年接受福利资助而在2001年没有接受的家庭（由福利转向工作）以及在2000年没有接受福利资助而在2001年接受福利资助的家庭（由工作转向福利）。正如第五章一样，在本章的分析中也得到了很多新的重要结论。

第七章主要是总结了有关重要结论，并强调了核心成果的政策应用及其意义。

注释

1. 参考：例如列维和默南（Levy & Murnane，1992），尤恩、墨非和皮尔斯（Juhn & Pierce，1993）以及埃尔伍德（2000）。
2. 减少贸易障碍和增加富国和穷国之间的贸易对低薪劳动力市场的影响，是讨论较多、争论较激烈的话题。《经济展望》杂志的一个座谈会（夏季，1995）讨论了这个问题并对这些争论做了总结。可以特别参考弗里曼（1995）的论文。也可以参考雷文加（Revenga，1992）和伯特利斯（Burtless，1995）。很多美国经济学家都倾向于认为贸易在低薪劳动力市场的萧条中起了重要作用，但也认为有证据表明其他因素对低薪劳动力市场的影响可能更大（巴克瓦蒂，1994；劳伦斯和斯劳特，1994）。比较而言，很多欧洲经济学家倾向于认为全球化和贸易对技能型和非技能型工人之间不断扩大的工资和就业差别的影响更为显著。例如，伍德（Wood，1994，1995）坚持认为贸易是低薪工人收入下降的“根本原因”。另外，一些研究人员对扩大美国与低薪国家之间的贸易相对不重要这个观点持异议。芬斯特拉和汉森（Feenstra & Hanson，1996）指出，国内企业进口中间投入品有助于对美国技能型工人相对需求的有效增长。
3. 参考尼尔森（Nelson，2000）对州最低工资法的讨论和评述。
4. 科斯特斯（Kosters，1996）指出，在供养家庭的背景下，提高最低工资的情况经常发生。他提醒我们说，“判断最低工资政策作为满足最低需求的标准这个观点，没有考虑工作人口之间的环境差异”（104页）。这些环境因素不仅包含家庭状况，也包括很多岗位只提供兼职工作的情况。
5. 这些统计在考夫曼和福伦（1971）的研究中有记载，其中也引用了原始调查数据。
6. 关于这一线索的一个论点可以参考罗腾伯格（1981a）对美国企业研究所出版的最

低工资研究论文的纲要介绍。这个论文集中很多文章包含这一主题的不同看法。

7. 这个区别形成了我们研究的重要基础。在第二章我们强调了在进行贫困评估时使用综合性收入测度和调整家庭规模的重要性。

8. 李（Lee，1999）发现最低工资实际价值的下降可以解释很大部分工资不平等的增长，这个增长不会马上传递到家庭收入不平等的增长。

21 9. 布兰克和施密特（Schmidt，2001）指出，最低工资与收入抵税额以有用的方式相互作用。最低工资为收入抵税额提供了基础，可以减小用于低收入者的收入抵税额规模。这意味着收入抵税额缩小到0时的时间缩短了，可以产生较少的负激励。同样，没有收入抵税额则会使最低工资提高的压力更大。

10. 为度量这个变化的重要性，我们指出它和所有家计调查现金转移支付计划的影响是处于同一数量级的。

11. 布朗宁（1995）是很悲观的，他发现一半接受收入抵税额的家庭最终由于劳动供给减少反而使可支配收入较低。

12. 参考霍因斯（2000）关于劳动需求对家庭收入和贫困的周期性影响。

13. 工作机会抵免福利是1996年制定的《小企业岗位保护法》的一部分（公共法104－88），该法于1997年修订并加入了工作抵免福利。

14. 巴蒂克（2001）反驳，存在很多实践证据表明激进的推销工资补贴会显著提高雇主的收缩率。

15. 然而，低薪工人对高薪工人的替代可能比增加新的就业更重要，关于低薪和高薪工人的交叉需求弹性的确定情况还没有足够的了解。

第二章

收入分配排序和贫困测度

RANKING INCOME DISTRIBUTIONS AND MEASURING POVERTY

历史上关于最低工资影响的经济研究主要集中于就业弹性大小，以及 23
由联邦设定工资底线增长而带来的效率低下等相关的问题。众所周知，分配的问题一直十分重要，可是近来这些问题不再受到那么多关注。卡德和克鲁格（1995b）也一直把注意力集中在就业弹性上，但是他们也强调最低工资对家庭收入影响的重要性，他们曾说道，“最低工资主要是一个分配的问题”（276 页）。卡德和克鲁格对分配效应重要性的强调引起了兴趣焦点的转移和对最低工资工作及低家庭收入之间联系的讨论。然而，很多关于提高最低工资对处于收入分配不同部分的家庭和贫困影响的讨论依赖于基本收入分配统计和有些朴素的贫困测度。[16]

本章将讨论收入分配研究的重要发展，以及可以被纳入提高最低工资的影响分析中的贫困测度。这些发展也可以用于评估替代劳动力市场政策，这些政策与提高最低工资是等成本的，同时也具有不同的分配效应。本章也全面地概述了如何运用收入分配对各替代状态进行分级排序。本章还对新贫困测度指标进行了分析。这些测度指标比美国官方贫困统计中简
单的贫困发生率更加可靠、更加完善，而后者通常是最低工资变动影响分 24
析的基础。本章第一部分主要分析收入分配的应用福利经济学最新进展。第二部分将讨论贫困测度的重要发展。本章其余内容主要应用下文所讨论的观点来评估提高最低工资的影响，并与其他可能更好地替代等成本劳动力市场政策进行比较分析。

近三十年来，经济福利度量和理论研究上有很多重要的发展。而占优技术则位于发展前沿。占优方法可以用来评估整体收入分配，调查收入不平等、税收和转移支付的再分配效应、政策变动带来的影响，如收入抵税

额和最低工资政策以及经济系统中整体经济福利政策的变动。占优方法对于经济福利分析的吸引力在于它有两个不同而相关的方法论特征。其一，它依赖于明确的、尽管不是全部地但也是广泛地可接受的福利标准。该方法允许研究人员对所感兴趣的分布采取一系列的称为第一、第二和第三等有序优势的阶梯或阶段来进行排序。如果两个分布可以按此排序，则任意两个研究人员、政策制定者或中间观察人就哪一个分布“更优”会达成一致结果。其二，近十年发展的统计推断程序大大扩展了占优方法对收入分布进行排序以及评估相对福利水平的能力。因此，一旦有关占优的统计推断程序执行了，经济福利研究就不再完全依赖描述统计学，而可以直接利用假设检验法。

贫困测度的标准方法包括对低于官方贫困线的人口进行计数以得到贫困人口比例。森（1976，1979）的研究令人信服，他指出，贫困测度和评估应采取三叉法，即分别考虑贫困线下人口比例、贫困人口收入差距和贫困人口收入不平等三个方面。在第五章我们将应用森方法评估贫困。本章我们将阐述他的贫困测度的思想和方法。

一、占优方法和经济福利

占优法可以用于严格调查与收入分配有关的重要问题。例如：如果两个收入分配不同，哪一个会“更好”？在解决这个问题过程中，占优法提
25 供了非常一般的经济福利的测度。我们关于占优的讨论是非技术性的，并且目的是让不熟悉这一方法的读者能够对这一方法的本质和巨大魅力有一个直观的理解。占优法的技术层面仅在注释中予以介绍。我们重点关注收入分配，但强调实证分析也可以运用于食品份额、财富、卡路里和消费支出的分配以及其他我们可能感兴趣的分配。在本书的研究中，我们主要感兴趣的是对三个替代性等成本劳动力市场政策带来的收入增加量的排序。然而，为阐述占优原理，本章中我们将讨论收入分配。

（一）占优和收入分配

任何一种收入分配都有两个必须要强调的特征。第一，就是收入水平或高度，一般以收入分配的整体平均数表示，或者以一系列特定小组或收入层级的条件平均数来表示。第二，就是收入的离散度或收入不平等程度，可以用洛仑兹曲线表示。表 2.1 和图 2.1 就两个假设的收入分配说明了这些概念，这两个假定的分配分别记为 W 和 Z。在此我们指出，W 和 Z 可以代表两个不同的时期、或两个不同的人口分组或两个不同的替代等成本劳动力市场政策下的收入分配。表 2.1（a）显示了分配 W 中的个人绝对收入并运用这些数据推导出了第五栏和第六栏的累积人口和收入比例。这些累积比例数据为洛仑兹曲线坐标提供了数据。表 2.1（b）为分配 Z 也提供了同样的信息。图 2.1（a）描绘了分配 W 和 Z 的绝对收入状况，图 2.1（b）则给出了分配 W 和 Z 的洛伦兹曲线，显示了这两种分配蕴含的收入不平等程度。

由阿特金森（Atkinson，1970）、科尔姆（Kolm，1969）、夏洛克斯（Shorrocks，1983）、萨珀斯尼克（Saposnik，1981，1983）和费希本及威利格（Fishburn & Willig，1984）等做出的重要理论贡献，就是建立了一系列强大的度量一种收入分配与另一种收入分配或整体社会经济福利水平之间的占优关系。阿特金森定理表明，对于具有相同平均数的两种分配，当一种分配的洛伦兹曲线占优另一种的洛伦兹曲线时，就可以得到两种分配的福利状态比较的强推论。[17]洛伦兹证明了具有相等平均数的洛伦兹占优等价于二阶占优，其本身具有较强的福利内涵。一个洛伦兹曲线反映了收入接收单位的累积比例与所接受收入的累积比例之间的关系。如果每个接收单位（家庭，户或个人）所接受的收入恰好是一样的，那么此时洛伦兹曲线将与对角线重合，有时又称这条线为平等线，在图 2.1（b）中的对角线上就没有收入不平等。

表 2.1　两种假设收入分配——W 和 Z

收入分配中的人数	收入（$）	比例		累积比例	
		人口	收入	人口	收入
(1)	(2)	(3)	(4)	(5)	(6)
（a）分配 W					
#1	10	0.20	0.10	0.20	0.10
#2	15	0.20	0.15	0.40	0.25
#3	20	0.20	0.20	0.60	0.45
#4	25	0.20	0.25	0.80	0.70
#5	30	0.20	0.30	1.00	1.00
合计	100	1.00	1.00		
平均数	20				
（b）分配 Z					
#1	12	0.20	0.09	0.20	0.09
#2	18	0.20	0.14	0.40	0.23
#3	22	0.20	0.17	0.60	0.40
#4	28	0.20	0.22	0.80	0.62
#5	50	0.20	0.38	1.00	1.00
合计	130	1.00	1.00		
平均数	26				

注释：第一栏和第二栏根据收入水平由最低到最高对个人进行排序（#1，#2……#5）。第三栏显示了个体人口比例。第四栏显示了个体收入份额，例如 10/100 = 0.1。第五栏显示了累积人口比例，通过加总第三栏得到。第六栏显示了累积收入份额，即洛伦兹纵坐标，由第四栏加总计算得到。

26 而若洛伦兹曲线越远离对角线，则反映了收入分配不平等程度越大。图 2.1（b）中显示了两条洛伦兹曲线，说明了洛伦兹占优的含义。由图示可见，分配 W 的洛伦兹曲线在每个点上都比分配 Z 的洛伦兹曲线更接近于对角线，所以 W 洛伦兹占优于 Z。[18]关于整体经济福利的推论只有在两个分配的平均数一样才能得到。从表 2.1 可见我们列举的分配 W 和 Z 很明显不属于这一类情形。

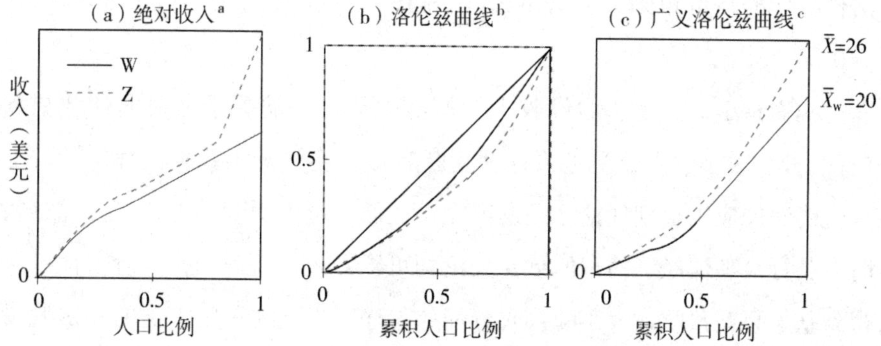

图2.1　两种假设收入分配W和Z的比较

注释：

a. 这些五分位数函数图是由表2.1（a）和（b）中的栏1和栏2数据画成。

b. 这些洛伦兹曲线是由表2.1（a）和（b）中的栏5和栏6数据画成。

c. 这些广义洛伦兹曲线是由表2.2（a）和（b）中的栏5和栏7数据画成。

夏洛克斯（1983）和萨珀斯尼克（1981，1983）从另一个既相关又不同的路径出发将占优方法扩展到考虑具有不同平均数的分配情形。夏洛克斯证明了洛伦兹曲线可以通过分配平均数来进行再调整，这样占优比较可以用和普通洛伦兹曲线一样的形式进行。夏洛克斯将这个重新调整的洛伦兹曲线称为广义洛伦兹曲线（GL）。像依据普通洛伦兹曲线的占优一样，广义洛伦兹曲线考虑了平等偏好；而与普通洛伦兹曲线不同的是，广义洛
伦兹曲线也考虑了效率偏好。[19]洛伦兹占优和广义洛伦兹占优在所考虑分配 28
的平均数相同时是等价的。萨珀斯尼克采用了一个十分简洁的方法，即直接比较收入分配中经排序的绝对收入。[20]排序占优相当于一阶占优，可以通过比较所谓的分位数函数即显示预先确定收入类别来实证地进行比较，例如五等份组（5）、十等份组（10）或二十等份组（20）的条件平均收入。众所周知，排序占优必定意味着广义洛伦兹占优，但反之则不然。也就是说，如果两个收入分配可以通过排序占优法进行比较，那么一定也可以通过广义洛伦兹占优法进行比较；但是通过广义洛伦兹标准比较的两种收入分配，则可能无法利用排序占优标准来进行比较。因此，二阶占优（广义

洛伦兹标准）可以对一些不能运用排序占优比较的收入分配进行比较分析。

我们指出，占优法假设收入分配与生活标准的关系是根据社会福利（代表社会关于收入分配进行伦理判断）或社会评价函数事先确定的。支持占优法的应用福利理论已经发展完善，而且可以明确的是，当占优存在时有关社会整体经济福利的重要推论均可得到。众所周知，一阶占优可以得到基于可观察收入大小的收入分配的偏序。而支撑一阶占优的关键假设就是较大的收入总是优先于较小的收入。[21]可见在排序占优比较中仅仅注重效率。当收入分配不能使用一阶占优进行排序比较时，研究人员则会引进一个较强的假设即社会对收入分配的公平偏好来继续进行分析。结果，庇古—道尔顿（Dalton）转移原理被加入其他支持占优法的公理，并且收入分配采取二阶占优标准来比较分析。

众所周知，二阶占优相对于一阶占优具有一定的边际排序能力（可参见毕晓普、丰比和希斯特，1991）。然而，正如一阶占优一样，二阶占优也只能生成一个偏序。由于某些收入分配不能通过广义洛伦兹占优（二阶占优）进行排序比较，直接催生了可引进额外的约束性假设的三阶占优来比较分析这些收入分配。科尔姆（1976）提出了一个很有吸引力的公理，被称为“减少转移原理”，它提供了一个将收入分配分析扩展到三阶占优的直观认识。福斯特和夏洛克斯（Foster，1987）提出的“转移敏感性公理”则要求由累进收入转移引起的不平等的缩减与收入水平逆相关。其他条件不变下，如果一个收入转移，例如为 Δ，从一个高收入者转移到处于
29 收入分配后端的低收入接受者所带来的福利增加，要大于从一个高收入者转移到一个处于收入分配前端的低收入接受者的收入转移 Δ。在此我们指出，所有可以由一阶占优和二阶占优排序的收入分配也一定可以由三阶占优来进行排序分析。因此，三阶占优相对于二阶占优来说具有更强的边际排序能力。[22]

关于应用福利经济学的占优方法的理论基础在毕晓普、邹和丰比

(Chow, 1991)、毕晓普、丰比和希斯特(Thistle, 1992)以及费希本和威利格(1984)及郑、丰比和史密斯(Zheng & Smith, 2000)等论文中有总结。[23]本节我们主要是想通过一些简单的例子来说明占优标准的含义，包括表2.1和表2.2中的假设数据，可以用图形明白展示出来。我们的举例不包括三阶占优，因为这个难以用简单的几何图形来描述。表2.2中提供了三组分配W、Z和Y的收入分配情况。其中分配W和Z与表2.1中的数据是一样的，除了增加的第七栏广义洛伦兹坐标数据。图2.1(a)显示了分配W和Z的绝对收入状况，由图示很清楚分配Z排序占优于分配W。如上所述，一个收入分配排序占优另一个收入分配时，则其也广义洛伦兹占优该另一个收入分配。因此，既然分配Z排序占优分配W[图2.1(a)]，那么正如图2.1(c)所显示的分配Z也广义洛伦兹占优分配W。

现在考虑由表2.2(a)和(c)给出的分配W和分配Y中的收入分配状况比较。表2.2中第三栏显示了绝对收入的大小，并由图2.2(a)画出了其形状。第五栏和第六栏给出了分配W和Y的洛伦兹坐标，并由图2.2(b)绘出了洛伦兹曲线。我们需要指出的是，分配Y是由分配W经过两次变动而形成的。首先，我们进行一个均值不变的收入转移，即由排第三位的人转移2美元给排第二位的人；然后再将排第五位的人的收入由30美元提高到50美元。由图2.2(a)中的曲线交叉结果明显可以看出，社会W和Y中的收入分配不能用排序占优来进行比较。图2.2(b)表明社会W洛伦兹占优Y，但是二者的收入分配均值不同，因而其洛伦兹占优关系缺乏福利意义。但是这对于广义洛伦兹占优情况就不同了。表2.2(a)和(c)中的第七栏以及图2.2(c)显示了分配Y广义洛伦兹占优分配W。因此，由分配W和Y的比较说明了一个事实，就是当排序占优不会发生时广义洛伦兹占优也能发生。[24]

(二) 占优的统计推断程序

表 2.2 带有广义洛伦兹坐标的三类假设收入分配

收入分配中的人数	收入（$）	比例		累积比例		GL $
		人口	收入	人口	收入	
(1)	(2)	(3)	(4)	(5)	(6)	(7)
(a) 分配 W						
#1	10	0.20	0.10	0.20	0.10	2.0
#2	15	0.20	0.15	0.40	0.25	5.0
#3	20	0.20	0.20	0.60	0.45	9.0
#4	25	0.20	0.25	0.80	0.70	14.0
#5	30	0.20	0.30	1.00	1.00	20.0
合计	100	1.00	1.00			
平均数	20					
(b) 分配 Z						
#1	12	0.20	0.09	0.20	0.09	2.4
#2	18	0.20	0.14	0.40	0.23	6.0
#3	22	0.20	0.17	0.60	0.40	10.4
#4	28	0.20	0.22	0.80	0.62	16.0
#5	50	0.20	0.38	1.00	1.00	26.0
合计	130	1.00	1.00			
平均数	26					
(c) 分配 Y						
#1	10	0.20	0.08	0.20	0.08	2.0
#2	17	0.20	0.14	0.40	0.23	5.4
#3	18	0.20	0.15	0.60	0.38	9.0
#4	25	0.20	0.25	0.80	0.58	14.0
#5	50	0.20	0.50	1.00	1.00	24.0
合计	120	1.00	1.00			
平均数	24					

注释：第一栏和第二栏根据收入水平由最低到最高对个人进行排序（#1，#2……#5）。第三栏显示了个体人口比例。第四栏显示了个体收入份额，例如 10/100 = 0.1。第五栏显示了累积人口比例，通过加总第三栏得到。第六栏显示了累积收入份额，即洛伦兹纵坐标，由第四栏加总计算得到。第七栏显示了累积收入份额，这是根据第六栏数据结合平均数重新调整得到的。

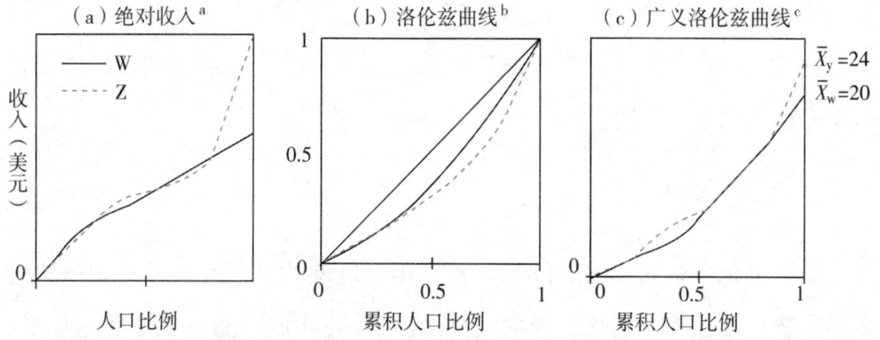

图 2.2　两种假设收入分配 W 和 Y 的比较

注释：

a. 这些五分位数函数图是由表 2.2（a）和（c）中的栏 1 和栏 2 数据画成。

b. 这些洛伦兹曲线是由表 2.2（a）和（c）中的栏 5 和栏 6 数据画成。

c. 这些广义洛伦兹曲线是由表 2.2（a）和（c）中的栏 5 和栏 7 数据画成。

洛伦兹曲线、分位数函数和广义洛伦兹曲线的实证估计可以通过收入
分配的一定时期样本数据来实现。为测度收入不平等洛伦兹坐标的样本估 30
计，可以运用微观数据来进行。对于排序占优可使用样本十分位条件均值
估计的阶梯函数作为分位数函数的估计。同样，广义洛伦兹曲线可以通过
十等份样本广义洛伦兹坐标向量来估计。为检验收入分配中成对比较的占 32
优，我们使用在近期毕晓普等（1989，1990，1994，1996）研究中详细描述的推断程序，该程序是基于比奇和戴维德森（Beach & Davidson）的定理 2 给出的渐进无分配方差表达式。然而，为对推断检验提供一个直观的理解，我们可将其解释为相当于在样本分位数函数、洛伦兹曲线或广义洛伦兹曲线周边的置信区间。我们可以直接参考一阶占优的推断程序，但是需要适当的调整以便该法可以应用于洛伦兹曲线以及二阶占优。

可以建立两个收入分配的分位数函数、洛伦兹曲线或广义洛伦兹曲线的置信区间。这些置信区间的比较可能会得到三个结果。首先，如果置信区间在全部范围内都重叠，那么这两个收入分配的分位数函数（洛伦兹曲线或广义洛伦兹曲线）不是显著不同的，并被认为是相等的。其次，分位数函数不是相等的但是相交的，那么分位数函数“交叉”且是不可比较

的。最后，如果两个分位数函数（广义洛伦兹曲线）既不交叉又不相等，那么存在一阶占优关系。毕晓普和丰比（1994，1999）对占优分析的统计推断方法提供了评论。

（三）贫困评估

伊萨贝尔·索希尔（1988）指出贫困测度问题是所有关于贫困争论的中心问题，并且强调达成共识的重要性，“除非我们同意测度变化的标准，否则我们不可能判断发生了什么”（1074 页）。实际上在美国所有分析贫困的研究人员都认为官方贫困统计在某一或更多方面发生了严重误导。事实确实如此，因为美国官方贫困统计存在着诸多众所周知的困难。这些问题产生了很多贫困测度难题，大致可以分为四大类别。第一类问题就是贫困与收入分配的关系问题。在联邦法律里，贫困人口仅被定义为在官方指定的贫困门槛线之下的人口。这个贫困概念只是提供了穷人的“发生率”，而完全忽略了收入分配的其他方面。

第二类问题与年度统计中收集的收入数据质量有关，这也是近四十年来美国贫困统计的基础。自莫莉·奥桑斯基（Orshansky，1965a，b）首创的工作以来，一直使用的是“统计货币收入”（实际上是工资收入＋现金转移支付）。今天，几乎所有观察人士都强烈认为官方统计使用的收入计
33 量是一个较差的家庭收入资源的测度，因而会产生误导。[25]第三类问题就是划定贫困线用以识别穷人及贫困分析中使用的收入分配的部分。争论的核心问题就是围绕划定的贫困线是否太高或太低。第四类问题就是贫困统计建立在收入分配调查的基础上，这难免会产生抽样误差。这个问题在贫困测度问题中极少讨论到，也是在政策讨论和很多贫困研究中被广泛忽视的问题。以上四大类问题中每一个问题将会简单讨论如下。

1. 贫困发生率测度相对于森指数

森（1976）曾经有力地证明了应该采取三叉法测度与评估贫困，该方法考虑了生活在贫困线下的人口数、贫困人口的收入落差及贫困人口收入

分配的不平等程度。森的贫困测度方法提醒了很多严肃学者，无论是贫困发生率还是收入差距测度或者两者同时使用，都不是可接受的贫困测度方法。森的论证最令人信服的方面就是，如果仅考虑贫困发生率，对减少贫困感兴趣的政策制定者就会在收入再分配中远离贫困人口的赤贫者，而是将收入转移支付给略微低于贫困线的贫困人口，使他们很容易就达到贫困线之上。这时政策制定者就会信心十足地宣称他们的反贫困政策是十分成功的。这个转移支付虽然降低了贫困发生率，但是这对于贫困人口中的极贫者的绝对和相对的剥夺增长完全不敏感。从贫困程度较高的人口向贫困程度较低的人口进行收入再分配，总是提高了贫困人口的收入不平等程度，这一点也反映在分配敏感性测度中。森的一个伟大成绩就是，当贫困发生率和贫困人口的平均收入落差（贫困距）保持不变时，贫困人口的收入不平等的增长必然会提高贫困人口之间的经济剥夺。

为避免贫困发生率测度的缺点，森提出了一个贫困指数，可以同时对贫困人口数、贫困人口的收入落差（收入差距）及贫困人口的收入分配敏感。瓦茨（Watts，1968）最先设计了一个分配敏感性贫困测度，但是由于森指数的易于解释和直观的吸引力，使森指数成为总体贫困测度家族中得到最广泛讨论的成员。[26]

森的工作改变了很多学者对贫困概念的理解方式，并开始影响贫困的测度方式。拉瓦雷（Ravallion，1992）和郑（1997）提供了贫困测度的调查。本书的这类研究利用了很有吸引力的森贫困测度法，同时结合贫困发生率和贫困收入差距测度以及贫困人口收入不平等的基尼系数测度。对基
尼系数的理解可参考图 2. 1（b）。如果收入完全相等，那就是图 2. 1（b） 34
中的对角线。图 2. 1（b）还给出了分配 W 和 Z 的洛伦兹曲线。分配的洛伦兹曲线对完全平等的对角线的偏离反映了分配的收入不平等程度。基尼系数正好是一种分配的实际洛伦兹曲线与图 2. 1（b）中的对角线所夹区域面积的 2 倍。

为评估贫困程度，我们需要估计三类贫困统计指标，即贫困发生率、

贫困（收入）差距和森指数。为估计贫困发生率，我们令 H（z）表示低于贫困线 z 的人口比例。则有：

$$H(z)=\frac{q(z)}{n} \tag{1}$$

其中，q 是收入集 X 中收入低于贫困线 z 的人口数，n 是人口总数。为评估贫困距，以 I（z）表示低于贫困线的人口平均收入落差，或者如下：

$$P(x,z)=\frac{1}{n(x)}\sum_{i=1}^{n}\frac{z-x_I}{z} \tag{2}$$

其中，x_i 是第 i 个人的收入。通常会考虑到将贫困发生率 H（z）和收入差距率 I（z）的乘积作为贫困的测度指标之一。最终的测度指标被定义为“贫困差距率”。

为吸收所有相关的贫困测度维度因子，森提出了一个指数，它等于每个贫困人口的收入相对于贫困线的差距，结合每个贫困人口在总贫困人口中的相对排序权数加权复合计算的结果。这个指数一般记为 S，可以重新表述如下：

$$S=H\left\{I+(1-I)G_p\left[\frac{q}{q+1}\right]\right\} \tag{3}$$

其中，H 是贫困发生率，I 是贫困人口平均收入相对于贫困线的落差比率（这里即指收入差距率），G_p 是反映贫困人口收入不平等程度的基尼系数，q 是收入低于贫困线的人口数。[27]

2. 综合性收入相对于统计货币收入

当莫莉·奥桑斯基及其同事在 20 世纪 60 年代首次估计美国贫困发生率时，仅有美国三月当期人口调查中的现金货币收入年度数据作为家庭具体收入测度的可靠数据基础。因此，在 1969 年，当奥桑斯基贫困测度法被
35 政府正式采用时，现金收入即成为评估家庭需求和福利的标准。学术界很早就认识到综合性收入测度会影响美国贫困统计。一些贫困家庭是住宅所有者，而很多统计货币收入忽略了这种以住宅产权形式流入的隐形收入。兰普曼（Lampman，1959）在早期的研究文献中就发现了统计货币收入的

一个重大缺陷。他指出，没有包括住宅所有者投资的财产形式的隐形收入，必然会扭曲贫困人口的人口统计结构。这个缺陷低估了老年人口的收入，因而提高了贫困发生率。工作的贫困人口也纳税，因而减少了低收入家庭的可获得收入总量。由于没有考虑到个人纳税，因而高估了低薪家庭的收入，这样就会低估了工作的贫困人口及其孩子的贫困发生率。在 20 世纪 60 年代及 70 年代初期，政策制定者和很多分析人士认为，综合性收入成分引起的一些贫困人口收入的高估和另一些人口收入的低估基本上可以抵销。因此，从平衡角度来看，官方贫困发生率统计可以认为是总体贫困的可靠统计指标。

开始于 20 世纪 70 年代初期的食品券计划一直持续到 80 年代，很多新的非现金联邦转移支付计划也随之推行了。这些计划是经过家计调查的，并输送了数十亿美元到贫困家庭。此外，1986 年的《税收改革法》减轻了成百万低收入家庭的联邦所得税责任。这些政策提高了贫困家庭的经济收入总量，减少了贫困测度以统计货币收入为计量工具的依赖度。由于非现金转移支付的增长，以及以统计货币收入为基础的贫困统计没有出现什么反应，美国国会遂敦促人口调查局开发新的替代收入测度工具。在 20 世纪 80 年代初期，非现金津贴的估计作为补充出现在年度人口统计档案中（三月当期人口调查），以被用于官方贫困统计中。几乎与此同时，人口调查局又启动了第二个估计收入、工资和财产税的计划，该计划出现在三月当期人口调查的第二个补充中。自日历年 1989 年（三月，1990，当期人口调查）开始，一个全系列的非现金津贴和直接税估计都出现在年度人口统计档案中。[28]我们在 20 世纪 90 年代就将这些数据运用于基于综合性收入的贫困测度中。除了在 20 世纪 90 年代可以获得连续的综合性收入数据外，美国官方贫困统计方法还是依赖统计货币收入。

统计货币收入与综合性收入概念的差别可以由下述定义略窥一斑。
统计货币收入是工资和薪水、自我就业收入、股息、租金和利息、现金 36
转移支付和其他现金收入的总和。通过三月当期人口调查中的扩展信息可以得到更多综合性收入的计算。综合性收入测度以统计货币收入为基础，再加上食品券市场价值、住房补贴、能源补助、学校午餐津贴、住宅产权的隐含收益、收入抵税额以及联邦和州的所得税、工资税及财产税扣减额。[29]

3. 划定贫困线和选择等价尺度

选择谁是贫困人口，是总体贫困测度的关键步骤。森（1976，1992）和很多其他研究贫困的学者均假设，在估计总体贫困前这些问题已经得到解决。不幸的是，已经从阿特金森（1987）、鲁格斯（Ruggles，1990）的著作中以及近来阅读的奥桑斯基（1969）的早期作品中清楚地看出，选择一个区分贫困人口与非贫困人口的分割线是十分困难的，而且实际中特定的贫困线及其等价尺度的确定是十分武断的。包括鲁格斯（1990）在内的观察人士相信贫困线应该划在一个较高的收入水平，这样就会产生较多的贫困人口，而其他人（参考雷克托，1999）认为应该将贫困线划在较低的水平。就在莫莉·奥桑斯基（1969）的贫困测度方法被正式吸纳为美国政府政策之前，她评论道：

> 计算贫困人口是一个充满可能艺术的练习。这是因为选择谁是贫困的，祈祷比计算更有用，其原因是贫困正如美丽一样，主要在于旁观者的眼光。贫困是一个价值判断，它不是一个可以表演或展示的东西，除了通过推断和建议，即使存在一些推测误差也唯有如此。说一个人是贫困的，实际上运用了各种价值判断（37 页）。

从试图一致地确定一个人是否属于贫困人口的角度来看，存在两个既相关又难以处理的问题。第一个问题是定义基本生活需求和确定一个最低生活标准，在此标准之下的人口即为贫困人口。第二个问题就是如何解释家庭规模、结构和环境的差异。这是一个等价尺度问题。[30]奥桑斯基（1965a，b）及其同事通过建立一个奥桑斯基贫困门槛解决了基本需求和等价尺度这两个相关的问题。以美国农业部经济食品计划的成本为起点，该计划是为了满足“当基金较低时暂时的或紧急的使用需求”(1965a)，奥桑斯基确定了满足基本生活需要的收入需求。使用经济食品计划的平均成本作为一定百分比的低收入预算，并以此为基金，同时包含非食品基本需求的津贴，这些一起构成了必要食品支出的组合。这个方法形成了一系列基于统计货币收入的贫困门槛，这个贫困门槛也随 37
家庭规模大小而变。随着时间的推移，这些门槛也会提高，以适应名义统计货币收入购买力的变化。

奥桑斯基（1965a，b）提出了第二套被官方贫困统计采用的贫困门槛指标，该系列门槛基于较贵的“低收入食品计划”，比“经济食品计划”几乎要高出 25% ~30%。她指出，使用第二套贫困门槛可以识别出“接近贫困人口”，并使他们与既不是“贫困”的人口也不是“接近贫困”的人口区分开来。今天，奥桑斯基关于贫困研究的这些方面大部分已经被遗忘了。但是这可以被认为是一种早期的尝试，来判断贫困发生率测度对于其他基于一系列不同基本需求的贫困门槛的敏感性。本书中我们将继续使用该方法，并通过不同的贫困门槛来估量贫困。

阿特金森（1987）指出关于贫困线的选择很可能存在不一致，并强调了使用其他贫困门槛的重要性。除了官方（奥桑斯基）门槛之外，我们也以官方贫困线的分数或乘数形式来估量贫困。例如，为举例说明该方法，在下面我们采取官方贫困线的 75%、100% 和 125% 作为贫困线。在下一章，我们识别出低收入人口，并在该组人口中考虑四种贫困线。在第六章中，我们将考虑七种贫困线以比较和估计等成本替代劳动力市场政策对贫困人口的影响。使用高于或低于官方水平的贫困线，可以使我们度量该估算和实证结果对有关基本需求和判断一个家庭是否贫困的任意选择的变动的敏感性。

4. 抽样误差和推断检验

三月当期人口调查数据被用于美国每年的官方贫困测度中。这个当期人口调查是个大约有六万户家庭的分层随机样本。与一般假设相反，这个大规模样本的当期人口调查也不能确保可以无风险地忽略抽样误差。总体贫困发生率同比变动的点估计可能不是现有人口变动的可靠指标。同样，森指数的点估计可能也不是总体贫困变动的可靠指标。为考虑到抽样误差，我们将对森指数及其成分运用毕晓普、丰比和郑（1997）的统计推断程序，这些森指数成分包括贫困发生率（H）、贫困差距率（I）和贫困人
38 口间的收入不平等的基尼系数（G_p）。基于统计货币收入和奥桑斯基门槛的贫困发生率当然也是美国官方的贫困测度。推断程序被用于检验贫困变动的显性假设，该贫困变动是由森指数及其构成使用现金收入和综合性收入测算的。

毕晓普、丰比和郑（1997）证明了森指数及其各个成分都渐近服从正态分布；如果各成分联合起来，其极限也服从多元正态分布。因此，在收入分配没有先验设定下，可以得到方差—协方差结构的一致估计。这些特性使得所确定的统计检验可以对美国贫困的分配敏感性测度进行推断。在应用下述推断程序时，我们共同感兴趣的是贫困测度及其每一个组成成分。所以，我们将采用比奇和里奇蒙德（Richmond，1985）的方法，通过比较样本检验统计量和适当的学生氏最大系数（Studentized Maximum Modulus，缩写为 SMM）表中的临界值来判断样本数据的差异。在下面报告的实证估计中，我们将使用基于四个贫困测度成分 H、I、G_p 和 S 的差异联合检验的临界值。

表 2.3 举例说明了使用美国 1981、1986、1996、2001 年数据计算的森贫困指数及其各个成分的情况。[31] 表 2.3（a）显示了采取统计现金收入和划定的三个替代贫困门槛（官方贫困线、官方贫困线的 75% 以及官方贫困线的 125%）下的指数情况。表 2.3（b）显示了单个年份 2001 年的综合性收入下总体贫困指数情况。森指数及其各个成分的标准差放在括号中。

表 2.3 中的贫困数据使得贫困发生率测度的缺点一览无余。分别考察一下表 2.3（a）中 1981 年、1986 年和 1996 年的官方贫困线一行，我们发现基于现金收入的森指数是随时间推移而增长的。与之相对比，1981 年到

1986年的贫困发生率实际上却下降了。尽管在1986年较少的人口在贫困线以下，但是他们相较于1981年离贫困线更远了（收入差距率提高了），而且收入相对于平均数更加离散了（基尼系数变大）。因此，我们只有在加入贫困人口的贫困距和基尼系数的变化情况后，才能更加准确地描述这一时期的贫困变动趋势。

表2.3 美国选定年份森贫困指数及其成分（分数形式的官方贫困门槛）[a]

年份	收入				
	贫困门槛	收入贫困指数	组成		
			发生率	收入差距率	收入不平等
2.3.a. 现金收入					
1981	100	0.0752 (0.0006)	0.1382 (0.0009)	0.3913 (0.0018)	0.2508 (0.0039)
	75	0.0486 (0.0005)	0.0868 (0.0007)	0.3967 (0.0025)	0.2714 (0.0043)
	125	0.1054 (0.0008)	0.1937 (0.0010)	0.3949 (0.0015)	0.2466 (0.0040)
1986	100	0.0774 (0.0007)	0.1343 (0.0009)	0.4184 (0.0019)	0.2716 (0.0045)
	75	0.0520 (0.0005)	0.0878 (0.0007)	0.4287 (0.0025)	0.2872 (0.0045)
	125	0.1049 (0.0008)	0.1822 (0.0010)	0.4210 (0.0016)	0.2674 (0.0047)
1996	100	0.0839 (0.0008)	0.1415 (0.0010)	0.4273 (0.0024)	0.2891 (0.0051)
	75	0.0577 (0.0006)	0.0926 (0.0008)	0.4496 (0.0028)	0.3150 (0.0053)
	125	0.1124 (0.0009)	0.1917 (0.0011)	0.4267 (0.0018)	0.2780 (0.0052)
2001	100	0.0697 (0.0005)	0.1131 (0.0007)	0.4411 (0.0020)	0.3136 (0.0019)
	75	0.0494 (0.0004)	0.0742 (0.0006)	0.4774 (0.0026)	0.3610 (0.0026)
	125	0.0930 (0.0006)	0.1569 (0.0008)	0.4258 (0.0016)	0.2909 (0.0015)

续表

年份	收入				
	贫困门槛	收入贫困指数	组成		
			发生率	收入差距率	收入不平等
2.3.b. 综合性收入					
2001	100	0.0509	0.0917	0.3883	0.2714
		(0.0004)	(0.0006)	(0.0021)	(0.0019)
	75	0.0332	0.0529	0.4466	0.3268
		(0.0004)	(0.0005)	(0.0030)	(0.0028)
	125	0.0742	0.1443	0.3602	0.2402
		(0.0005)	(0.0008)	(0.0016)	(0.0014)

[a] 数字来源于毕晓普、丰比和郑（1999，表 1，A.1 和 A.2）。

表 2.3（a）也显示了仅考虑一个贫困门槛的不足。图 2.3（a）使用库欣、邹和郑（Cushing，1995）所称谓的“贫困价值曲线”来描述表 2.3（a）中的结果。对于贫困门槛定位在 75%、125% 和 150% 官方贫困线的 1981 年、1986 年和 1996 年的森贫困指数在表中都有显示。图 2.3（a）中的贫困价值曲线传达了两个关键成果。第一，1981 年、1986 年和 2001 年的贫困价值曲线都占优于 1996 年的贫困价值曲线。这意味着不论如何选择贫困线，1981 年、1986 年和 2001 年的贫困程度要低于 1996 年的贫困程度。第二，1981 年的贫困价值曲线既与 1986 年的贫困价值曲线交叉，又与 2001 年的贫困价值曲线交叉。1981 年的贫困价值曲线与 1986 年的贫困
41 价值曲线交叉于该线的顶部附近，而与 2001 年的贫困价值曲线相交于其底部附近。因此，关于贫困变动的结论对于用于估计的贫困门槛的选择是敏感的。

图 2.3（b）描绘了 2001 年在现金收入和综合性收入两种概念下的贫困价值曲线情况。在同一贫困门槛和不考虑三个贫困线下，依据综合性收入概念计算的森指数要大大低于依据统计现金收入概念计算的森指数。查看表 2.3（a）和（b）就可以了解这一巨大差异的源头。同以现金收入测度的森指数的各成分的数据相比，以综合性收入测度的森指数各成分的结

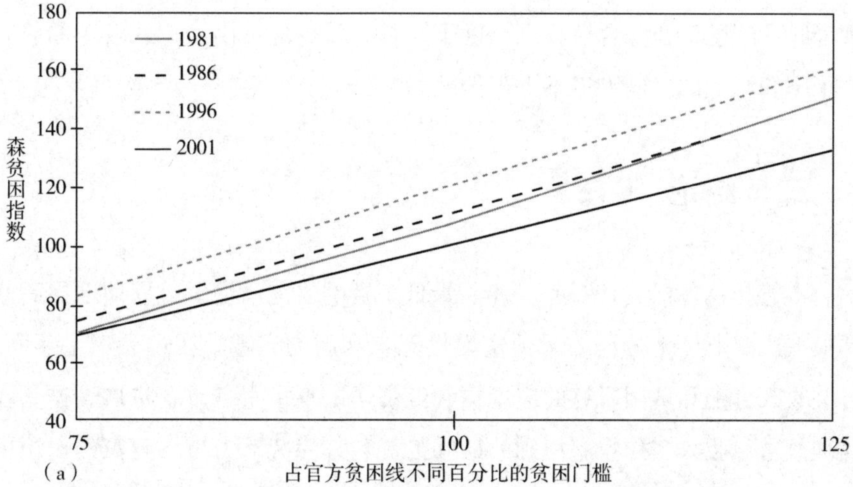

图 2. 3（a） 可替代的贫困门槛中的森指数，1981—2001

注释：2001 年在官方贫困线上测算的森指数等于 100，其他测算值即与该值指数化联系。

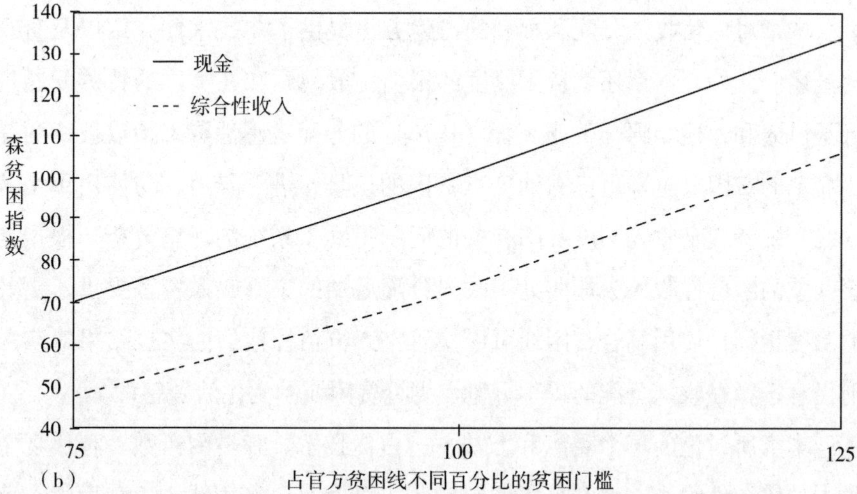

图 2. 3（b） 2001 年现金与综合性收入在替代贫困门槛中的森指数

注释：2001 年在官方贫困线上测算的森指数等于 100，其他测算值即与该值指数化联系。

果要低很多。这个关系在各个所考虑的贫困线下都成立。也就是说，相比现金收入测度，在综合性收入测度下，具有较少的贫困人口、较小的收入差距率和较低的贫困人口不平等程度。

二、结论

卡德与克鲁格（1995）关于新最低工资的研究激发了对周期性提高联邦最低工资所产生分配结果的重要性意识和新的兴趣。在过去三十年间，有关收入分配和贫困研究的应用福利经济学出现了很多重要进展，这是在瞄准改善低收入工作家庭福利的最低工资和替代劳动力市场政策的讨论中难以出现的。在这些研究进展中，用于评估成对收入分配的比较和分配敏感性贫困测度的占优方法位于前沿。然而，关于提高最低工资的分配影响和替代劳动力市场政策的效应比较的讨论，忽视了这些发展并使用了收入分配和贫困的基本测度。

本章对评估收入分配和福利的占优方法提供了非技术性介绍以及直观的概述。此外，本章还就贫困测度的很多一般问题和在美国的特殊问题进行了讨论和评述。阿马蒂亚·森（1976）的分配敏感性贫困指数被认为是比简单的贫困发生率更优秀的度量贫困的工具。进一步地，与使用单个贫困线和统计现金收入测度贫困有关的问题得到了系统的评论分析。根据需要调整的综合性收入为那些处于收入分配后端的家庭收入资源提供了更好
42 的测度指标。使用复合贫困线可以使研究人员估计他们的实证结果对实际上任意选择在收入分配的单个分割点划分贫困线的变化的敏感性。

本章所讨论的每个观点和方法——占优技术、森贫困指数、替代现金收入的综合性收入、根据需要调整的收入以及复合贫困线——在后续章节中均会应用于评估最低工资变化的分配效应。介绍这些观点和方法的最终目的，是使用它们来系统地比较和评估这些为改善工作家庭福利的替代劳动力市场政策在分配上的影响结果。

注释

16. 关于这方面研究的部分例外是伯克豪瑟、库奇和威腾伯格（Burkhauser，1996b）的论文，他们对家庭规模和结构使用等价尺度进行调整，以纠正卡德和克鲁格的收入分配分析中的误导性观点。卡德和克鲁格论文的第九章（1995b）没有认识到西蒙·库茨涅兹（Kuznets，1955）所警告的一个陷阱，"收入必须根据家庭支出单位来记录和分组，且要根据每个家庭的人数来进行适当的调整"（257 页，补充的重点）。卡德和克鲁格没有对家庭规模进行调整，从而得到了误导性的结论。伯克豪瑟等重复了卡德和克鲁格的分析，同时对与家庭规模和结构有关的不同需求相连的收入进行调整，从而得出有点不同的结论。然而，伯克豪瑟等仍然沿用有很多内在问题的官方贫困测度方法。这些问题将在下面讨论。

17. 由阿特金森（1970）最初证明的洛伦兹占优定理被达斯古普塔、森和斯塔利特（Dasgupta & Starrett，1973）极大地完善，使其扩展到更为一般的福利函数类型。他们证明了福利结果对于所有偏好均等的 S－型凹函数的社会福利函数都成立。记无名的、递增的 S－型凹函数为 W_E，正如阿特金森定理所扩展的福利函数，定理 1：对于所有 $w \in W_E$，$X >_{LD} Y$ 当且仅当 w（X）>w（Y），其中分配 X 和 Y 具有相等的均值。收入向量 X 洛伦兹占优于 Y，记为 $X >_{LD} Y$，当且仅当 L_X（p）$\geq L_Y$（p）对所有 $p \in I$ 均成立，其中至少在某个 p 值上严格不等式成立。

18. 洛伦兹曲线和基尼系数之间存在着众所周知的关系。基尼系数可以用多种方式定义，但是根据洛伦兹曲线的几何图形来定义较为简单，其等于洛伦兹曲线与均等线围成的图形面积的 2 倍。这个几何图形简洁性解释了基尼系数常被用来测度不平等的魅力所在。

19. 夏洛克斯（1983）通过下述定理证明了 GL 占优、W_E 和二阶占优的关系，定理 3：对于所有 $w \in W_E$，$X >_{GL} Y$ 当且仅当 w（X）>w（Y）。收入向量 X 广义洛伦兹占优于 Y，记为 $X >_{GL} Y$，当且仅当 GX（p）≥GY（p）对所有 $p \in [0, 1]$ 均成立，其中至少在某个 p 值上严格不等式成立。

20. 排序占优得到了强帕累托原理和匿名性的有力支持，这两个假设尽管不是普遍接受的，但也适用于较大的范围。为便于比较不同规模的人口，一阶占优也利用了人口 43
原理（道尔顿，1920；达斯古普塔、森和斯塔利特，1973；森，1976）。
这些假设一起意味着收入的统计累积分布函数（cdf）包含了社会状态排序的充分

信息。为规范起见，我们以 F 表示收入的cdf。逆分布函数或分位数函数，X（p）：= inf｛x：F（x）≥p｝，p∈［0，1］，以递增序产生个人的收入。记匿名的递增的福利函数类为 WP，萨珀斯尼克（1981，1983）提出了下述关于一阶（排序）占优的定理，定理 2：对于所有 $w \in W_P$，$X >_R Y$ 当且仅当 w（X）>w（Y）。这样，当分配 X 占优于分配 Y，当且仅当 X（p）≥Y（p）对所有 p∈［0，1］均成立。如果对于所有的 p∈［0，1］，都有 X（p）=Y（p），那么 X 和 Y 是一样的收入分配并有相同的生活标准。如果对于某些 p 值有 X（p）>Y（p），另一些 p 值有 X（p）<Y（p）（即分位数函数交叉），则这两个分配无法比较并且不能按排序占优标准来定序。

21. 此外，一阶占优假设有一个对称的社会福利函数，个人或家庭的匿名性以及人口不变。对称性假设意味着每个人或家庭的福利都很重要，并且也意味着所考虑的福利函数是一个一般类型的函数。匿名性意味着仅有在收入分配的排序位置中的收入规模是重要的，个人和家庭的身份识别不重要。人口不变可以确保在具有不同的样本规模的分配下进行占优比较。
22. 关于这一点的讨论，可参考丰比和罗（2003）。
23. 毕晓普、邹和丰比（1991）和毕晓普、丰比及希斯特（1992）仅讨论了一阶和二阶占优。关于三阶或更高阶的占优讨论分析可以参考费希本及威利格（1984）、郑和丰比及史密斯（2000）、莫耶斯（Moyes，1999）以及丰比和罗（2003）。
24. 分配 Y 对 W 的广义洛伦兹占优可以解释如下。如果社会重视收入分配的公平和效率两个方面，则分配 Y 优于分配 W。即使一些收入在收入分配 Y 的排序位置中低于 W（例如第三个人的收入在 Y 中排位低于在 W 中的排位）以及分配 W 的洛伦兹曲线占优于分配 Y 的洛伦兹曲线，情况也是如此。其原因主要是广义洛伦兹曲线包含了公平和效率两方面的偏好。特别地，广义洛伦兹占优体现了庇古—道尔顿的转移支付原理，这里可以由一个相对富裕的人（#3）转移支付 2 美元给一个相对贫穷的人（#2）作为代表。庇古—道尔顿转移支付原理是一个伦理性原则，它指出了从一个富裕家庭转移 1 美元到一个贫困家庭意味着社会改进。正是庇古—道尔顿转移支付原理为使用广义洛伦兹占优原理对收入分配和福利进行排序提供了规范性内涵。因此，在我们关于收入分配的例子中，在社会偏好优于分配 W 的分配 Y 中，越高的分配均值同时也伴随着更大的公平结果。有关更多的讨论，可参考夏洛克斯（1983）。

25. 费希尔（Fisher，1992）提供了一个关于美国官方贫困统计发展的历史性描述。美国国家科学院专家组（西特罗和麦克尔，Citro & Michael，1995）建议对贫困测度算法进行广泛的修改。拉德纳（Radner，1997）讨论了在测算家庭收入资源时引进边际变动的问题。

26. 除了瓦莰指数，分配敏感性贫困测度还包括福斯特、格里尔和托尔贝克（Greer & Thorbecke，1984）类的指数。

27. 森指数对于简单的贫困发生率测度来说是一个改进，但是若没有增加困难就不会实 44
现改进。查克拉瓦蒂（Chakravarty，1983）指出森贫困指数在贫困线上不连续。这个问题在由布莱克比和唐纳森（Blackorby & Donaldson，1980）建议的一类贫困指数中也存在。为克服这个困难，查克拉瓦蒂提出了一类修改的布莱克比和多纳尔德森指数。夏洛克斯（1995）建议修改森指数，使其在贫困线连续。修改的森指数实际上是查克拉瓦蒂在1983年提出的指数类的一员（查克拉瓦蒂，1997）。此外，很有意义的是要指出修改的森指数也是索恩（Thon，1983）引进的贫困指数类的一员。关于分配敏感性贫困指数的一般考察可以参考郑（1997）。

28. 20世纪80年代的非现金津贴和税收资料可以零散地收集到，以作为各自的补充资料。然而，这些当期人口调查资料不包括一些包含住房拥有者产权价值以及雇主提供的保险和健康津贴价值等隐性收入的关键变量数据。

29. 当然，我们使用的综合性收入测度在黑格—西蒙斯收入测度的意义上不是完全综合性的。特别地，它忽视了通过未意料到的资本盈利、闲暇价值以及环境质量等实现的财富增长。也有人论证到与诸如垃圾收集等直接津贴收入相关的财产税不应被扣除。然而，美国很多地方政府收取与自来水、排污服务等一样的垃圾清理服务费。所以，我们相信扣除一定的财产税以达到特定的家庭收入水平是合适的。

30. 我们讨论奥桑斯基等价与第三章中的等价收入。

31. 1981年、1986年和1996年的贫困测度源于毕晓普、丰比和郑（1999）。表2.2通过加入2001年现金收入和综合性收入的测度更新了他们的结果。

第三章

低收入家庭和低薪工作

LOW–INCOME FAMILIES AND
LOW–WAGE WORK

如果要理解替代性劳动力市场政策对低收入家庭经济福利的影响，就 45
必须要了解家庭收入分配与工资所得及低薪工作之间的关系。特别地，我们要知道以下几类问题的答案。在收入分配排序不同点上低薪工人的收入对家庭收入有多大的贡献？低收入家庭中有多少工人领取最低工资？低收入家庭中有多少工人收入低于最低工资？有多少工人领取仅仅比最低工资高一点的，例如125%或更小比例的最低工资？有多少含有最低工资工人的贫困家庭？贫困或低收入家庭有多大比例的收入资源由最低工资工人提供？在不同时间里，当低收入家庭工人工资收入增多或减少，他们每年工作的周数或时数减少或增多吗？考虑到穷人并非同质的，哪一部分贫困人口最直接受到最低工资和低薪工作的影响？

为回答上述问题，并在后续章节测度替代性劳动力市场政策对经济福利的影响，需要一个可以识别可靠家庭和工人样本的程序，以便进行系统的研究和分析。该程序必须是充分清晰透明的，以便所有对与替代性劳动力市场政策提升经济福利相关问题感兴趣的人都可以理解明白，并且可以就所使用方法的合理性表示同意或不同意。此外，该分析所使用的程序和方法必须是十分清晰的，以便其他研究人员可以复制研究结果，如果他们这样选择，就可以修改方法以探索研究我们的考察中没有明显考虑到的问题及难点。

一、当期人口调查数据和低收入人口 46

最常用于美国研究收入分配、不公平和贫困等的微观数据，每年都要收集整理并出现在三月当期人口调查中。人口调查局自1969年开始使用该数据，用于估计美国政府每年的官方贫困统计数据，这些数据早年曾被用于开展非官方的贫困估计中。我们在本书中也使用同样的数据，[32]不过我们增补了一些来自“流出轮换组”（ORG）调查资料的额外信息。当期人口调查是一个大型的月度美国人口分层随机抽样数据库。三月当期人口调查又称为年度人口统计资料，而且只有当期人口调查包含年度收入、薪资所得、非现金津贴以及直接税义务和收入抵税额的估计等。ORG调查资料在小时工资率和每周工作时数方面具有更好的信息。将这两个调查资料合并在一起，就可以很好地研究个体工人的工时数和工资，以及该工人所在家庭的收入、非现金津贴和缴纳的税收等。这就是本章以及后续章节所运用的主要分析程序。有关当期人口调查数据的更多细节在本章以及第四章、第五章中会得到更多讨论。

三月当期人口调查数据一般用于识别、测度和跟踪美国低收入人口的变化。从瓦茨（1968）的早期研究工作开始，人们就已认识到在贫困与非贫困之间没有唯一的分界线。同样地，在美国，低收入家庭与中等收入群体以及高收入群体之间没有明显的、令人信服的分界线。然而，为理解低薪工作以及替代性劳动力市场政策对低收入和贫困家庭的经济福利的影响，这样的分界线必须要建立。只有这样，我们才能开始理解家庭收入分配是如何与家庭个体成员的低薪工作相互作用的。

作为设定低收入人口与高收入人口之间的分界线的起点，我们以美国政府制定的官方贫困门槛开始。正如第二章中所讨论的，这些门槛是由莫莉·奥桑斯基及其社会保障局同事们在20世纪60年代开发的，并于1969年被正式采用为美国政府的一项政策。这些门槛设定的收入要求满足最低需求，这样就必须要随着家庭的规模和结构而变化。因此，这些门槛隐含了一个等价尺度，被广泛地称为奥桑斯基等价尺度。隐含的等价尺度被标准化为一个单身的成年人，并在附录1中有总结概述。通过这个等价尺度，我们可以对不同规模和结构的家庭的个人收入进行比较，只要将观察到的家庭收入转换为人均奥桑斯基等价收入即可。[33]

使用奥桑斯基等价收入概念，我们可以识别将个人划分为贫困人口和非贫困人口的单个贫困线。在2001年，基于人均奥桑斯基等价收入的贫困线是9,214美元。假设某一特定家庭的所有个人都按奥桑斯基等价收入计算，这就意味着如果一个人是贫困人口，则整个家庭就是贫困的。2001年，11.3%的美国人口被划分为官方贫困人口。这个11.3%就是贫困发生率，也是美国的官方贫困测度。 47

这里很有意思也很有必要指出的是，贫困发生率不同于贫困家庭所占的比例。家庭的规模和结构随着收入而变化，所以基于个人的贫困测度与强调贫困家庭的贫困测度是不同的。例如，2001年的三月当期人口调查数据显示，11.3%的美国人口是贫困人口，但仅有11.2%的家庭处于适合他们这一家庭类型的贫困门槛之下，即具有同一类规模和结构的家庭。家庭是一个几乎被每个人所广泛理解的自然单位，但是奥桑斯基等价个人是一个不是所有人能很好理解的、更加抽象的概念。然而，奥桑斯基等价人口与收入修正了家庭和结构的变化，因而也是十分重要的。为提高准确性、可靠性，更便于理解，我们将同时使用家庭和奥桑斯基等价人口报告本章及后续章节的研究成果。

根据这项研究的定义，我们将“低收入人口”定义为所有其奥桑斯基等价收入低于或等于两倍官方贫困线的个人和家庭。这样，2001年区分低收入人口和较高收入人口的分界线就是18,428美元。分界线是指低收入分割点。例如，为响应一项新劳动力市场政策，一个家庭的人均奥桑斯基等价收入会增加到超过低收入分割点的水平，这意味着存在一个较小的低收入群体。将低收入分割点应用于三月当期人口调查微观数据，结果表明有30%的美国人口处于低收入家庭中。

不论是官方贫困线还是低收入分割点，都基于人口调查局的货币或现金收入概念，这个概念在半个多世纪前当期人口调查一产生就开始应用了。正如第二章中所指出的，当在1969年奥桑斯基等价测度方法被正式采用为一项政府政策时，现金收入即成为评价家庭需求和经济福利的标准。然而，从努力测度贫困的一开始就认识到更为综合性的收入测度会改进美
48 国贫困统计，并由此可见，一个更好的替代性收入概念可能会对低薪工作和家庭福利的关系产生一定的影响。我们将使用综合性收入数据和现金收入数据来分析低薪工作及其与家庭和奥桑斯基等价人口的收入分配之间的关系。

第二章讨论了统计货币收入和综合性收入概念的差异，并归纳在图3.1中。除了自有住房所有者产权收益的估算值外，综合性收入还包括住房补贴、食品券、免费的或低价的学校午餐、能源补贴以及收入抵税额的市场价值。这些计划的每一项及其估算值都提高了位于收入分配较后端的家庭收入。一些计划及其估算值，特别是住宅产权收益的估算值，也提高了位于低收入分割点之上的家庭收入。在图3.1（b）中最右边半部分显示
49 的直接税减少了家庭收入。直接税对位于收入分配前端的家庭的影响要远大于位于后端的家庭。之所以会这样，是因为联邦所得税是最重要的直接税，而且是累进税。很多州也有所得税，且一般也是累进税。[34]由于1986年的《税收改革法》（Tax Reform Act of 1986，缩写为TRA86），很多位于收入分配后端的家庭所得税负担减小到几乎不存在。然而，对于拥有自有住房的工作家庭而言，工资税和财产税的负面效应还是很明显的。除了这些税收之外，可以预期，位于收入分配后端的家庭综合性收入相对于现金收入的净效应是正的。比较而言，对位于收入分配前端的家庭而言，这个效应则是负的。

图3.2显示了统计货币收入与使用日历年2001年三月当期人口调查数据估计的综合性收入之间的关系。在图3.2中，数据以分位数函数出现，表示人均奥桑斯基等价收入绝对数。分位数函数从最低收入到最高收入按顺序排列，并呈现正斜率趋势。显然可见，在图3.2中，贫困家庭的综合性收入较高，很多低收入家庭也是如此。图3.2显示，依据现金收入，有11%的人口在贫困线之下，并有30%的人口在低收入分割点之下。这19%

(a) 统计货币收入 = [工资和薪水 + 自我就业收入 + 股息、租金和利息 + 现金转移支付 + 其他现金收入]

(b) 综合性收入 = 统计货币收入 + [食品券市场价值 + 住房补贴市场价值 + 能源补贴市场价值 + 学校午餐补贴市场价值 + 住宅产权隐含收益 + 收入抵税额] − [联邦所得税 + 州所得税 + 工资税 + 财产税]

图 3.1 统计货币收入与综合性收入的差异

注释：(a) 统计货币 (现金) 收入，(b) 综合性收入

的人口百分比差正位于贫困线之上和低收入分割点之下。[35]两条分位数函数曲线交叉于图 3.2 中的 C 点，正好位于低收入分割点之下，而在官方贫困线之上。

用综合性收入取代统计货币收入，改变了家庭收入来源，也提出了这些收入分配应被用于讨论低薪工作与收入分配之间关系的问题。由于从图 3.2 可以看出，现金收入与综合性收入在收入分配内的变动差异是十分清楚的，所以我们同时使用这两个收入概念，可以报告很多实证的结果。然而，在经济学中有一个长期的传统，就是回归到黑格—西蒙斯的收入概念，也就是坚持认为收入概念越是综合性的，那么在评估经济福利上就越是可靠的。所以，当我们在报告第五章和第六章中模拟的替代性劳动力市场政策对贫困和低收入家庭及人口的影响结果时，我们使用综合性收入来测度在以政策变动为参考点时政策的边际影响。

在讨论了当期人口调查数据和解释了家庭和人口中的贫困和低收入人

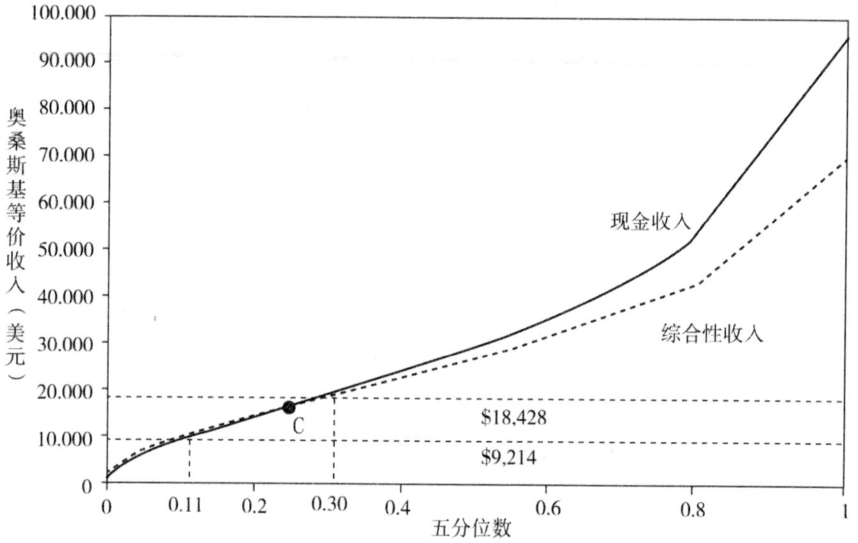

图 3.2　现金和综合性收入分位数函数，2001

口如何识别之后，我们重点来关注本章一开始提出的一系列问题。我们考虑的样本是其奥桑斯基等价现金收入低于或等于两倍官方贫困线的所有家
51 庭和人口。利用贫困线和低收入分割点，我们可以分两组进行讨论，其中后一组定义为其奥桑斯基人均等价现金收入位于官方贫困线和低收入分割点之间的家庭和人口。出于一定的目的，我们将重点关注这两个分组，特别是在第五章和第六章中。然而，图 3.2 表明在低收入人口收入分配中存在相当大的收入异质性。所以我们一开始就通过建立一系列替代贫困线将低收入家庭和人口分成四组。

二、工作家庭、低薪工作和低收入人口

低收入人口是由其现金收入等于或低于美国政府定义的官方贫困线收入两倍的所有家庭和人口组成。划定一条贫困线本身是一个较困难的且有点任意的过程。正如第二章中所讨论的，选择一个单个贫困线的内在困难

可以通过系统地构建一系列贫困线进行规避。这个方法不仅巧妙解决了单个贫困线划定的任意性问题，而且还可以使研究人员及政策制定者有效判断其结果对贫困线划定点的变化的敏感性。本章将考虑在低收入分配内不同收入点划定的四条替代性贫困线。在第六章中，我们将运用七条不同的贫困线来报告劳动力市场政策模拟的结果。然而，要确立低薪工作、所得收入和收入分配之间的关系，只需考虑本章提出的四条替代性贫困线就足够了。

与低收入分割点（两倍于官方贫困线）相联系，我们定义和分析基于人均奥桑斯基等价收入的贫困线分别等于低收入分割点、低收入分割点的75%、低收入分割点的50%和低收入分割点的25%。当然，一条等于低收入分割点的50%的贫困线就等价于官方贫困线。这样，2001年四条替代性贫困线如下所示：

- 一条贫困线等于低收入分割点（两倍于官方贫困线）=18,428美元
- 一条贫困线等于官方贫困线的150%（低收入分割点的75%）
- 官方贫困线（低收入分割点的50%）
- 一条贫困线等于官方贫困线的50%（低收入分割点的25%）

为提供一个对于低薪工作及其对贫困和低收入家庭影响的概述，我们将工 52
人分为四组：最低工资工人，接近最低工资工人，次最低工资工人以及其他（较高工资）工人。本研究中，这些分组定义如下：

- 最低工资工人：本组工人是指年龄在16岁以上、具有正收入，且报告和计算的每小时工资在联邦最低工资的90%到110%。
- 接近最低工资工人：本组工人是指年龄在16岁以上、具有正收入，且报告和计算的每小时工资在联邦最低工资的110%到125%。
- 次最低工资工人：本组工人是指年龄在16岁以上、具有正收入，且报告和计算的每小时工资在联邦最低工资的90%之下。[36]
- 其他（较高工资）工人：本组工人是指年龄在16岁以上、具有正

收入，且报告和计算的每小时工资在联邦最低工资的125%之上。

这里也有几个替代性的当期人口调查工资测度。我们就按通常的程序，如果有报告就使用“上周每小时工资”。对于那些没有报告小时工资的工人，我们可以根据其上周所得收入除以工作时数得到其平均每小时工资。

表3.1和表3.2显示了2001年低薪工人的绝对数及其各项特征。三月当期人口调查数据表明，2001年的低薪工人数就超过2000万人。低薪工人在劳动力队伍中仅占稍低于12%的比例，并且当期人口调查数据显示，在这些低薪工人中有30.6%是最低工资工人，有33.5%是接近最低工资工人，其余（占36%）是次最低工资工人。2001年低薪工人的选择性特征显示在表3.2中。表3.2（a）显示了绝对数（以1000人为单位），且表3.2（b）提供了相应比例。表3.2（a）的下半部分和表3.2（b）通过有选择的特征估计了处于18~64岁最好的工作年龄
54 的成年人的情况。在很大程度上，表3.1和表3.2显示了与先前预期相一致的有关低薪工人的观点。例如，在工人分组中，表3.2（b）揭示了46%的非成年人、14%的女性和30%的中学教育未完成者都是低薪工人。然而，这里也有三个让人惊讶之处。第一，作为占低收入人口分组的一部分比例，黄金年龄的白人和非白人工人数的差距要小于预期的结果。表3.2（b）显示了7.7%的成年白人工人年龄低于65岁，而相比而言，非白人成年工人的这个比例是10.8%。我们将这个有点令人惊讶的结果解释为在消除收入上的种族歧视方面取得了一定的进步。第二，西班牙裔低薪工人的绝对数和所占所有低薪工人的比例相对于非白人（和非西班牙裔）的数据来说十分高。最后，次最低工资工人的绝对数和所占比例比我们先前预期的要大得多。这个令人惊讶的结果促使我们调查这些次最低工资工人的特征，以及有关用来预测一个人是否被聘用为次最低工资工人和支付次最低工资的因素。我们将在本章最后一节回到这个问题。

表 3.1　2001 年的低薪工人

	次最低工资工人 (1)	最低工资工人 (2)	接近最低工资工人 (3)	所有低薪工人 (4)
绝对数(1,000s)	7,398	6,312	6,910	20,619
% 占所有工人	4.2	3.6	4.0	11.8
% 占所有低薪工人	35.9	30.6	33.5	100.0

表 3.2　根据选定特征确定的 2001 年低薪工人数及其比例

	次最低工资工人 (1)	最低工资工人 (2)	接近最低工资工人 (3)	所有工人 (4)
(a)绝对数(1,000s)				
男性	3,143	2,521	2,845	90,798
女性	4,254	3,791	4,065	83,559
白人	4,742	3,990	4,177	122,334
非白人	1,512	1,274	1,393	32,766
西班牙裔	1,144	1,049	1,339	19,257
<12 教育年限	2,588	2,154	2,370	23,735
>12 教育年限	4,809	4,158	4,539	150,622
非成年人	2,097	1,650	1,332	11,095
65 岁及以上	306	237	253	4,949
20~64 岁	4,994	4,425	5,325	158,313
20~64 岁				
男性	1,972	1,680	2,098	82,412
女性	3,022	2,744	3,227	75,901
白人	3,002	2,560	2,940	110,306
非白人	1,087	1,002	1,181	30,310
西班牙裔	906	863	1,204	17,697
<12 教育年限	1,050	1,006	1,387	16,146
>12 教育年限	3,945	3,419	3,937	142,166
(b)比例				
男性	3.5%	2.8%	3.1%	9.4%
女性	5.1%	4.5%	4.9%	14.5%
白人	3.9%	3.3%	3.4%	10.6%
非白人	4.6%	3.9%	4.3%	12.8%
西班牙裔	5.9%	5.4%	7.0%	18.3%

续表

	次最低工资工人(1)	最低工资工人(2)	接近最低工资工人(3)	所有工人(4)
<12 教育年限	10.9%	9.1%	10.0%	30.0%
>12 教育年限	3.2%	2.8%	3.0%	9.0%
非成年人	18.9%	14.9%	12.0%	45.8%
65 岁及以上	6.2%	4.8%	5.1%	16.1%
20～64 岁	3.2%	2.8%	3.4%	9.3%
20～64 岁				
男性	2.4%	2.0%	2.5%	7.0%
女性	4.0%	3.6%	4.3%	11.9%
白人	2.7%	2.3%	2.7%	7.7%
非白人	3.6%	3.3%	3.9%	10.8%
西班牙裔	5.1%	4.9%	6.8%	16.8%
<12 教育年限	6.5%	6.2%	8.6%	21.3%
>12 教育年限	2.8%	2.4%	2.8%	7.9%

表 3.2 提供了 2001 年低薪劳动力结构的初步印象。为提供更多的信息以及不同时间标准的变化情况，本章的图 3.3 到图 3.6 通过条形图描绘了 1989 年到 2001 年不同的人口分组情况。图 3.1 描绘了低薪工人的比例，并且显示了男性和女性各占低薪劳动力的比例。图 3.3 揭示了几个有趣的结果。第一，女性工人在不同时间所占比例一直最高。第二，低薪工人作为工人群体的一部分，和男性及女性工人比例一样，遵循一条与最低工资变化一致的时间序列路径。当最低工资提高时，如在 1990 年到 1991 年及 1996 年到 1997 年，低薪工人所占比例下降。然而，当由于通货膨胀而使实际最低工资减少时，低薪劳动力人口所占比例就上升了。更为详细的讨论将在后面开展。

图 3.4 显示了不同种族分组所占低薪工人的比例。首先，非白人所占低薪工人比例超过白人，但是这个比例差距随着时间不同而有明显缩小。其次，在 1989 年，西班牙裔和非白人所占低薪人口比例是一样的，但随着时间的变化，相对于白人和非白人所占比例，西班牙裔所占低薪人口比例

明显增加。图 3.5 显示了不同年龄组的低薪人口所占比例情况。非成年人及老年低薪工人所占比例大大超过了 20～64 岁的低薪工人所占比例。图 3.6 显示了年龄在 20～64 岁的低薪工人中，相较于受过 12 年及以上教育的工人，中学辍学者所占比例过高。

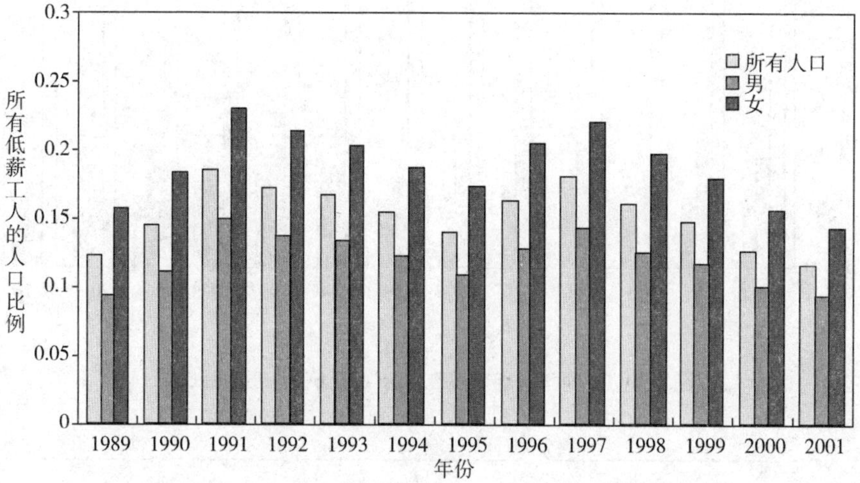

图 3.3　低薪工人在所有工人中比例及不同性别组所占比例，1989—2001

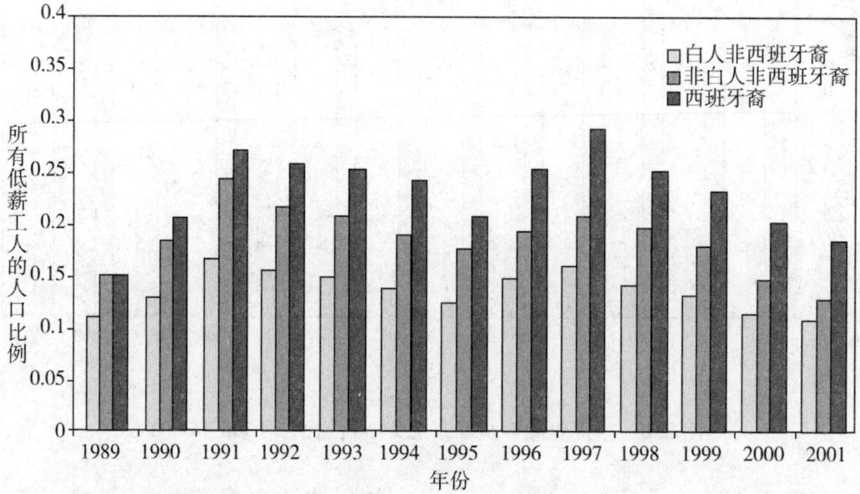

图 3.4　不同种族组低薪工人所占比例，1989—2001

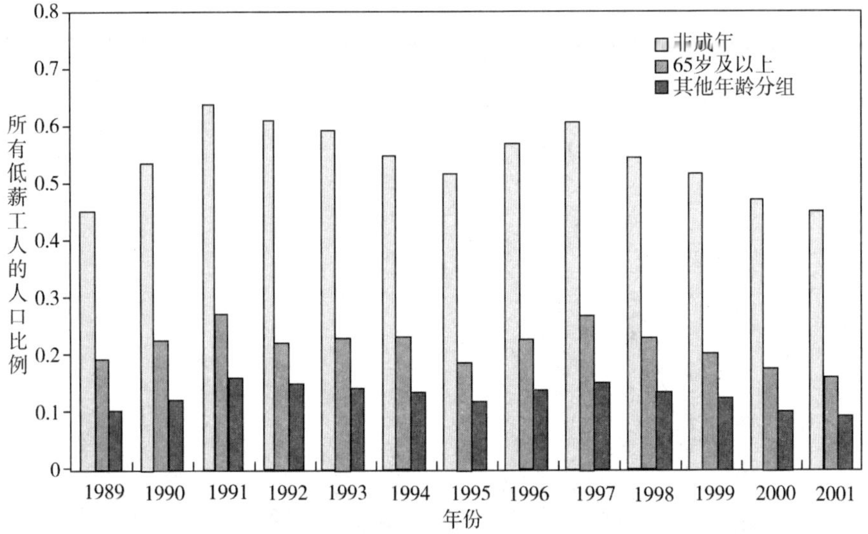

图 3. 5　不同年龄组低薪工人所占比例，1989—2001

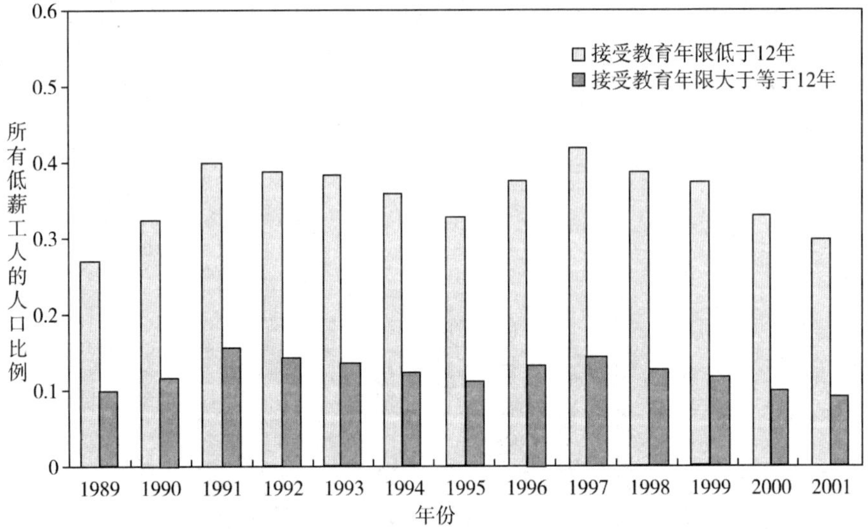

图 3. 6　不同受教育组低薪工人所占比例，1989—2001

表 3. 3 显示了至少有一个低薪工人的低收入家庭数及其比例。在官
59 方贫困线（低收入分割点的 50%），6. 9% 的家庭至少有一个最低工资工

表 3.3　至少有一个低薪工人的低收入家庭数及其比例，2001[a]

家庭类别（低于以下标准）	次最低工资工人（1）	最低工资工人（2）	接近最低工资工人（3）	所有低薪工人（4）
低收入分割点的100%	3,512 (0.074)	3,102 (0.065)	3,233 (0.068)	9,308 (0.195)
低收入分割点的75%	2,760 (0.083)	2,324 (0.07)	2,473 (0.074)	7,227 (0.216)
低收入分割点的50%	1,945 (0.103)	1,298 (0.069)	1,138 (0.06)	4,217 (0.224)
低收入分割点的25%	741 (0.103)	322 (0.045)	297 (0.041)	1,336 (0.186)

[a] 表中数字以千人为单位，( ) 中数字是比例。

人。换句话说，在低于官方贫困线的贫困家庭中，几乎90%没有一个最低工资工人。表3.3（栏2）表明不论在什么地方划定贫困线，93% ~95%的贫困家庭没有一个最低工资工人。对于所有低薪工人而言（栏4），相对比的范围是77% ~82%。这个结果体现了重点含义所在。对于很多贫困和低收入家庭而言，贫困与低薪工作之间很少有关系。

表3.4显示了三种类型的低薪工人及所有低薪工人的平均实际工资、平均每周工时数和实际年收入。此外，表3.4还提供了在四类替代性贫困线和四个不同的年份——2001年、1998年、1996年和1990年的工资、工时和收入的估计。首先来看2001年，正如所料，表3.4（a）揭示了三种类型的低薪工人的每小时实际工资的变化，其中接近最低工资工人收入最高，次最低工资工人收入最差，最低工资工人的小时工资率非常接近于联邦最低工资。这里特别要指出的是，实际工资率以2001年的美元表示。[37] 有一个例外就是，低收入人口的实际工资率在不同的贫困线下只有很小的变动。当贫困线设在低收入分割点的25%上（官方贫困线的50%）时，次最低工资工人的每小时工资似乎看起来（大约6%）小于在其他三类贫困线下的次最低工资工人的平均工资。表3.4（b）总结了每周工时数，并

表 3.4　低薪工人的实际工资、工时和收入

家庭类别	次最低工资工人 (1)	最低工资工人 (2)	接近最低工资工人 (3)	所有低薪工人 (4)
(a) 实际工资（$每小时）[a]				
2001				
低收入分割点的 100%	$ 3.49	$ 5.12	$ 6.04	$ 4.83
低收入分割点的 75%	$ 3.48	$ 5.12	$ 6.03	$ 4.81
低收入分割点的 50%	$ 3.45	$ 5.12	$ 6.02	$ 4.60
低收入分割点的 25%	$ 3.27	$ 5.07	$ 6.07	$ 4.30
1998				
低收入分割点的 100%	$ 3.74	$ 5.60	$ 6.55	$ 5.16
低收入分割点的 75%	$ 3.72	$ 5.59	$ 6.53	$ 5.06
低收入分割点的 50%	$ 3.65	$ 5.60	$ 6.53	$ 4.85
低收入分割点的 25%	$ 3.55	$ 5.58	$ 6.51	$ 4.57
1996				
低收入分割点的 100%	$ 3.66	$ 5.42	$ 6.29	$ 4.99
低收入分割点的 75%	$ 3.67	$ 5.40	$ 6.29	$ 4.96
低收入分割点的 50%	$ 3.67	$ 5.42	$ 6.29	$ 4.83
低收入分割点的 25%	$ 3.60	$ 5.45	$ 6.28	$ 4.61
1990				
低收入分割点的 100%	$ 3.54	$ 5.21	$ 6.01	$ 4.75
低收入分割点的 75%	$ 3.52	$ 5.20	$ 6.00	$ 4.70
低收入分割点的 50%	$ 3.50	$ 5.20	$ 6.00	$ 4.56
低收入分割点的 25%	$ 3.44	$ 5.22	$ 6.00	$ 4.41
(b) 平均每周工时数				
2001				
低收入分割点的 100%	34.37	34.28	33.92	34.19
低收入分割点的 75%	34.97	33.62	33.77	34.17
低收入分割点的 50%	34.57	32.02	32.08	33.18
低收入分割点的 25%	31.76	28.37	28.61	30.28
1998				
低收入分割点的 100%	34.29	32.93	35.07	34.09
低收入分割点的 75%	34.54	32.79	34.41	33.94
低收入分割点的 50%	34.13	31.84	32.52	33.10
低收入分割点的 25%	31.87	28.29	27.25	30.16

续表

家庭类别	次最低工资工人(1)	最低工资工人(2)	接近最低工资工人(3)	所有低薪工人(4)
1996				
低收入分割点的 100%	33.77	33.58	35.51	34.13
低收入分割点的 75%	33.54	33.54	35.27	33.97
低收入分割点的 50%	33.21	32.22	32.89	32.78
低收入分割点的 25%	31.77	30.27	30.22	31.04
1990				
低收入分割点的 100%	33.26	33.19	34.24	33.49
低收入分割点的 75%	33.58	33.53	33.63	33.58
低收入分割点的 50%	33.17	32.36	31.54	32.58
低收入分割点的 25%	30.21	30.40	28.55	30.01
(c) 实际收入($每年)[a]				
2001				
低收入分割点的 100%	$ 5,146	$ 7,451	$ 8,758	$ 7,041
低收入分割点的 75%	$ 4,984	$ 6,987	$ 8,612	$ 6,770
低收入分割点的 50%	$ 4,608	$ 5,818	$ 6,777	$ 5,519
低收入分割点的 25%	$ 2,994	$ 3,220	$ 3,388	$ 3,133
1998				
低收入分割点的 100%	$ 5,229	$ 7,503	$ 10,033	$ 7,377
低收入分割点的 75%	$ 5,076	$ 7,225	$ 9,262	$ 6,873
低收入分割点的 50%	$ 4,683	$ 6,107	$ 7,711	$ 5,750
低收入分割点的 25%	$ 3,042	$ 3,091	$ 3,381	$ 3,106
1996				
低收入分割点的 100%	$ 4,956	$ 7,287	$ 9,443	$ 6,967
低收入分割点的 75%	$ 4,650	$ 6,974	$ 9,060	$ 6,606
低收入分割点的 50%	$ 4,274	$ 5,779	$ 7,002	$ 5,369
低收入分割点的 25%	$ 2,945	$ 3,531	$ 3,499	$ 3,224
1990				
低收入分割点的 100%	$ 4,515	$ 6,393	$ 8,414	$ 6,169
低收入分割点的 75%	$ 4,390	$ 6,170	$ 7,830	$ 5,830
低收入分割点的 50%	$ 3,903	$ 5,219	$ 5,997	$ 4,758
低收入分割点的 25%	$ 2,714	$ 2,850	$ 3,123	$ 2,822

[a] 以 2001 年不变价表示。CPI－U用于调整名义值。

且这里以十分清晰的形式表明当贫困线设在低收入分割点的 25% 时，平均
61 而言在本组的低薪工人工作的时数更低。表 3.4（c）显示了平均年实际收入。这些收入是全年每小时工资和工时数结合的结果。2001 年这些收入十分低，最低为次最低工资工人划在 25% 低收入分割点的贫困线下的2,994 美元，最高为接近最低工资工人在最高贫困线（两倍的官方贫困线）下的 8,758美元。

表 3.4 提供了关于不同时间低薪工作及其相关的年收入之间关系的几
62 个不同观点。表 3.4（a）中的实际工资率受两种力量的影响——最低工资法的变动和物价的上涨。在表 3.4 跨越的时间区间内，有两轮联邦最低工资的增长及四次最低工资在实际时间的特定调整。1990 年 4 月，联邦最低工资从 3.35 美元上升到 3.80 美元。并再次增长到 1991 年 4 月 1 日生效的 4.25 美元。在第二轮增长中，在 1996 年 10 月 1 日提高到 4.75 美元，并且再增加到 1997 年 9 月 1 日生效的 5.15 美元。就在同一时期，物价上涨慢慢侵蚀了实际最低工资。在表 3.4（a）中所显示的年份中，实际最低工资值在 1998 年最大，并在 1990 年和 2001 年最小。对于次最低工资和最低工资工人来说，2001 年的实际工资率要稍小于 1990 年的实际工资率。然而，对于接近最低工资工人而言，2001 年实际工资要大于其 1990 年的值。当考虑所有低薪工人时，2001 年的实际工资率是否较大或较小要依据贫困线的高低。表 3.4（a）的第 4 栏显示了当考虑最低贫困线（官方贫困线的 50%）时，实际工资率在 1990 年到 2001 年下降了。然而，在其他三类贫困线下则有所增长。

表 3.4（b）中的平均每周工时数看起来在不同时间基本上不变。这样，不同类型的低薪工人的平均工资和工时数表明每周工时数对于实际工资的变化几乎无反应。因此，我们可以想到表 3.4（c）中显示的年收入在不同时间的变化主要反映了表 3.4（a）中变化的实际工资率所决定的模式。然而，依据以下的解释，事实一般并非如此。首先指出对于较高的三条贫困线（低收入分割点的 50%、75%、100%），所有工人类别的年实际

收入在 1998 年达到峰值，随后在 1998 年到 2001 年下降。然而，在低于最低贫困线（低收入分割点的 25%）的家庭中，最低工资工人和接近最低工资工人 1996 年的实际收入要大于 1998 年的收入。另外，该组的收入在 1998 年到 2001 年是增长的。

其次，当将 1990 年的低薪工人的实际工资率和实际收入与 2001 年作比较时，我们发现在很多工人类别及替代性贫困线上，1990 年实际工资［表 3.4（a）］往往会较低，[38]而实际收入［表 3.4（c）］却在所有工人类别及贫困线上都系统性地表现为较高。此外，收入的增长并不是不重要的；增长百分率最低为接近最低工资工人在低收入分割点贫困线下的 4.1%，最高为次最低工资工人在官方贫困线下的 18.1%。表 3.4（c）显示了所有低薪工人在 1990 年至 2001 年实际收入增长了 14.1%。从表 3.4（a）到（c）中报告的平均实际工资、平均每周工时数以及年实际收入等结果中明显暴露了一个问题，那就是在 1990 年到 2001 年低收入家庭中的低薪工人的平均实际工资率怎么会下降或保持不变，每周工时数怎么会大 63
部分保持不变，实际年收入怎么会明显增长？

这个问题的答案看起来有点异常，要求讨论一些出现在每年人口统计资料中的调查数据的特别之处。例如，在三月当期人口调查之前的日历年年收入数据既不是表 3.4（a）和（b）中的工资和工时数据的乘积，也不一定与从工资和工时数据得到的某种推测结果一致。特别地，前一年的工作周数会极大地影响年收入。此外，去年的平均每周工作时数与三月当期人口调查之前的周工作时数是相背离的。例如，表 3.4（a）中的栏 2 表明最低工资工人的实际工资在 1990 年到 2001 年下降了 5.5%，而表 3.4（b）中的栏 2 表明其平均每周工作时数略有下降，[39]而表 3.4（c）则表明最低工资工人的实际收入在同一时期增长了 11.5%。对这种看起来有点矛盾的情况，唯一解释是平均每年工时数在不同时期增加了。为调查这个问题，我们分析了去年工作的周数和每周工作的时数，结果发现低薪工人的年工作时数在不同时期增加了。特别是位于收入分配后端的女性工人的年工作时数变化较大。[40]

贫困与低薪工作之间缺乏强烈而系统的关系，这表明了低薪工人的收入不可能是贫困和低收入家庭的一项重要收入来源。表 3.5（a）中的栏 2 表明，不论如何划定贫困线，在 2001 年最低工资工人的收入占据所有贫困家庭收入的 6% 或更少。就所有低薪工人（次最低工资工人、最低工资工人和接近最低工资工人合在一起）而言，这个贡献要更高一点（栏 4）。就现金收入而言，这个贡献比例范围为 9.8% 到 25.9%，当所考虑的贫困线越高，这个贡献比例就单调递减。就综合性收入而言，这是我们认为的最好的福利指标，表 3.5（a）中的栏 4 显示了在 2001 年其对所有低收入家庭的福利贡献比例为 9.8% 到 15.4%，具体贡献比例依所划的贫困线而定。

表 3.5（b）到（d）中有关 1998 年、1996 年和 1990 年的结果类似于 2001 年。这些数据表一起提供了有关低收入家庭中低薪工人的工资、工时数和收入在不同时间变动的信息。令人感兴趣的是，1996 年 10 月最低工资的变动似乎对次最低工资工人和接近最低工资工人的工资产生了极大的影响。接近最低工资工人的实际工资与最低工资工人的工资几乎增长了同
66 样的百分率，而次最低工资工人的平均工资率增长了一个稍小的百分率。因此，表 3.5 表明了当最低工资法变化时，例如在 1996 年至 1998 年，最低工资工人、次最低工资工人和接近最低工资工人的实际工资增长比率几乎一样。

现在我们考虑哪些贫困人口最容易直接受到最低工资的影响这个问题。如上所述，最低工资法的变动既可以产生收入上流效应也可以产生收入下流效应。由于这个原因，我们将持续关注所有低薪工人，并提供最低工资工人、次最低工资工人和接近最低工资工人在 1990 年、1996 年、1998 年和 2001 年的描述性结果。表 3.5 提供了所有贫困家庭在贫困线划在低收入分割点的 100%、75%、50% 和 25% 上时的概述性信息。值得强调的是，表 3.5 显示了低薪工作对所有贫困家庭的影响，而不仅是对含有

表 3.5　低薪收入[a]及其对低收入家庭的现金和综合性收入的贡献

家庭类别	次最低工资工人 (1)	最低工资工人 (2)	接近最低工资工人 (3)	所有低薪工人 (4)
(a) 2001 年收入的贡献				
低收入分割点的 100%				
收入	$ 393	$ 507	$ 620	$ 1,519
现金收入贡献	(0.027)	(0.035)	(0.043)	(0.104)
综合性收入贡献	(0.025)	(0.033)	(0.04)	(0.098)
低收入分割点的 75%				
收入	$ 431	$ 506	$ 664	$ 1,601
现金收入贡献	(0.039)	(0.046)	(0.061)	(0.146)
综合性收入贡献	(0.035)	(0.041)	(0.053)	(0.128)
低收入分割点的 50%				
收入	$ 497	$ 419	$ 438	$ 1,354
现金收入贡献	(0.072)	(0.06)	(0.063)	(0.195)
综合性收入贡献	(0.056)	(0.048)	(0.05)	(0.154)
低收入分割点的 25%				
收入	$ 323	$ 146	$ 164	$ 633
现金收入贡献	(0.132)	(0.06)	(0.067)	(0.259)
综合性收入贡献	(0.076)	(0.034)	(0.038)	(0.148)
(b) 1998 年收入的贡献				
低收入分割点的 100%				
收入	$ 558	$ 677	$ 839	$ 2,074
现金收入贡献	(0.039)	(0.047)	(0.059)	(0.145)
综合性收入贡献	(0.036)	(0.044)	(0.055)	(0.135)
低收入分割点的 75%				
收入	$ 629	$ 704	$ 733	$ 2,065
现金收入贡献	(0.058)	(0.065)	(0.068)	(0.192)
综合性收入贡献	(0.051)	(0.057)	(0.059)	(0.167)
低收入分割点的 50%				
收入	$ 689	$ 559	$ 497	$ 1,746
现金收入贡献	(0.097)	(0.079)	(0.07)	(0.245)
综合性收入贡献	(0.076)	(0.062)	(0.055)	(0.192)
低收入分割点的 25%				
收入	$ 439	$ 227	$ 125	$ 791
现金收入贡献	(0.164)	(0.085)	(0.046)	(0.295)
综合性收入贡献	(0.095)	(0.049)	(0.027)	(0.171)

续表

家庭类别	次最低工资工人 (1)	最低工资工人 (2)	接近最低工资工人 (3)	所有低薪工人 (4)
(c) 1996 年收入的贡献				
低收入分割点的 100%				
收入	$ 493	$ 778	$ 654	$ 1,925
现金收入贡献	(0.034)	(0.054)	(0.045)	(0.133)
综合性收入贡献	(0.031)	(0.049)	(0.042)	(0.122)
低收入分割点的 75%				
收入	$ 513	$ 774	$ 660	$ 1,946
现金收入贡献	(0.047)	(0.07)	(0.06)	(0.177)
综合性收入贡献	(0.04)	(0.06)	(0.052)	(0.152)
低收入分割点的 50%				
收入	$ 549	$ 633	$ 413	$ 1,594
现金收入贡献	(0.074)	(0.085)	(0.056)	(0.215)
综合性收入贡献	(0.057)	(0.066)	(0.043)	(0.166)
低收入分割点的 25%				
收入	$ 408	$ 320	$ 134	$ 862
现金收入贡献	(0.122)	(0.096)	(0.04)	(0.258)
综合性收入贡献	(0.072)	(0.056)	(0.023)	(0.151)
(d) 1990 年收入的贡献				
低收入分割点的 100%				
收入	$ 437	$ 561	$ 544	$ 1,542
现金收入贡献	(0.03)	(0.039)	(0.037)	(0.106)
综合性收入贡献	(0.028)	(0.036)	(0.035)	(0.099)
低收入分割点的 75%				
收入	$ 467	$ 571	$ 492	$ 1,529
现金收入贡献	(0.042)	(0.052)	(0.045)	(0.139)
综合性收入贡献	(0.037)	(0.045)	(0.039)	(0.121)
低收入分割点的 50%				
收入	$ 475	$ 471	$ 311	$ 1,257
现金收入贡献	(0.063)	(0.063)	(0.041)	(0.168)
综合性收入贡献	(0.05)	(0.049)	(0.032)	(0.131)
低收入分割点的 25%				
收入	$ 342	$ 228	$ 117	$ 686
现金收入贡献	(0.101)	(0.067)	(0.035)	(0.203)
综合性收入贡献	(0.059)	(0.039)	(0.02)	(0.118)

[a] 以 2001 年不变价表示。

低薪工人的贫困家庭的影响。表 3.5（a）显示了实际低薪收入对 2001 年家庭现金收入和综合性收入的平均贡献。低薪收入对家庭现金收入和综合性收入的边际贡献分别以绝对数美元及贡献百分比显示。有关三类低薪工人及所有低薪工人在低收入人口的四类贫困线下的估计结果在表中都有提供。表 3.5（b）到（d）则提供了与前述内容相对应的较早年份——1998 年、1996 年和 1990 年的信息。

低薪收入对所有贫困家庭的收入绝对数美元贡献是相当少的。就次最低工资工人、最低工资工人和接近最低工资工人而言，其 2001 年收入的绝对数美元贡献分布范围是 146 美元到 620 美元。就所有低薪工人（次最低工资工人、最低工资工人和接近最低工资工人合并在一起）而言，其绝对数美元贡献值范围是 633 美元到 1,519 美元，具体大小则依所考虑的特定贫困线而定。贡献百分比也很小。低薪收入对家庭现金收入的贡献百分比一致地比对家庭综合性收入的贡献百分比要大，但这个差距不大，除非在收入分配中特别低的部分。当贫困线划在官方贫困线的 50%（低收入分割点的 25%）上时，低薪收入对家庭现金收入的贡献百分比要比对家庭综合性收入的贡献百分比大得多。这当然也反映了在收入分配后端的家庭，综合性收入要比现金收入大得多这个事实。即使对现金收入的贡献百分比较大，但其数据仍然还是很小的。就次最低工资工人、最低工资工人和接近最低工资工人与低收入分割点的 50% 及以上的贫困线而言，低薪收入对家庭综合性收入的贡献百分比总是小于 10%，很多甚至低于 5%。对所有低薪工人而言，低薪收入对家庭综合性收入的贡献百分比依据特定的年份和所考虑的贫困线而不同，从 7.6% 到 15.4% 不等。

如果认为由于低薪工作对家庭收入的贡献比例很小，就推测出低薪工资率的边际变动对贫困人口的经济福利几无影响，则会造成一个严重的错误。换句话说，表 3.5 中的结果不能被误读。尽管低薪收入对家庭收入的贡献很小，但是低薪工人的实际工资变动的边际影响对于贫困人 67

口还是有福利效应的。这在以后的章节里会得到明确阐述，并在图3.7中也可以明显看出，该图展示了图3.4到图3.6所显示的几类不同时间的变化路径。

图3.7显示了所有低薪工人（次最低工资工人、最低工资工人和接近最低工资工人合并在一起）在1989年到2001年的年实际收入对家庭综合性收入的贡献情况。我们发现，在四条贫困线下的结果都遵循相似的但不一样的时间路径，并且都系统性地与联邦最低工资的变化有关。当名义最低工资上升时，至少有四件事发生。第一，能保留其岗位并工作相同工时数的最低工资工人的收入增加了。第二，较高的最低工资会提高那些获得稍高于或稍低于以前最低工资的工人的工资。第三，最低工资法会绑定更多的工人并会应用于更多的劳动力市场，从而会产生对工时数及总就业的负效应。这些负效应的发生程度在下一章会详细讨论。第四，名义最低工资增长后，实际最低工资则开始减少并使得刚才描述的过程慢慢逆转。

如果最低工资的增长会使位于收入分配后端的家庭和奥桑斯基等价个人产生净福利收入，那么我们应该观察到当实际最低工资提高时，低薪收入对家庭收入的贡献会增加。反之，当实际最低工资下降时，这项贡献应该会减少。图3.7提供了1989年到2001年有关低薪工作对家庭综合性收入贡献的实际证据。图3.8中的四类贫困线图形模式变化在1989年到1995年是一样的。名义联邦最低工资从1989年的每小时3.35美元提高到1990年的3.80美元时，引发了所有低薪工人的收入贡献的增长。1991年最低工资又增长到4.25美元，与之相随的是低薪收入对贫困家庭的综合性收入贡献的进一步增长。然而，从1992年开始，物价上涨造成实际最低工资减少，从而引起低薪收入对家庭收入的贡献下降。实际最低工资的减少和与之相伴的低薪工作对家庭收入贡献的下降持续到1995年。

1996年到1997年，名义最低工资的增长也伴随着低薪工人的收入贡

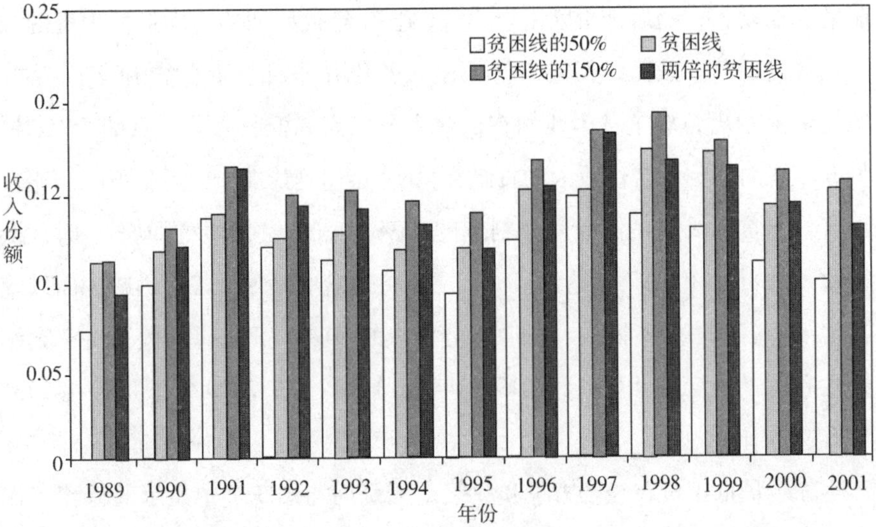

图 3.7　低薪工人收入在低于官方贫困线和两倍官方贫困线的家庭综合性收入中的贡献，1989—2001

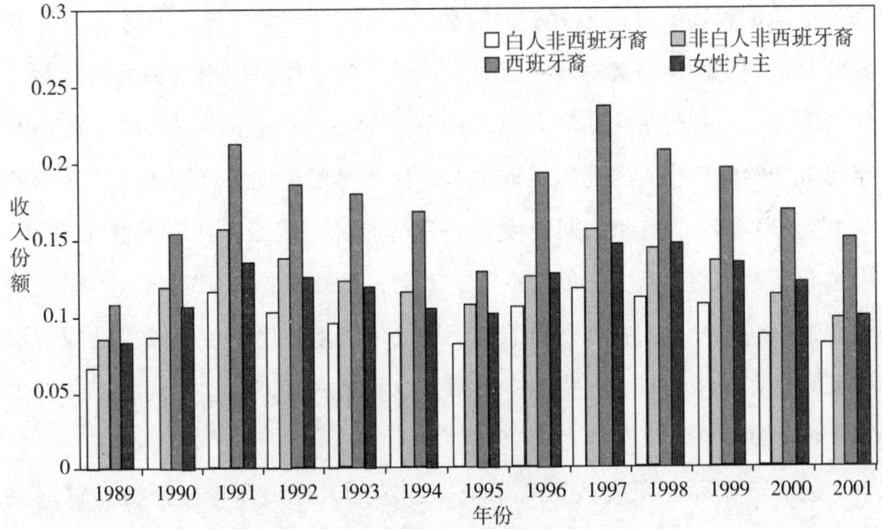

图 3.8　低薪工人收入在家庭综合性收入中的贡献，选定的人口统计组，1989—2001

献的初始增长，随后该贡献由于20世纪90年代后期的实际最低工资的减
70 少而最终回落。然而，特定年份的模式变化并非对于所有贫困线都一样。图3.7显示出，对于贫困线划在低收入分割点和低收入分割点的75%时，低薪收入对家庭综合性收入的贡献在1998年达到最高，此后就下降。比较而言，当贫困线划在低收入分割点的25%（官方贫困线的50%）时，低薪收入的贡献在1997年达到最高，之后将随着实际最低工资的减少而系统性地下降。在官方贫困线（低收入分割点的50%）下，低薪收入对家庭综合性收入的贡献在1998年和1999年达到最高，在2000年下降，在2001年有所上升。

除了最低工资，经济力量和政策毫无疑问与图3.7中显示的低薪工作对家庭收入的贡献模式变化有关。例如，1996年《个人责任与工作机会协调法》（The Personal Responsibility and Work Opportunity Reconciliation Act of 1996，公共法104－193）十分激进地改变了国家的福利体制，并为各州创造了推动福利接受者成为劳动力的动机。[41]自1996年以来，有数百万人放弃公共福利资助，而接纳这些劳动力新成员的工作岗位很大部分是低薪工作。因此，福利改革和新工人流入低薪劳动力市场有助于推动20世纪90年代末期的低薪收入的变化。事实上，福利可以帮助解释图3.7中显示的20世纪90年代早期和后期的模式变化的差异。然而，其他因素在图3.7中也会发生作用。当实际最低工资变动时，低薪工作对家庭收入贡献的扩大和缩小同时发生，有力表明了由于最低工资增长而使位于收入分配后端的家庭存在净福利收入。我们将在第五章和第六章回到这个问题，并提供不一样的证据。

表3.6显示了低薪收入对于依据选定的人口统计特征分类的贫困家庭的现金和综合性收入的贡献。表3.6继续提供了最低工资工人、次最低工资工人、接近最低工资工人以及所有低薪工人的信息。此外，表3.5、表3.6均报告了2001年、1997年、1995年和1990年的结果。然而，与表3.5不一样的是，低薪收入对家庭收入的贡献是基于划定在低

收入分割点上的单个贫困线。表 3.6 的新内容是，我们可以看到低薪工作及收入对白人、非白人、西班牙裔以及女性户主家庭等的收入的影响。表 3.6 出现了三个有趣的结果。第一，在 2001 年，低薪工作及收入对白人和非白人家庭综合性收入的影响看起来差异很小，在绝对数美元差异和百分率差异上都是如此。第二，当同其他人口统计分组比较时，低薪工作及收入对西班牙裔家庭收入的影响差异巨大。这对综合性收入的绝对数美元的边际影响以及百分率影响都是真实的。第三，低薪 73
工作及收入对女性户主家庭的综合性收入的影响要小于对西班牙裔家庭综合性收入的影响，而大于对白人家庭综合性收入的影响，另外可能大于或小于对非白人家庭综合性收入的影响，这要依据贫困线和年份的选择而定。

图 3.8 关于低薪收入对不同选定的人口统计分组的家庭——白人、非白人、西班牙裔和女性户主家庭在不同时间的综合性收入的贡献提供了一个不同的视角。这些组的每一个小组的时间路径与支撑图 3.7 的时间路径几乎一样。[42]图 3.7 和图 3.8 共同表明了，实际工资率的变化对低薪收入和贫困家庭的综合性收入具有可察觉的影响。因此，低薪工人的实际工资变化对位于收入分配后端的家庭收入会产生明确的影响。相对于其他替代性等成本政策，最低工资法的额外变化是否足以减少贫困或有利于改善贫困人口的福利，这一问题将在第五章、第六章中进一步调查分析。

下一部分将回到本章一开始提出的问题：大量领取次最低工资的低薪工人。对有关次最低工资工人的问题不感兴趣的读者可以跳过下一部分，直接阅读本章小结。

表 3.6 低薪收入[a] 及其对不同类型家庭的现金和综合性收入的贡献

家庭类别	次最低工资工人 (1)	最低工资工人 (2)	接近最低工资工人 (3)	所有低薪工人 (4)
(a) 2001 年收入的贡献				
白人家庭				
收入	\$ 334	\$ 409	\$ 494	\$ 1,237
对现金收入的贡献	(0.023)	(0.028)	(0.034)	(0.086)
对综合性收入的贡献	(0.022)	(0.027)	(0.032)	(0.08)
非白人家庭				
收入	\$ 372	\$ 508	\$ 569	\$ 1,449
对现金收入的贡献	(0.027)	(0.037)	(0.042)	(0.106)
对综合性收入的贡献	(0.025)	(0.034)	(0.039)	(0.098)
女性户主家庭				
收入	\$ 434	\$ 610	\$ 628	\$ 1,672
对现金收入的贡献	(0.029)	(0.041)	(0.043)	(0.113)
对综合性收入的贡献	(0.026)	(0.036)	(0.037)	(0.1)
西班牙裔家庭				
收入	\$ 639	\$ 852	\$ 1,150	\$ 2,640
对现金收入的贡献	(0.038)	(0.051)	(0.069)	(0.158)
对综合性收入的贡献	(0.037)	(0.049)	(0.066)	(0.152)
(b) 1998 年收入的贡献				
白人家庭				
收入	\$ 476	\$ 518	\$ 655	\$ 1,649
对现金收入的贡献	(0.034)	(0.037)	(0.047)	(0.118)
对综合性收入的贡献	(0.032)	(0.035)	(0.044)	(0.11)
非白人家庭				
收入	\$ 532	\$ 663	\$ 986	\$ 2,181
对现金收入的贡献	(0.039)	(0.048)	(0.071)	(0.158)
对综合性收入的贡献	(0.035)	(0.044)	(0.065)	(0.144)
女性户主家庭				
收入	\$ 636	\$ 840	\$ 980	\$ 2,456
对现金收入的贡献	(0.045)	(0.059)	(0.069)	(0.172)
对综合性收入的贡献	(0.038)	(0.05)	(0.059)	(0.147)
西班牙裔家庭				
收入	\$ 919	\$ 1,328	\$ 1,346	\$ 3,592
对现金收入的贡献	(0.056)	(0.081)	(0.082)	(0.219)
对综合性收入的贡献	(0.053)	(0.077)	(0.078)	(0.207)

续表

家庭类别	次最低工资工人 (1)	最低工资工人 (2)	接近最低工资工人 (3)	所有低薪工人 (4)
(c)1995 年收入的贡献				
白人家庭				
收入	$ 424	$ 615	$ 559	$ 1,597
对现金收入的贡献	(0.03)	(0.043)	(0.039)	(0.112)
对综合性收入的贡献	(0.027)	(0.04)	(0.036)	(0.103)
非白人家庭				
收入	$ 522	$ 743	$ 651	$ 1,916
对现金收入的贡献	(0.037)	(0.053)	(0.047)	(0.137)
对综合性收入的贡献	(0.034)	(0.048)	(0.042)	(0.124)
女性户主家庭				
收入	$ 589	$ 791	$ 715	$ 2,096
对现金收入的贡献	(0.042)	(0.056)	(0.051)	(0.148)
对综合性收入的贡献	(0.035)	(0.048)	(0.043)	(0.126)
西班牙裔家庭				
收入	$ 743	$ 1,519	$ 1,062	$ 3,324
对现金收入的贡献	(0.046)	(0.094)	(0.066)	(0.206)
对综合性收入的贡献	(0.043)	(0.088)	(0.062)	(0.193)
(d)1990 年收入的贡献				
白人家庭				
收入	$ 390	$ 452	$ 454	$ 1,296
对现金收入的贡献	(0.027)	(0.031)	(0.031)	(0.089)
对综合性收入的贡献	(0.025)	(0.029)	(0.029)	(0.084)
非白人家庭				
收入	$ 470	$ 694	$ 567	$ 1,731
对现金收入的贡献	(0.035)	(0.051)	(0.042)	(0.127)
对综合性收入的贡献	(0.031)	(0.046)	(0.038)	(0.116)
女性户主家庭				
收入	$ 462	$ 646	$ 525	$ 1,632
对现金收入的贡献	(0.034)	(0.048)	(0.039)	(0.12)
对综合性收入的贡献	(0.03)	(0.041)	(0.034)	(0.105)
西班牙裔家庭				
收入	$ 643	$ 929	$ 1,018	$ 2,590
对现金收入的贡献	(0.039)	(0.057)	(0.062)	(0.159)
对综合性收入的贡献	(0.038)	(0.055)	(0.06)	(0.153)

[a] 以 2001 年不变价表示。

三、当期人口调查数据与次最低工资工人

表3.1中报告的次最低工资工人的数目是有点令人惊讶的。我们确实没有预料到在三月当期人口调查数据中低薪工人中有36%、所有工人中有4.2%的工人收入低于联邦最低工资。其他研究人员也指出存在大量的次最低工资工人，并在文献中有一些关于这类工人的讨论。[43]然而，可以肯定地说我们对次最低现象的理解至多是基本的。这个惊人的数字让我们以三种方式调查这个问题。首先，我们考察其他三月当期人口调查数据集，以决定2001年观察的次最低工资工人数目与其他年份相比是否超出了正常范围。其次，我们提出问题，这些次最低工资工人是谁？他们在哪些种类的岗位上工作？最后，我们通过估计probit和logit回归模型，系统性地解释和预测很可能处于次最低工资岗位的工人的特征。

2001年有数目巨大的次最低工资工人不是一个偶然或异常情况。
74 相反，它是一个在当期人口调查数据中经常出现的状况。20世纪90年代，所有三月当期人口调查数据的分析揭示了一直存在较大数目的次最低工资工人。几位研究人员曾经推测，在最低工资之下的工人数较大可能由于或至少部分地由于“工时数”变量存在“噪声”或“误差”。[44]如果这是正确的，那么当在当期人口调查数据中没有报告小时工资数据时，由于小时工资计算的方式，这个“噪声”就被转移到小时工资的测度中。因此，工时数的“噪声”可以解释次最低工资工人数目巨大的情况。

在三月当期人口调查数据中，大约有12%的工人的每小时工资是直接报告的，这个工资率被认为是较为可靠的。其余88%的工人工资是需要计算出来。为实现这个结果，我们或者使用“上周工时数”或者利用“去年通常工时数”，具体选择要根据哪一个会产生低于联邦最低工资

90% 的工人最高工资而定。为调查工时变量的“噪声”问题，我们对次最低工资工人在特定职业的所占比重作了解释性分析。从表 3. 7 和表 3. 8 中概述的 1999 年三月当期人口调查结果表明，次最低工资工人中有 64% 分布在聘用了所有工人的 31% 的五大职业组。更重要的是，表 3. 8 75
显示了在五大职业组中，次最低工资工人主要集中在很小一部分具体职业中。次最低工资工人中有 42% 分布在聘用了大约所有工人的 13% 的一小部分体职业内（男服务员、女服务员、农场工人、零售员、私人家庭工人、助理工和汽车清洗工等）。

将 20 世纪 90 年代其他当期人口调查数据集复制到表 3. 7 和表 3. 8 中，发现这些职业的次最低工资工人在不同时间的集中度相当平稳。如果工时变量的“噪声”和随机报告误差是次最低工资工人数量在三月当期人口调查数据中相同的唯一甚或主要的解释因素的话，则这个平稳性可能就不会如所预料。这个稳定的集中度表明，在一小部分具体职业中有相当可观的一组美国工人的报酬低于最低工资的 90%。

为解释和预测哪些工人很可能获得次最低工资，我们分析估计了 76
probit 和 logit 回归模型。在每一个估计模型中，因变量都是分类变量，即要么一个工人是次最低工资工人，要么工人的工资等于或大于联邦最低工资的 90%。表 3. 9 确定了一些解释变量，并提供了与次最低工资工人全面相关的很多人口分组特征的描述性统计分析。这些解释变量包含在下面讨论的 probit 和 logit 回归模型估计中，所以我们在开展回归分析之前对表 3. 9 进行简单的讨论。很多分组以及认为他们可能与次最低工资工作有关的观点是十分明显的，因而基本无须评论。非白人、西班牙裔、女性、中学辍学者、非成年人、老年工人以及没有结婚的工人都有可能对次最低工资工人的观察值产生影响。此外，这些临时的和兼职的非户主工人，以及那些在上述主要职业和论及的具体职业工作的工人都很可能成为次最低工资工人。

表 3.7 五大主要职业中次最低工资工人的比重，1998

	次最低工资工人数	次最低工资工人比例（%）		
		特定职业的次最低工资工人在该职业内所占比例	某类次最低工资工人占所有工人比例	某类次最低工资工人占所有次最低工资工人比例
	（1）	（2）	（3）	（4）
所有工人	4,302	6.71	6.71	100.00
销售业	743	9.87	1.16	17.29
私人家庭服务	133	29.69	0.21	3.13
除了看顾、家政之外的服务	1,273	16.46	1.99	29.66
种植业、林业和渔业	264	18.18	0.41	6.11
操作工、设备清洁工、助理工和劳动者	339	11.99	0.53	7.90
五大主要职业组合计	2,752	13.77	4.30	64.08

表 3.8 在五大职业分组中选定的具体职业中次最低工资工人的比重，1998

	次最低工资工人数	次最低工资工人比例（%）		
		特定职业的次最低工资工人在该职业内所占比例	某类次最低工资工人占所有工人比例	某类次最低工资工人占所有次最低工资工人比例
	（1）	（2）	（3）	（4）
所有工人	4,302	6.71	6.71	100.00
零售及个人服务销售	593	16.32	0.93	13.86
厨师、儿童护理和家庭保姆	133	29.69	0.21	3.13
男女服务员、调酒师、女佣和男仆	820	20.71	1.28	19.08
农场工人	110	22.31	0.17	2.53
助理工、清洗工、打包工和包裹工	170	16.68	0.27	4.02
五项具体职业工人合计	1,826	19.11	2.86	42.62

表3.9中出现的两个变量——归因和家庭应答，其意义不是很明显，因而需要作简要的讨论。我们首先讨论归因和无应答问题。一些参与者没有报告工资、工时和收入等信息，而使当期人口调查数据质量受到损害。即使付出最大的努力来引出回答也不是完全成功的，因而无应答问题影响了所有劳动力市场调查，包括当期人口调查。为解决这个问题，人口调查局长期使用归因算法来估算缺失的收入、薪资和工时等数据。这个估算法称为“归因”。统计上使用基于13个特征的应答来匹配无应答，这些特征包括年龄、性别、种族、教育（5个类别）、就业时间和职业（453类）、居住类别和地区（4个地区）以及与户主的关系（4类）等。基于统计配比，应答的缺失值（例如收入、薪资和工时）可以估算得到无应答数据。归因法就回归到方差模型分析——估算值就是ANOVA模型（条件期望）的预测值，加上一个残差经验分布中的随机抽样。[45]

在实证分析中将薪资和工时（及之后计算的工资率）的估算值视为其观察值或报告值，在实践中极为常见。然而，很多作者都记录了由估算缺失数据而造成的潜在偏差。例如，里尔拉德、史密斯和韦尔奇（Lillard，1986）确定了在当期人口调查中收入报告值缺失的个人比例呈现上升的趋势。结果，人口调查局的估算方法在用于推断收入和工资的基础数据中就引入了偏差。最近，毕晓普、丰比和希斯特（2003）使用了一类由估算方法演变而形 78
成的自然实验，表明了归因法明显地影响了劳动力市场实证研究结果。

总体而言，归因算法所获得的诸如总体贫困发生率、平均收入、平均薪资和平均工时数等数据是正确的，但个别微观数据观察值可能会估算出一个会扭曲研究结果的奇异值。所以，表示归因法已经应用于观察值数据估算中的标记值包含在我们的次最低工资工人的分析中。家庭应答变量在某些方面类似于归因变量。问题不是缺失值和无应答，而是对于有关工时数和薪资的访谈问题的回答。我们推测，如果回答当期人口调查问题（家庭应答）的人是某一个没有被问到问题的人，那么在计算小时工资变量时很可能存在大量的噪声和随机性。和归因法一样，对当期人口调查中的家

表 3.9　在不同分组中次最低工资工人数量及其比例，1998

解释变量	分组	绝对数(1,000s)		分组的人口比例	次最低工资工人相对人口比例[a]
		次最低工资工人	最低工资工人或以上		
	(1)	(2)	(3)	(4)	(5)
种族	非白人	683	8,110	0.137	1.19
	白人*	3,619	51,661	0.863	1.00
西班牙裔	是	920	8,474	0.147	1.58
	否*	3,382	51,297	0.853	1.00
性别	女性	2,550	28,313	0.482	1.57
	男性*	1,752	31,458	0.518	1.00
教育	中学教育以下	1,462	7,853	0.145	3.76
	中学毕业	1,392	18,699	0.314	1.66
	中学教育以上*	1,448	33,219	0.541	1.00
年龄	16～19 岁	983	2,926	0.061	5.73
	20～24 岁	855	5,480	0.099	3.07
	25～64 岁*	2,275	49,530	0.809	1.00
	65 岁及以上	189	1,835	0.032	2.13
婚姻状况	是	1,532	34,639	0.565	0.43
	否*	2,770	25,132	0.435	1.00
主要职业	管理	167	8,467	0.135	0.50
	销售	743	6,787	0.118	2.53
	私人及家庭服务业	133	315	0.007	7.61
	其他服务业	1,273	6,461	0.140	4.22
	种植业	264	1,188	0.023	4.66
	助理	339	2,489	0.044	3.07
	其他*	1,383	34,064	0.553	1.00
具体职业	选定的[b]	1,826	7,727	0.149	4.21
	其他职业*	2,476	52,044	0.851	1.00
全时工人	是	2,339	49,689	0.812	0.28
	否*	1,963	10,082	0.188	1.00
全年工人	是	2,132	46,191	0.754	0.32
	否*	2,170	13,580	0.246	1.00
归因	是	210	1,208	0.022	2.27
	否*	4,092	58,563	0.978	1.00

续表

解释变量	分组	绝对数(1,000s)		分组的人口比例	次最低工资工人相对人口比例[a]
		次最低工资工人	最低工资工人或以上		
	(1)	(2)	(3)	(4)	(5)
户主	是	1,878	34,803	0.572	0.58
	否*	2,424	24,968	0.428	1.00
家庭应答	是	2,489	30,153	0.509	1.32
	否*	1,813	29,618	0.491	1.00

* 表示参考分组。

[a] 次最低工资工人的相对人口比例是指，在次最低工资工人类非参考分组(如非白人)的人口比例除以在次最低工资工人类参考分组(白人)的人口比例。这样，在调整白人和非白人分组的规模差异时，可见在次最低工资工人中的非白人人数要比其中的白人人数多19%。

[b] 选定的具体职业包括零售及个人服务销售、厨师、儿童护理和家庭保姆、男女服务员、调酒师、女佣和男仆、农场工人、助理工、清洗工、打包工和包裹工等。

庭应答的识别，可能会系统地影响与次最低工资工人有关的结果。为调查这个可能性，我们使用标识来识别当期人口调查中的家庭应答。这样，我们就为家庭应答创建了一个分类变量，用以指示应答是否回答了一个属于他（她）或者家庭中另一个成员的有关问题。

表3.9中的描述性数据对于了解一些变量的可能影响是十分有用的。对每一个变量及其分组确定一个参考组。例如，种族变量的参考组是“白人”；西班牙裔变量的参考组是“非西班牙裔”；归因变量的参考组是那些“非归因的”观察值。表3.9中，栏5显示了每一个非参考组（如女性）中次最低工资工人相对于参考组（男性）中次最低工资工人的人口比例。表3.9中，栏5的相对数可以解释为哪一个工人分组最可能是次最低工资工人的指示器。这样，表3.9表明了相对于各自的参考组，次最低工资工人最可能是来自西班牙裔、女性、中学辍学者、非成年人、没有结婚、私人家庭服务工人、兼职工人、临时工人和归因的等分组。例如，非成年人

获得次最低工资的概率要比主要年龄工人的概率高 5 倍。同样地，在所有次最低工资工人中，从事私人家庭服务相关职业的工人占比要比其他职业的占比几乎高 8 倍。

表 3.9 中的变量用于估计解释性 probit 和 logit 回归模型，以展示影响和预测成为一个次最低工资工人的概率的特征和决定因素。表 3.10 报告了
80 估计结果，首先估计了三种 probit 模型。模型 1 包含表 3.9 中所有变量，但没有相互作用或交叉项。户主和家庭应答变量在模型 1 中不显著，因而在模型 2 中被剔除。[46]其次，在模型 2 中包含了很多交叉项。模型 3 是一个剔除了非白人 × 女性交叉变量的 probit 估计模型，在传统水平上缺乏显著性。最后，模型 3 的 probit 方程被使用一个 logit 回归模型进行了重复估计。

81 所有估计方程都高度显著。用于检验解释变量的联合显著性的似然比检验，在 1% 显著性水平上一致地拒绝了原假设。此外，除了户主和家庭应答变量外，所有变量都有预期的特征，并且都是显著的。例如，与男性相比，女性具有更高的概率成为一个次最低工资工人；非成年人比主要年龄工人及老年工人更有可能成为次最低工资工人。我们发现归因变量估计系数在所有模型设定中都是高度显著的，且数值很大。例如，在模型 1 中，归因变量比种族或性别变量具有更大的系数估计值（$\beta_{\text{归因}} = 0.223$，$\beta_{\text{非}}$白人 $=0.07$，$\beta_{\text{女性}} = 0.147$）。相比于模型 1，由于引进了显著性的包含非白人及教育的交叉项，使得白人和非白人之间的基本差异变得小而不显著。

令人感兴趣的是，在模型 2 中，非白人和女性的交叉项在统计上不显著（$p = 0.082$）。这表明了没有证据说明，种族影响男性或女性成为次最低工资工人的概率是不一样的。所以，在模型 3 中，交叉变量非白人 × 女性被放弃了。模型 2 中，种族和教育之间的交叉变量的系数估计值是正的，且数值相对较大（$\beta_{\text{非白人} \times \text{低于中学教育}} = 0.129$ 和 $\beta_{\text{非白人} \times \text{中学教育}} = 0.152$）。这表明了在获得中学及以上教育的情况下，白人和非白人在成为次最低工资工人的概率上是无差异的，当教育变量是中学教育以下和中学教育及以上时，非白人成为一个次最低工资工人的概率明显要比白人高。

表 3.10　次最低工资工人的 Probit 和 Logit 估计，当期人口调查，1998[a]

解释变量	Probit 模型			Logit 模型
	模型 1	模型 2	模型 3	
截距	-1.514	-1.53	-1.525	-2.825
	(0.037)**	(0.035)**	(0.034)**	(0.071)**
非白人	0.07	0.031	-	-
	(0.024)**	-0.048		
西班牙裔	0.143	0.15	0.151	0.302
	(0.023)**	(0.023)**	(0.023)**	(0.045)**
女性	0.147	0.15	0.138	0.364
	(0.019)**	(0.03)**	(0.029)**	(0.064)**
教育				
中学教育以下	0.277	0.181	0.184	0.375
	(0.025)**	(0.037)**	(0.036)**	(0.073)**
中学教育及以上	0.163	0.08	0.084	0.203
	(0.020)**	(0.032)**	(0.031)**	(0.066)**
年龄				
16~19 岁	0.34	0.45	0.449	0.863
	(0.035)**	(0.044)**	(0.044)**	(0.082)**
19~24 岁	0.356	0.404	0.404	0.836
	(0.026)**	(0.036)**	(0.036)**	(0.071)**
65 岁以上	0.161	0.321	0.318	0.667
	(0.043)**	(0.06)**	(0.06)**	(0.12)**
婚姻	-0.115	-0.115	-0.113	-0.237
	(0.02)**	(0.019)**	(0.019)**	(0.04)**
主要职业				
管理	-0.135	-0.142	-0.142	-0.391
	(0.036)**	(0.036)**	(0.036)**	(0.084)**
销售	0.16	0.155	0.154	0.348
	(0.03)**	(0.03)**	(0.03)**	(0.06)**
私人及家庭服务	0.623	0.609	0.609	1.153
	(0.07)**	(0.071)**	(0.071)**	(0.122)**
其他服务	0.378	0.37	0.369	0.734
	(0.027)**	(0.027)**	(0.027)**	(0.052)**
种植	0.596	0.599	0.598	1.145
	(0.044)**	(0.044)**	(0.044)**	(0.082)**
助理	0.258	0.258	0.258	0.535
	(0.037)**	(0.037)**	(0.037)**	(0.073)**

续表

解释变量	Probit 模型			Logit 模型
	模型 1	模型 2	模型 3	
具体职业组[b]	0.222	0.222	0.222	0.392
	(0.026)**	(0.026)**	(0.026)**	(0.048)**
全时工人	-0.314	-0.311	-0.313	-0.568
	(0.021)**	(0.021)**	(0.021)**	(0.041)**
全年工人	-0.281	-0.279	-0.28	-0.527
	(0.019)**	(0.019)**	(0.019)**	(0.037)**
归因	0.223	0.22	0.22	0.399
	(0.045)**	(0.045)**	(0.045)**	(0.083)**
户主	-0.028	-	-	-
	-0.02			
家庭应答	-0.016	-	-	-
	-0.019			
非白人×女性	-	-0.083	-	-
		-0.048		
非白人×中学教育以下	-	0.129	0.115	0.218
		(0.060)*	(0.047)*	(0.085)**
非白人×中学及以上教育	-	0.152	0.132	0.248
		(0.054)**	(0.039)**	(0.076)**
女性 ×中学教育以下	-	0.143	0.14	0.21
		(0.047)**	(0.047)**	(0.092)**
女性 × 中学及以上教育	-	0.106	0.103	0.17
		(0.040)**	(0.040)**	(0.083)*
女性 × 16~19 岁	-	-0.181	-0.178	-0.41
		(0.054)**	(0.054)**	(0.099)**
女性 × 20~24 岁	-	-0.076	-0.076	-0.227
		-0.047	-0.047	(0.090)**
女性 × 65 岁及以上	-	-0.316	-0.312	-0.649
		(0.084)**	(0.084)**	(0.166)**
LR 的卡方统计量	4917**	4958**	4954**	4803**
在 $p=0.50$ 正确预测%	93.3	93.3	93.3	93.2
最大调整的 R^2	0.19	0.1915	0.1914	0.1857
AIC	26675	26646	26645	26796
SC	26874	26900	26881	27032

[a] 括号中的数字是标准差。

[b] 这些是当期人口调查中主要职业组。

* 表示瓦尔德检验在 5% 水平上显著。

** 表示瓦尔德检验在 1% 水平上显著。

在此，另外四个要点值得强调。第一，女性相比于男性，在所有教育水平上都有较高的概率成为次最低工资工人。第二，一个有趣的结果是女性×年龄交叉变量含有负向特征。女性相比于男性具有更高的概率成为次最低工资工人。然而，在年龄分组内，女性×年龄交叉项表明，在其他条件不变的情况下，女性在一定年龄组内成为次最低工资工人的概率要低于相应男性的概率。第三，logit 回归模型的系数估计值几乎是模型 3 的 probit 估计系数的两倍，但在两类模型中的预测概率几乎是一样的。第四，我们指出，结果在所有模型设定中都是一致的，并且具有极高概率（0.5 以上）成为次最低工资工人的因素包括那些一般可以预期的变量因素。而对此的例外因素就是归因变量。[47]

有很多变量系统地、显著地与成为一个次最低工资工人的概率有关。在很大程度上，如果三月当期人口调查数据关于低于最低工资的工人数目 82
是正确的话，则这些变量与关于预计成为次最低工资工人的人口分组的直观预期结果是一致的。如果次最低工资工人数据产生于薪资、工时和工资数据的随机误差，那么我们就不会预期得到表 3.7 到表 3.10 中报告的结果。

四、结论

在写于五十多年前的一篇经典论文中，诺贝尔经济学奖获得者乔治·施蒂格勒（1946）论证了小时工资率与家庭收入之间没有密切的关系。根据施蒂格勒的观点，低薪工作与贫困之间的联系可能会更加微弱。他宣布了下述观点，“小时工资与家庭生活标准之间的连接是那么遥远和模糊”（363 页）。多年以来，在支持者一直坚称对于贫困人口是有利的情况下，最低工资法发生了很多变革。很多经济学家都否定了这些呼声，但是令人惊讶的是，却很少有研究对施蒂格勒提出的基本问题进行系统的调查。

为调查低薪工作和收入分配，我们分析了美国年度人口统计资料的数据（三月当期人口调查）。本章研究主要集中在2001年，但是也考虑了包括20世纪整个90年代有关年度在内的其他年份的结果。重点放在低收入人口，即其奥桑斯基等价收入低于两倍的官方贫困线的人口。我们同时考虑了贫困个人及贫困家庭。分析了四条贫困线并将低薪工人划分为四类——最低工资工人、接近最低工资工人、次最低工资工人和所有合并的低薪工人。此外，我们同时考虑了现金收入和综合性收入。

结果表明，2001年，大约有30%美国人是低收入人口，即有30%的人口收入低于两倍官方贫困线，并有11.8%的工人在低薪岗位就业。有十分惊人比例（35.9%）的低薪工人获得次最低小时工资。因此，有稍多于4%的美国工人是次最低工资工人。然而，当最低工资法变革时，这些工人与最低工资工人及接近最低工资工人都获得了实际工资的增长。最低工资提高的一部分影响是使次最低工资工人的收入慢慢减少，另一部分影响是慢慢提高了接近最低工资工人的工资。

为调查数量惊人的低薪收入者，我们采用描述性统计法来确定这些工人的特征。我们也通过probit和logit回归模型估计个人成为次最低工资工
83 人的概率。如果我们相信工资真的如三月当期人口调查数据所表明的数百万最低工资工人的工资一样低，那么以极高概率（0.5以上）成为次最低工资工人相关的因素包括那些我们所预期到的。影响成为次最低工资工人概率的高度显著的因素包括以下一个或多个特征：非成年人或年轻成年人、女性、西班牙裔、中学辍学者、被私人家庭雇佣或农场工人、兼职工人、临时工人以及“归因的”。归因变量十分重要，这表明人口调查局的估算法可能在次最低工资工人数量的估计中引进一些误差。然而，其他高度显著的变量，特别是西班牙裔变量，表明使用三月当期人口调查数据核算次最低工资工人数量是十分正确的。

低薪工作与位于收入分配后端的家庭有怎样确切的关系？本章调查采用了一个特别的视角。后续章节我们将采取不同但相关的视角。这里我们将通过分析低薪工人的收入规模及其对家庭总收入的贡献份额，来将低薪

工人收入与贫困家庭收入联系起来。我们发现，结果表明施蒂格勒的推测在某些方面是正确的，而在另一些方面是错误的。无论贫困线划在何处或者我们关注的是哪一部分低薪工人，其收入的贡献是很小的。对于次最低工资工人、最低工资工人和接近最低工资工人，其2001年美元的收入贡献范围是146美元至620美元。对于所有低薪工人（次最低工资工人、最低工资工人和接近最低工资工人合计）而言，其收入贡献范围是633美元至1,519美元，具体数值大小依据所考虑的特定贫困线而定。收入贡献百分比也是很小的。然而，低薪收入的贡献绝对数及其对家庭的贡献比例绝不是0。有证据表明当最低工资提高时，低薪工作对家庭综合性收入的贡献上升。当通胀使实际最低工资减小时，最终低薪收入的贡献开始下降。这样，小时工资率与贫困人口收入之间的关系可能不像施蒂格勒所认为的那么微弱或遥远。这个问题将在第五章、第六章进一步考察。

注释

32. 我们使用当期人口调查的公用数据资料，与人口调查局使用的数据资料不完全一样。为保护收入分配中的家庭和个人的详细身份信息，人口调查局通过设定一个等于特定值（非实际报告值）的极高的正收入和极低的负收入，对分配进行了删减，这个方法称为“置顶编码法”。
33. 例如，附录1显示已婚夫妇带两个孩子的家庭需要1.95倍的单身成年人收入以保 84
持相当的福利状况。如果以另一种方式表述，该四人家庭中的每一个成员平均来说需要1.95/4 = 48.75%的单身成年人收入以获得一个等价收入（即人均奥桑斯基等价收入）。
34. 也存在例外情况。例如，阿拉巴马州的税率结构名义上是累进的，但该州税收代码的几个特征联合使得所得税是累退的，也就是当收入增长时，位于收入分配上最高五等份的平均所得税率下降了。
35. 在第五章中，高于官方贫困线但是低于低收入分割点的家庭和人口被称为“接近贫困”的。
36. 更准确地，次最低工资工人包括那些工资≤90%联邦最低工资的工人，最低工资工

人是工资 >90% 并≤110% 联邦最低工资的工人。接近最低工资工人是工资 >110% 并≤125% 联邦最低工资的工人。在分析次最低工资工人时，我们排除了按 2001 年不变美元为基准计算的实际小时工资低于 2 美元的任何工人。

37. CPI - U 用于调整不同时间的值。

38. 这个例外是，接近最低工资工人的实际工资在 1990 年至 2001 年有一点增长。然而，增长是微小的，增长率范围为 0.3% ~1.2%，具体依据贫困线划定的收入水平。

39. 报告的最低工资工人平均工时数在 1990 年到 2001 年减少了 0.6 个百分点。

40. 同样的分析显示了位于收入分配前端的女性工人工时数也较多。而男性工人不论在收入分配的哪一部分，其工时数很少变化。

41. 有关低薪工作和福利改革的讨论参考巴蒂克（2001，70 ~71 页）以及奥尼尔和奥尼尔（O' Neil & O' Neil，1997，85 ~104 页）。

42. 图 3.8 是基于一个划在低收入分割点（两倍的官方贫困线）的贫困线。

43. 例如，参考卡德和克鲁格（1995b）在《神话和测度》一书中的讨论，纽马克和瓦希尔（1992，1994），以及毕晓普、丰比和金（2002）。

44. 例如，参考邦德、布朗、邓肯和罗格斯（Bound，Duncan & Rogers，1989，1990）。

45. 关于归因法的讨论，可以参考美国人口调查局（1985，1988，1990），里尔拉德、史密斯和韦尔奇（1986）以及毕晓普、丰比和希斯特（2003）。

46. 瓦尔德检验没有拒绝系数估计值 $\beta_{家庭应答}$ 和 $\beta_{户主}$ 等于 0 的原假设。

47. 在完成了包括归因效应（毕晓普等，2003）等的其他研究，我们预期人口调查局的归因法可能会对将人口划分为次最低工资类别产生一定的影响。然而，很多观察者可能从来没有预期到它可能是一个重要变量。

第四章

最低工资提高的失业效应新预测

NEW ESTIMATES OF THE DISEMPLOYMENT EFFECTS OF RAISING THE MINIMUM WAGE

与提高最低工资相关的就业弹性大小一直是经济学家的重点研究兴趣 85
之一，并且一直是关于名义最低工资的边际变化对就业影响的持续争论的中心问题。有关一个或多个工人分组弹性的特定值是必要的，以执行最低工资增长影响的模拟。在第五章中，我们将利用很多替代的弹性集来估计最低工资每小时提高1美元时的失业效应和分配的结果。本章，我们将对一系列人口分组提供有关就业弹性的新估计结果，这些人口分组很可能就会遭受由于最低工资增长而引起的就业损失。我们也将就有关收入抵税额增长而引起的劳动力市场反应的证据进行评论。就业弹性的新估计结果可用于选择合理值，以用于第五章替代性等成本劳动力市场政策的模拟分析。

本章的内容组织如下。第一部分评述了卡德和克鲁格（1995）、迪尔和墨非及韦尔奇（1995）、波克豪泽和库奇及威腾伯格（2000b）以及科弗和金（2001）等的截面和时间序列估计。第二部分提供了有关1979—1999年期间的就业弹性的新证据。我们报告了由截面和时间序列分析建议的各种计量模型设定的估计结果。第三部分评述了近期有关文献，这些文献报告了收入抵税额对低薪男性、女性和已婚工人等劳动力供给反应的影响的新证据。

一、近来基于截面和时间序列数据的就业弹性估计 86

卡德和克鲁格（1995）的新最低工资研究使用各种技巧和方法估计了非成年人的就业弹性。其中一种方法就是对五月当期人口调查微观数据进行的截面和时间序列分析。他们认为这个分析结果显示了非成年工人存在实际上的零就业弹性。因此，卡德和克鲁格认为提高最低工资没有失业效应，并指出稍微提高最低工资还可能实际上使非成年人的就业有所增加。卡德和克鲁格（1995，第六章）提供了一个计量经济模型设定，即在计量方程右边包括了年度虚拟变量和季度虚拟变量。将他们的模型设定应用到1979—1993 年的月度数据，所得到的估计结果表明，最低工资对非成年就业在统计上没有显著的影响。

波克豪泽、库奇和威腾伯格（2000b）对卡德和克鲁格的截面与时间序列分析做出了有力而彻底的反击。他们指出卡德和克鲁格的计量经济设定是可疑的，并提出了另一个设定。为实施他们的估计，并将导致卡德和克鲁格发现零就业弹性的因素隔离，波克豪泽等（2000b）提取了当期人口调查中 ORG 数据集的月度数据，并构建了一个面板数据集，包括 50 个州在 1979—1997 年的非成年就业率数据。波克豪泽等的计量模型设定排除了年度虚拟变量，从而得到了与新最低工资文献基本上矛盾的估计结果。他们发现了在非成年就业上存在一个小而显著的负弹性。然而，当他们将自己的数据结合卡德和克鲁格的设定（即包括年度虚拟变量和季度虚拟变量），发现结果又回到了非成年就业的零弹性。波克豪泽等（2000b）很有说服力地论证他们的设定要好于卡德和克鲁格的设定。然而，正如科弗和金（2001）所指出的，在估计方程中包含卡德和克鲁格的年度虚拟变量和季度虚拟变量仍然是可行的。就业数据中趋势的出现，使得是否在计量模型设定中包含了年度虚拟变量变得难以确定。

迪尔、墨非和韦尔奇（1995）的论文让人十分感兴趣，是因为该文扩
87 展了最低工资对除了非成年人之外的其他人口分组的影响的讨论。他们考虑了基于年龄、性别、种族特点和中学辍学等包含大量有失比例的低薪工人的人口分组。这个方法的问题在于，在卡德和克鲁格（1995）以及波克豪泽等（2000a，b）使用的月度数据中，一些感兴趣的人口分组的样本规模很小。所以，为完成他们的估计，迪尔等（1995）使用了月度当期人口调查数据在 1985 年到 1993 年的年平均数。

科弗和金（2001）近来有关就业弹性的截面和时间序列估计是建立在卡德和克鲁格（1995）、迪尔等（1995）以及波克豪泽等（2000a，b）的工作基础上。我们在第二节中使用的估计和报告新就业弹性的方法正是科弗和金的方法的应用。所以，在此我们将较为详细地概述一下他们的工作。可以说，科弗和金的研究工作部分是由于受到波克豪泽等对卡德和克鲁格的计量经济模型设定的批评而被推动的，所以我们在此将首先简单地讨论一下批评的内容以及科弗和金解决这一问题的方法逻辑。

波克豪泽等（2000b）指出，卡德和克鲁格计量经济模型设定中的年度虚拟变量几乎解释了所有最低工资的可观察的变动。关于这个结果的解释是，名义最低工资的很多变化是由于联邦最低工资的变动。所有考察最低工资对就业的截面和时间序列效应的研究人员，通常都会考虑州最低工资以及联邦最低工资。然而，仅有 11 个州的最低工资超过联邦最低工资，更为重要的是，州最低工资的变动总是与联邦最低工资相联系或同时变化的。所以，波克豪泽等（2000b，665 页）证明了，实际上卡德和克鲁格的年度虚拟变量系数系统地包含了名义最低工资在不同时间和不同州之间变化的影响。因此，如果一位学者将年度虚拟变量与在估计方程中经常使用的其他变量联合运用，实际上这就预先确定了估计结果会导致非成年工人的零就业弹性。

波克豪泽等以及科弗和金强调，名义最低工资在不同时间较少有变化。然而，就业数据中存在的时间趋势必须要予以考虑，并且这也为估计方程中包含年度虚拟变量提供了逻辑要求。波克豪泽等对卡德和克鲁格的计量经济模型设定的批评在于，设定中包含的控制其他因子的年度虚拟变量实际上反映了较少的名义最低工资的变化。科弗和金（2001）发现，波克豪泽等的论点有关年度虚拟变量的可信性，但是结论先验地认为没有办法排除该变量属于估计方程的可能性。

科弗和金（2001）的研究开始于下述观察： 88

波克豪泽等认为问题在于法定名义最低工资缺少变化性，如果这一论证是正确的，那么为什么不使用具有较大变化性的实际最低工资？由于通货膨胀经常贬损最低工资的实际价值，因此由价格水平缩减的最低工资提高了最低工资的变化性（5 页）。

为创造更高的最低工资的变化性，科弗和金将其研究仅集中于大都市区域，这样可以根据不同区域的生活成本及通胀率的差异进行名义最低工资的调节。这样，科弗和金就在不同时间和不同城市区域之间获得了较大的最低工资的变化。他们证明了增加的最低工资的变化可以减少波克豪泽等发现的多重共线性（Multi－collinearity）问题。

为进行他们的研究，科弗和金以卡德和克鲁格以及波克豪泽等曾使用过的一类回归方程开始：

$$E_{ti}^{T} = \alpha + \beta_0 MW_{ti} + \beta_1 W_{ti}^{A} + \beta_2 U_{ti}^{A} + \beta_3 S_{ti}^{T} + \Gamma' B + \varepsilon_{ti} \quad (1)$$

其中，E_{ti}^{T}是 t 期以及 i 州的非成年就业率，α 是 i 州的截距，MW_{ti}是 t 期以及 i 州的名义最低工资的对数，W_{ti}^{A}是 t 期以及 i 州的成年男性工人平均名义工资的对数，U_{ti}^{A}是 t 期以及 i 州的成年男性工人失业率的对数，S_{ti}^{T}是 t 期以及 i 州的非成年人占总人口的比例。向量 Γ'是一列主要用于反映其他变量没有反映的季节影响和趋势信息的虚拟变量，向量 B 是一列系数向量，ε_{ti}则是随机扰动项。卡德和克鲁格的设定与波克豪泽等的设定的关键差别在于，他们的设定包含了向量 Γ'。卡德和克鲁格的设定中包含了年度虚拟变量，有助于控制数据中其他变量没有反映的时间趋势因素。基于上述理由，波克豪泽等排除了年度虚拟变量。由于波克豪泽等的设定中没有年度虚拟变量，从而就难以适当地控制数据中的时间趋势。

科弗和金（2001）在就业弹性的截面和时间序列分析中引进了两个创新之处。第一，他们提供了一个替代性的可以控制数据中时间趋势的计量模型设定，这个设定使得不一定必须在模型中使用年度虚拟变量。

他们提出了一个线性和二次型的时间趋势，从而可以考虑到关键就业比率的时间趋势不是线性的可能性。第二，科弗和金在分析中引进了实际最低工资，可以在最低工资中创造更大的可变性。这两处创新都是十分重要的，并且在第二部分中我们会利用它们。在此我们指出，科弗和金不是使用包含以二次时间趋势作为控制变量的设定的第一人，[48]但是在他 89
们的分析中这个设定的影响可以得到一个十分一致的和可信的估计，而在卡德和克鲁格以及波克豪泽等的设定中却难以得到一个一致的和可信的估计。

正如波克豪泽等（2000b）一样，科弗和金也从当期人口调查中的ORG数据集创造了面板数据集。可是，他们的数据与波克豪泽等的数据有两方面不同。科弗和金又分析了额外两年的月度数据（1979—1999），但是他们将其分析限制在24个大都市区域，以确保合理地估计其发生的生活成本。强调都市而非州数据会导致几个问题。例如，大都市区域经常会与州的边界处重叠，这样会使一些州的最低工资线的影响变得不确定。同时，也很有可能大都市区域的最低工资相对于其他局部市场较少有约束性。最后，科弗和金的大都市区域样本含有不到一半的当期人口调查观察数据，因而可能不具有全国的代表性。当然，这个样本代表了大都市区域，且其实证估计是很有用的。

科弗和金以两种基本方式吸收了生活成本和通胀的影响。此外，他们报告了名义最低工资的估计。进一步地，正如迪尔等（1995），科弗和金也估计了很多代表低薪人口的分组人口就业弹性。所以，科弗和金的估计方程如下所示：

$$E_{ti} = \alpha + \beta_0 MW_{ti} + \beta_1 W_{ti}^{AHG} + \beta_2 U_{ti}^{AMHG} + \beta_3 S_{ti} + \Gamma' B + \varepsilon_{ti} \qquad (2)$$

$$E_{ti} = \alpha + \beta_0 MW_{ti} + \beta_1 W_{ti}^{AHG} + \beta_2 U_{ti}^{AMHG} + \beta_3 S_{ti} + \beta_5 t + \Gamma' B + \varepsilon_{ti} \qquad (3)$$

$$E_{ti} = \alpha + \beta_0 MW_{ti} + \beta_1 W_{ti}^{AHG} + \beta_2 U_{ti}^{AMHG} + \beta_3 S_{ti} + \beta_4 COL_{ti} \beta_5 t + \Gamma' B + \varepsilon_{ti} \qquad (4)$$

$$E_{ti} = \alpha + \beta_0 mw_{ti} + \beta_1 w_{ti}^{AHG} + \beta_2 U_{ti}^{AMHG} + \beta_3 S_{ti} + \beta_5 t + \Gamma' B + \varepsilon_{ti} \qquad (5)$$

方程（2）类似于方程（1），但在两个重要方面不一样。第一，它可应用于任意一个感兴趣的人口分组而不仅是非成年人口组。第二，科弗和金在估计最低工资对不同的低薪人口分组的影响时，使用了有点不同的成人控制变量。他们使用的控制变量排除了可能受最低工资提高影响的成人。所以，科弗和金没有使用 W_{ti}^{A}——成年男性工人平均名义工资的对数，而使用了 W_{ti}^{AHG}——成年男性中学毕业工人平均名义工资的对数。同样地，作为 U_{ti}^{A} 的替代——成年男性工人失业率的对数，他们使用了 U_{ti}^{AMHG}——成年男性中学毕业工人失业率的对数。需要指出的是，线性和二次时间趋势 t 出现在方程（3）、（4）和（5）中。同时，也应该记住卡德和克鲁格的年度虚拟变量没有出现在方程（3）、（4）和（5）中的向量 Γ' 中。然而，当在估
90 计卡德和克鲁格版的方程（2）时，这些虚拟变量就会出现在向量 Γ' 中。进一步地，当在估计波克豪泽等版的方程（2）时，年度虚拟变量则不会出现在向量 Γ' 中。

方程（2）和（3）可被视为名义最低工资方程。方程（4）在估计方程的等号右边加上作为独立变量的 CPI 变量。我们可以将方程（4）称为附加 CPI 的名义最低工资方程。方程（5）使用实际最低工资，即通过缩减名义最低工资得到估计。为此我们称方程（5）为实际工资方程。

在估计方程（2）和（3）中，除了在处理和控制数据中时间趋势的方式外，卡德和克鲁格、波克豪泽等以及科弗和金在对名义最低工资影响的设定上是一样的。卡德和克鲁格设定中包含了年度虚拟变量来控制时间趋势；波克豪泽等设定中没有变量来控制时间趋势；而在金等的设定[49]中则有线性和二次趋势变量。如上述所强调的，波克豪泽等与卡德和克鲁格模型中趋势的处理方式导致了显著不同的有关最低工资对非成年工人就业影响的结论。科弗和金指出，他们设定中的线性和二次时间趋势也导致了不同的就业弹性。最后，我们指出，波克豪泽等及卡德和克鲁格的设定很容易用于吸收通胀率和生活成本差异的影响。这样，波克豪泽等及卡德和克鲁格设定的附加 CPI 的名义最低工资和实际最低工资版的方程可以估计。科弗和金（2001）完成了这个估计，并详细报告了非成年工人及其他人口

分组的结果。

在讨论科弗和金的结果之前，我们强调，无论是波克豪泽等还是卡德和克鲁格都没有估计方程（2）。相反，他们估计了有关方程（1）的变化形式，在下面我们称之为卡德和克鲁格及波克豪泽等的模型及估计。但是这些估计主要依赖上述经过修改的方程（2），以考虑到实际最低工资的影响。科弗和金实施和报告了卡德和克鲁格类的估计以及波克豪泽等类的估计。在下述的第二部分我们将做同样的事。既然这些估计是在这些作者的独创精神下的计量模型设定，我们可以将这些模型和估计描述为“卡德和克鲁格”的以及“波克豪泽等”的，即使这些作者从来没有实际做过这些估计。

科弗和金提出了两类主要结论，可以简单概述如下。第一，仅就非成年工人而言，他们发现卡德和克鲁格模型连续得到了零就业弹性的结果，不论是估计名义最低工资方程，或是估计附加 CPI 的名义最低工资方程，还是估计实际最低工资方程结果均是如此。当估计名义最低工资方程和估 91
计附加 CPI 的名义最低工资方程时，波克豪泽等模型得到了负的且显著的就业弹性。但是，十分奇怪的是，当估计实际最低工资方程时，却获得了正的和显著的（在 10% 水平）就业弹性。比较而言，金等的模型在估计名义最低工资方程、估计附加 CPI 的名义最低工资方程以及估计实际最低工资方程时，都一致地得到了负的、显著的就业弹性。

科弗和金研究的主要建议之一，就是在考察使用实际而非名义工资率时，卡德和克鲁格类的设定是否持续得到最低工资对非成年就业的不显著影响。如上所述，答案是仅对非成年工人的卡德和克鲁格模型会连续得到零就业弹性结果。然而，科弗和金在考察这个问题的过程中，发现并阐述了实证估计结果将随着估计方程所包含的宏观经济趋势的控制类型而变化很大。

当科弗和金使用当期人口调查的 ORG 数据资料来估计不同工人分组的就业弹性时，就发展出了第二类结论。在进行这些估计时，科弗和金使用了月度数据的季平均数。可能他们的最重要结果就是卡德和克鲁格的设定不会导致所有分组的零就业弹性。对一些分组而言，卡德和克鲁格估计经常显示为负的、显著的。例如，对于女性非成年分组、年轻成年女性分组（20～24岁）和非白人年轻成年分组的情况就是如此。另一个结果就是波克豪泽等模型表明了最低工资的影响在不同分组之间很少有变化。其影响对男性、女性和非白人等分组都是相似的。然而，波克豪泽等的模型显示了，中学辍学工人分组存在相当大且正显著的就业弹性。这个结果在不同的估计方程如名义最低工资方程、附加CPI的名义最低工资方程和实际最低工资方程中都成立，并适用于男性、女性和非白人中学辍学工人等分组。当正的弹性确定有可能时，我们发现很难相信它们和波克豪泽等的模型所预测的（$\varepsilon \approx 0.15$）一样大，也很难相信它们实际上对于三个性别和种族分组是一样的。

相比于卡德和克鲁格以及波克豪泽等的估计，金等模型的估计看起来在不同人口分组之间提供了更加合理和可信的结果。为凸显一些结果，我们在此指出，金等模型揭示了对于非成年工人组以及年轻成年工人组最低工资存在显著的失业效应，但是可以增加成年中学辍学工人组的就业。然而，这个结果仅对男性成立，而且其弹性只有波克豪泽等的模型预测的一
92 半大。此外，金等模型估计的非成年分组的失业效应要比波克豪泽等的估计大得多。最后，根据金等模型的估计结果，最低工资在不同分组间存在系统的差异性影响。例如，提高最低工资预期会对女性及非白人非成年组以及女性及非白人年轻成年组产生显著的失业效应，而相应地对男性的这两个分组就会产生很小的影响，甚至没有影响。

二、就业弹性与提高最低工资的影响

在这部分，我们将使用50个州的数据（而非24个大都市区域的数据）来重复科弗和金（2001）研究的关键方面。除了扩大了所分析的当期

人口调查中ORG数据资料的规模外，我们的分析与科弗和金的分析还有两大区别。第一，没有官方的州生活成本测度和州域的通胀率测度。然而，24 个大都市区域的生活成本变动率可以获得。这 24 个都市区域包含了几乎一半的美国人口。我们将这 24 个都市区域配比到同一区域的各州（北部，南部，中西部和西部），并运用各都市的消费物价指数（CPIs）结合各区域的消费物价指数来估计人口加权的各州的生活成本变动率。我们将估计的州消费物价指数作为变量包含在附加 CPI 的名义最低工资方程设定中。此外，州消费物价指数可用于在实际最低工资方程设定中缩减不同时间的名义最低工资。第二，我们扩大了科弗和金所考虑的人口分组，并包括了西班牙裔工人分组。所以，在构建白人和非白人等种族变量中，我们排除了西班牙裔，只考虑白人非西班牙裔和非白人非西班牙裔。表 4.1 确认了我们的估计中所使用的变量并概述了它们的定义。表 4.1（a）显示了在估计非成年工人方程中所使用的变量。表 4.1（b）提供了当分析扩展到其他分组时所使用的其他变量列表。

我们将系统地估计在上一节中描述的用于卡德和克鲁格模型、波克豪泽等以及金等模型设定的方程（2）、（3）、（4）和（5）。我们将报告有关八个人口分组的名义最低工资方程、附加 CPI 的名义最低工资方程以及实际最低工资方程的估计结果。这八个人口分组是根据年龄、性别、种族和中学辍学情况来组合定义的。这些分组包括：

- 白人男性非西班牙裔非成年组
- 白人女性非西班牙裔非成年组
- 白人男性非西班牙裔年轻成年组（20 ~ 24 岁）
- 白人女性非西班牙裔年轻成年组
- 非白人非西班牙裔非成年组 93
- 非白人非西班牙裔年轻成年组
- 西班牙裔非成年、年轻成年和中学辍学组
- 非西班牙裔成年中学辍学组

表 4.1　计量经济分析中使用的变量

变量	描述
（a）非成年人	
非成年就业	非成年就业人口（16~19 岁）占非成年人口比例
州最低工资	州和联邦最低工资的较大者的自然对数
州实际最低工资	按州生活成本调整的最低工资的自然对数
非成年工资	非成年人平均名义工资的自然对数
非成年实际工资	按州生活成本调整的非成年工资
非成年人口比例	非成年人口在州 16~61 岁人口中的比例
成年中学毕业男性工资	成年男性年龄在 25~61 岁并且中学毕业工人平均工资的自然对数
成年中学毕业男性实际工资	经过州 CPI 调整的成年中学毕业男性工资
成年中学毕业男性失业率	成年男性年龄在 25~61 岁并且中学毕业工人的失业率
CPI	州 CPI－W 的自然对数
州虚拟变量	各州的虚拟变量
季节虚拟变量	用于各月或季度的虚拟变量
年份虚拟变量	用于年度的虚拟变量
趋势	个别年份减去 1978 及其平方
衰退虚拟变量	用于官方衰退期的虚拟变量
（b）在分析年轻成年工人和成年中学辍学工人分组中使用的其他变量	
年轻成年工人就业率	年轻成年工人（20~24 岁）占年轻成年人口的比率
年轻成年工人工资	年轻成年工人平均名义工资的自然对数
年轻成年工人实际工资	经州 CPI 调整的年轻成年工人工资
年轻成年人口比例	年轻成年人口占州人口（20~61 岁）的比例
成年中学辍学工人就业率	成年（25~61 岁）中学辍学就业工人占成年中学辍学人口的比率
成年中学辍学工人工资	成年中学辍学工人平均名义工资的自然对数
成年中学辍学工人实际工资	经州 CPI 调整的成年中学辍学工人工资
成年中学辍学人口比例	成年中学辍学人口占州成年人口（25~61 岁）的比例
西班牙裔就业率	西班牙裔工人占西班牙裔人口的比例
西班牙裔工人工资	西班牙裔工人平均名义工资的自然对数
西班牙裔工人实际工资	经州生活成本调整的西班牙裔工人工资
西班牙裔人口比例	西班牙裔人口占州人口（20~61 岁）的比例

此外，我们还将报告三个定义更为宽泛的人口分组的估计结果。如下 94
所示：

- 所有合并的非成年组
- 所有合并的年轻成年组
- 所有成年中学辍学年龄在 25 ~61 岁的人口组

为举例说明我们所做的估计类型，表 4. 2 报告了一个分组——所有合并的非成年组的估计结果，这在最近的最低工资影响的讨论中获得了极大的关注。首先注意到，在卡德和克鲁格模型中，最低工资变量（州最低工资）在名义最低工资方程、附加 CPI 的名义最低工资方程以及实际最低工资方程的估计中一致地不显著。当从卡德和克鲁格模型中剔除掉年度虚拟变量，即以波克豪泽等设定形式进行的名义最低工资方程、附加 CPI 的名义最低工资方程估计结果显示了较小的、负的和显著的最低工资对非成年工人就业的影响。估计的波克豪泽等的弹性范围为附加 CPI 的名义最低工资方程估计的 -0. 12 到名义最低工资方程估计的 -0. 15。然而，在波克豪泽等估计中的最低工资变量在实际最低工资方程估计中不是显著地异于 0。相比于卡德和克鲁格及波克豪泽等模型，金等模型在名义最低工资方程、附加 CPI 的名义最低工资方程以及实际最低工资方程的估计结果显示了最低工资对非成年工人就业的负的和显著的影响。进一步，与波克豪泽等模型相对比，金等模型在名义最低工资方程、附加 CPI 的名义最低工资方程估计中得到的就业弹性要大两倍多。

我们没有像表 4. 2 中所显示的详细结果一样，报告所有分析的人口分组的结果。相反，我们为节省篇幅而集中于一些关键结果。表 4. 3 和表 4. 4 报告了统计上显著的与最低工资变量的变化有关的就业弹性结果。如果在特殊模型和设定中的最低工资变量不是显著地异于 0，那么我们就在表 4. 3 和表 4. 4 中填入 NS（不显著）。表 4. 2 显示了三个定义宽泛的人口分组——非成年组、年轻成年组和成年中学辍学年龄在 25 ~61 岁组的估计结果。表 4. 2 中显示的所有非成年组的结果概述在表 4. 3 的前三行中。这些结果在上文中已有讨论，在此不再重复。所有年轻成年组的估计结果具有显著差异，具体在于如何控制不同时间的宏观经济趋势的影响，以及是否考虑名义最低工资方程、附加 CPI 的名义最低工资方程以及实际最低工资方程的设定。卡德和克鲁格模型意味着在名义最低工资方程、附加 CPI 的名义最低工资方程估计中获得零就业弹性，而在实际最低工资方程估计中得到一个小而正的就业弹性。波克豪泽等和金等的模型在附加 CPI 的名义最低工资方程估计中，都预测到了一个小而负的、显著的年轻成年组的就业弹性。然而，这些模型在名义最低工资方程和实际最低工资方程设定
96 的估计中结果却不同。波克豪泽等模型在实际最低工资方程设定的估计中得到了一个小的、负的和显著的就业弹性，而在名义最低工资方程估计中获得零就业弹性。金等模型的估计颠覆了上述结果；他们的模型估计结果显示，在名义最低工资方程估计中得到了一个大约为 -0.2 的负就业弹性，而在实际最低工资方程设定的估计中为零弹性。

表4.2 中，成年中学辍学组的就业弹性都是显著的，且明显是相似的。该组的所有就业弹性除了一个之外都是正的，且正值范围大致为 0.04 到 0.18。该分组的唯一的负的显著的弹性系数（-0.04）就是金等模型在名义最低工资方程设定中的估计弹性。成年中学辍学组有关估计结果的三个方面在此值得强调。第一，金等模型的估计一律小于卡德和克鲁格模型以及波克豪泽等模型的估计。第二，在不同模型和设定中的估计结果的一致性强烈地表明了，成年中学辍学组存在一个小而显著的正就业弹性。第三，正弹性表明雇主采取以其他低薪工人替代成年中学辍学工人的方式来应对最低工资的变化。这样一些低薪工人分组获得就业量增加的结果，而另一些分组则会减少就业。

98 表4.4 与表4.3 结构一样，仅报告统计上显著的弹性，且 NS 代表了一个最低工资变量不显著的结果，即意味着零就业弹性。该表报告了三类模型（波克豪泽等；卡德和克鲁格；金等）、三个设定（名义最低工资方程、附加 CPI 的名义最低工资方程或实际最低工资方程设定）及八个人口分组

表 4.2　最低工资对非成年工人就业的影响，1979—1999（月度数据）[a]

变量	模型								
	波克豪泽等			卡德和克鲁格			金等		
	名义的 (1)	名义的 CPI(2)	实际 (3)	名义的 (4)	名义的 CPI(5)	实际 (6)	名义的 (7)	名义的 CPI(8)	实际 (9)
州最低工资	-0.065	-0.053	0.013	-0.022	-0.020	-0.006	-0.175	-0.125	-0.090
	(0.007)**	(0.011)**	(0.009)	(0.022)	(0.022)	(0.019)	(0.014)**	(0.016)**	(0.016)**
成年中学毕业男性工资	0.014	0.018	0.017	0.007	0.008	0.008	0.007	0.011	0.017
	(0.005)**	(0.005)**	(0.005)**	(0.005)	(0.005)	(0.005)	(0.005)	(0.005)**	(0.005)**
成年中学毕业男性失业率	-0.432	-0.430	-0.399	-0.295	-0.292	-0.295	-0.385	-0.353	-0.424
	(0.020)**	(0.020)**	(0.020)**	(0.021)**	(0.022)**	(0.022)**	(0.021)**	(0.021)**	(0.020)**
非成年人口比例	0.090	0.062	0.222	0.000	-0.005	0.001	0.027	0.015	0.052
	(0.044)**	(0.048)	(0.045)**	(0.048)	(0.049)	(0.048)	(0.049)	(0.048)	(0.049)
CPI	–	-0.016	–	–	-0.049	–	–	-0.180	–
	–	(0.010)	–	–	(0.038)	–	–	(0.026)**	–
州虚拟变量	Yes	Yes	Yes	Yes	Yes	Yes	Yes	Yes	Yes
季节虚拟变量	Yes	Yes	Yes	Yes	Yes	Yes	Yes	Yes	Yes
年份虚拟变量	No	No	No	Yes	Yes	Yes	No	No	No
趋势	No	No	No	No	No	No	Yes	Yes	Yes
修正 R^2	0.502	0.502	0.498	0.514	0.514	0.514	0.505	0.507	0.501
剩余均方误差	45.018	45.015	45.214	44.468	44.467	44.469	44.872	44.792	45.057
弹性	-0.147	-0.119	0.030	-0.049	-0.044	-0.015	-0.394	-0.282	-0.203

[a]（）中的数字是标准差。

** 表明统计显著性在 5% 水平。

表4.3　按月度州截面数据估计的三类模型及三种设定的最低工资就业弹性，1979—1999

	模型		
	名义最低工资	附加CPI的名义最低工资	实际最低工资
非成年人			
波克豪泽等设定	-0.147	-0.119	NS
卡德和克鲁格设定	NS	NS	NS
金等设定	-0.394	-0.282	-0.203
年轻成年人			
波克豪泽等设定	NS	-0.063	-0.099
卡德和克鲁格设定	NS	NS	0.056
金等设定	-0.201	-0.089	NS
成年中学辍学者，25~61岁			
波克豪泽等设定	0.067	0.158	0.092
卡德和克鲁格设定	0.175	0.176	0.146
金等设定	-0.041	0.046	0.075

注意：仅当有关最低工资的系数显著时才报告弹性数据。

的估计结果。因此，表4.4总共包含了72（3×3×8=72）个记录。其中有18个记录是NS。所以我们发现在表4.4报告的估计中有25%是不显著的弹性，其中卡德和克鲁格模型的估计占了大部分。分析表4.4可以发现，卡德和克鲁格模型的24个记录中有11个是NS。因此，我们观察的卡德和克鲁格类的估计结果中超过一半是非零弹性。其中大部分（8个）是负弹性。有趣的是，当卡德和克鲁格模型估计得到一个分组的负的显著就业弹性，就如同其在白人女性非西班牙裔非成年人组以及非白人非西班牙裔年轻成年人组的情形时，这些负弹性一般与波克豪泽等以及金等模型的估计是一致的。而且，当卡德和克鲁格模型估计得到一个分组（诸如西班牙裔非成年人、年轻成年人和成年中学辍学组以及非西班牙裔成年中学辍学等组）的正的显著就业弹性时，这些正弹性一般也是与波克豪泽等以及金等模型的估计是一致的。这样，八个分组中有四个在不同的模型和设定下的估计结果一般是一致的。

表4.4 按季度州截面数据估计的三类模型及三种设定的最低工资就业弹性，1979—1999

	模型		
	名义最低工资	附加 CPI 的名义最低工资	实际最低工资
白人男性非西班牙裔非成年人			
波克豪泽等设定	-0.139	-0.072	0.113
卡德和克鲁格设定	NS	NS	NS
金等设定	-0.185	-0.143	-0.105
白人女性非西班牙裔非成年人			
波克豪泽等设定	-0.074	-0.202	-0.206
卡德和克鲁格设定	-0.146	-0.143	NS
金等设定	-0.336	-0.303	-0.242
白人男性非西班牙裔年轻成年人			
波克豪泽等设定	-0.06	-0.089	-0.051
卡德和克鲁格设定	NS	NS	0.054
金等设定	-0.152	-0.082	NS
白人女性非西班牙裔年轻成年人			
波克豪泽等设定	NS	-0.119	-0.210
卡德和克鲁格设定	-0.081	NS	NS
金等设定	-0.115	NS	NS
非白人和非西班牙裔非成年人			
波克豪泽等设定	-0.181	-0.300	-0.301
卡德和克鲁格设定	NS	NS	-0.315
金等设定	-0.731	-0.640	-0.559
非白人和非西班牙裔年轻成年人			
波克豪泽等设定	NS	-0.074	-0.208
卡德和克鲁格设定	-0.232	-0.228	-0.180
金等设定	-0.421	-0.322	-0.258
西班牙裔非成年人，年轻成年人和成年中学辍学者			
波克豪泽等设定	0.072	0.071	-0.049
卡德和克鲁格设定	0.130	0.119	NS
金等设定	NS	0.105	0.120
非西班牙裔成年中学辍学者（包括男性、女性、黑人、白人和亚裔）			
波克豪泽等设定	0.071	0.120	0.058
卡德和克鲁格设定	0.153	0.152	0.114
金等设定	NS	0.043	0.060

注意：仅当有关最低工资的系数显著时才报告弹性数据。

对于理解在最低工资的影响下哪一个分组就业增加而哪一个分组就业减少，表4.4报告的估计颇有助益。其中四个人口分组在不同的模型和计量经济设定下均获得了一致的显著就业弹性估计结果。有证据表明，两个分组——西班牙裔非成年人、年轻成年人和成年中学辍学组以及非西班牙裔成年中学辍学组——就业增加。同时也有证据表明，另外两个分组——白人女性非西班牙裔非成年人组以及非白人非西班牙裔年轻成年人组——就业减少。与卡德和克鲁格以及波克豪泽等模型的估计相比，金等模型的估计结果显示了就业减少组的弹性更大，而就业增加组的弹性更小。

表4.4报告的结果中，有四个人口分组在不同的模型和设定下估计结果差异较大。这四个人口分组分别为：白人男性非西班牙裔非成年组，白人男性非西班牙裔年轻成年组，白人女性非西班牙裔年轻成年组，非白人非西班牙裔非成年组。一般而言，基于卡德和克鲁格模型的估计是异常的。而一般这些分组在使用波克豪泽等模型或金等模型时得出的弹性估计
99 结果更为一致。然而，白人女性非西班牙裔年轻成年组在使用波克豪泽等模型和金等模型时得出的弹性估计结果就不一致。但是其他三个人口分组的弹性估计结果一般是一致的。特别地，非白人非西班牙裔非成年组的估计显示出非白人非成年工人存在显著的负失业效应。该分组的金等估计获得了表4.4中报告的估计中最大的弹性，其范围为 -0.55 到 -0.73。这些估计要比使用卡德和克鲁格模型或波克豪泽等模型获得的估计结果大得多。我们将以下述观察总结本节，考虑到表4.4中报告的其他结果，非白人非西班牙裔非成年组在使用卡德和克鲁格模型和在名义最低工资方程、附加CPI的名义最低工资方程设定下获得的就业弹性一般是不可信的。相比较而言，在使用金等模型获得的相对较高的就业弹性估计是十分可信的。如果最低工资有失业效应，事实也是如此，那么我们会预期最低工资对非白人非西班牙裔非成年组产生最大的影响，这也是金等模型所显示的结果。

三、收入抵税额增长的劳动力市场反应

在第一章，我们评述了有关收入抵税额的劳动供给效应的研究文献。我们指出，对于单身带有孩子妇女组及已婚妇女组这两个特殊小组而言，关于工时和劳动力参与两个方面存在一些研究问题。有关已婚妇女的证据被广为接受；当收入抵税额增加时已婚妇女会减少工时。伊萨和霍因斯（1998）估计了已婚妇女的工时弹性为“0.1 到 0.5”(30 页)。在第五章，我们将使用这个范围内的弹性模拟，分析当实施收入抵税额和社会保障税减免等劳动力市场政策时已婚妇女减少工时的影响。

对于单身带有孩子妇女组来说，已有更多证据表明收入抵税额政策使得一些群体存在正的就业增加。然而，这个就业增加的力度要小于收入抵税额扩张的规模。霍茨和希沃兹（2001）估计 1996 年收入抵税额的扩张使得参与劳动的家庭数增加了超过 1000 万，大大超过了社会一致估计(参考梅耶和罗森鲍姆，2001）的单身母亲由于收入抵税额扩大而增加的就业人数。我们同意布兰克、卡德和罗宾斯在收入抵税额的劳动供给效应讨论中的结论：

> 原则上，收入抵税额降低了处于逐步淘汰范围且收入下降的单身母亲的工作努力程度，这是因为它降低了这些妇女的税后工资并提高了她们的收 100
> 入。然而，这个效应似乎并不大于其他一些群体的正效应（2000，408 页)。

我们也在第一章中指出，证据表明单身母亲的平均工时数并没有受到收入抵税额的强烈影响。所以，在第五章、第六章的模拟分析中，我们假设收入抵税额对单身母亲的工时数或劳动参与度没有净效应。

四、结论

传统理论与最低工资的新经济学的关键区别在于非成年工人对于最低工资变动的就业弹性。卡德和克鲁格（1995）坚持认为这个弹性在统计上并不显著地异于0，即意味着原假设不能被拒绝。比较而言，传统理论宣称需求定律成立并且弹性是负的、显著的。本章回顾了近来由卡德和克鲁格（1995）、迪尔和墨非及韦尔奇（1995）、波克豪泽和库奇及威腾伯格（2000b）以及科弗和金（2001）等完成的截面和时间序列研究。这些研究中的关键问题就是如何最佳地控制所使用的宏观经济数据中的时间趋势。对一系列人口分组使用20年的月度和季度微观数据进行分析并报告了新的估计结果。优势证据有力表明一些人口分组存在重要的负的显著性失业效应。

四个人口分组在不同的模型和计量经济设定下获得了一致的关于显著的就业弹性的估计结果。证据表明两个分组——西班牙裔非成年人、年轻成年人和成年中学辍学组以及非西班牙裔成年中学辍学组的就业增加。同时也有证据表明另外两个分组——白人女性非西班牙裔非成年人组以及非白人非西班牙裔年轻成年人组的就业减少。与卡德和克鲁格以及波克豪泽等模型的估计相比，金等模型的估计结果显示了就业减少组的弹性更大，而就业增加组的弹性更小。

表4.4报告的结果中，有四个人口分组在不同的模型和设定下估计结果差异较大。这四个人口分组分别为：白人男性非西班牙裔非成年组，白人男性非西班牙裔年轻成年组，白人女性非西班牙裔年轻成年组，非白人非西班牙裔非成年组。一般而言，基于卡德和克鲁格模型的估计是异常的。而一般这些分组在使用波克豪泽等模型或金等模型时得出的弹性估计结果更为一致。

101 卡德和克鲁格类设定对于所有非成年工人均表现出一致的零失业效

应。然而，当同样的设定应用于考察女性非成年工人、女性年轻成年工人以及非白人和非西班牙裔年轻成年工人时，我们发现了负的、显著的失业效应。可是令人奇怪的是，卡德和克鲁格类设定估计显示非白人非西班牙裔非成年工人的弹性为零。考虑到其他人口分组的结果，这是难以令人置信的。本章的主要结论就是使用近期由科弗和金（2001）建议的时间序列和截面设定，可以得到更加一致、可信的估计结果。

本章报告的就业弹性时间序列和截面的新估计结果，可用于在第五章中进行替代性等成本劳动力市场政策模拟时选择合理值。

注释

48. 事实上，卡德和克鲁格（1995b）使用线性和二次时间趋势报告了一些结果（参考他们的表6.5）。也可参考布朗、吉尔罗伊和科恩（Gilroy & Kohen，1982）。
49. 我们这里指金等的设定，因为这是金浩成经过和詹姆士·科弗以及约翰·丰比进行大量讨论后提出的。

第五章

替代性劳动力市场政策对家庭收入的影响

THE EFFECTS OF ALTERNATIVE LABOR MARKET POLICIES ON FAMILY INCOMES

第三章所提供的证据表明，从低薪工作获得的收入对于位于或接近收 103
入分配后端的家庭综合性收入的影响较小。这主要是因为很多贫困家庭没有低薪工人。在2001年，少于1/5的低收入家庭至少有一个有些收入的低薪工人。认为从低薪工作所获得的收入对于位于或接近收入分配后端的家庭收入的影响较小，其第二个理由是低小时工资率工人的所得收入趋向于相当地小。兼职工作、临时工作、暂时失业以及其他诸如旷工等因素的相互作用，导致低薪工资率和年收入之间的联系逐渐弱化。然而，三月当期人口调查数据分析表明，尽管影响力度很小，但是低薪工作对所得水平和家庭收入的影响在第三章中分析的所有四条贫困线下都是正的。第三章提供的证据似乎表明，不论所考虑的是哪一条贫困线，1990—1991年和1996—1997年的联邦最低工资的增长都提高了低薪工作对家庭福利的贡献。进一步地，在提高名义最低工资之后的实际最低工资的减损同时也伴随着低薪工作对家庭收入贡献的下降。

第三章的分析不能保持影响低薪工作与家庭收入之间关系的其他因素不变；因而这也只是提示性的。此外，它也没有明确地考虑最低工资提高对位于收入分配后端的家庭的逆向影响。这些影响始终是长期研究
低薪劳动力市场的政府调控的经济学家们关注的焦点，并且也是围绕新 104
最低工资研究文献的争议中心。最后，第三章的分析没有考虑一个重要问题，即当提高最低工资时，在同等的社会成本下是否存在一个更好的替代性劳动力市场政策。本章将利用三个劳动力市场政策的模拟来解决上述每一个问题。

下一部分将描述劳动力市场模拟，并讨论如何开展模拟分析。其中第

一部分概述使用2001年的年度数据分析的结果。这部分将考虑四组位于或接近收入分配后端的低收入家庭。第三部分将通过运用洛伦兹排序占优标准来考察替代性劳动力市场政策对整体收入分配的影响。第四部分使用模拟分析来考察替代性劳动力市场政策对贫困的分配敏感性测度的影响。第六章将通过集中分析三月当期人口调查的两年期面板数据集以继续上述模拟分析，并考察替代性劳动力市场政策对持久贫困以及其他人口分组（包括在两年期离开福利的和保留享受福利的人口组）的影响。

一、模拟替代性等成本劳动力市场政策的影响

为调查替代性等成本劳动力市场政策对低收入工作家庭及一般社会的经济福利的影响，我们模拟了等成本地提高最低工资、收入抵税额（EITC）以及减免低收入家庭工人支付的工资税（FICA）等政策的影响。特别地，我们考虑如下：

- 联邦最低工资每小时提高1美元。
- 低比例提高收入抵税额，其增加成本等同于最低工资提高的成本。
- 等比例扣减低收入家庭工人支付的工资税；其减免税成本等同于最低工资提高的成本。

在这些替代性劳动力市场政策的背景下，所谓成本是指一些美国家庭必须要放弃的、以用于再分配给另一些美国家庭的收入。这个成本包括家庭之间的转移支付收入和政策的失业效应引起的无谓效率损失。

第四章的就业弹性的实证估计表明，伴随着最低工资的提高可能存在
105 一定范围的失业效应。我们考虑5种一般类型的劳动力市场反应和14类不同的弹性。我们将模型化当工时变化时而不是进入或退出劳动力市场时的劳动力市场的逆向效应。5种一般类型的劳动力市场反应如下所示：

- 反应类型1——提高最低工资时的零失业效应。
- 反应类型2——失业发生在非成年工人组，其他低薪工人组没有受

影响。

- 反应类型 3——失业发生在非成年工人和年轻成年工人组，其他低薪工人组没有受影响。

- 反应类型 4——失业发生在非成年工人和年轻成年工人组，但是成年中学辍学组可能发生小的、负的或正的就业影响。

- 反应类型 5——发生在年龄、种族、性别和民族分组以及成年中学辍学组之中的不同的失业效应及正的就业影响。

表 5.1 概述了不同就业弹性的格式化值，用于考察最低工资每小时提高 1 美元时的影响。在类型 2 到 5 之中的弹性可能较小或较大。例如，在反应类型 2 中，仅有非成年工人受到影响，我们选择从几乎为 0 的弹性（$\varepsilon = -0.1$）到相对较大的弹性（$\varepsilon = -0.5$）来模拟四种失业效应（工时损失）。在反应类型 3 中，我们保持非成年工人就业弹性不变且为中间值（$\varepsilon = -0.25$），并且考虑三个模拟，其中年轻成年工人的就业弹性差别较小，并在 -0.05 到 -0.15范围内。在反应类型 4 中，非成年工人及年轻成年工人就业弹性保持不变且为中间值（非成年 $\varepsilon = -0.25$，年轻成年$\varepsilon = -0.1$），并且成年中学辍学工人就业弹性允许为一个小而负的或小而正的弹性。正如第四章中所讨论的，对于不同的低薪工人分组，负的和正的就业弹性的同时出现表明了最低工资的变化引起了不同工人分组之间的间接替代效应，即有的工人分组就业增加而另一些工人分组的就业减少。

最后，对反应类型 5，我们就不同的年龄、种族、性别、民族分组以及成年中学辍学分组等考虑 8 个不同的弹性。第四章中关于非成年工人组的估计建议对白人男性（$\varepsilon = -0.2$）、白人女性（$\varepsilon = -0.3$）和非白人非西班牙裔（$\varepsilon = -0.65$）分别采取不同的弹性。同样地，对年龄在 20～24 岁的年轻成年工人组的工人之间也采取不同的弹性。基于第四章中所报告的结果，我们设定白人男性和女性的弹性为 -0.1，而非白人非西班牙裔年轻成年工人 107
弹性为 -0.3。非西班牙裔成年中学辍学者和所有西班牙裔工人的弹性假设为 0、一个小而正的或小而负的弹性（$\varepsilon = 0$，$\varepsilon = -0.05$，$\varepsilon = 0.05$）。

表 5.1 在 5 种[a] 劳动力市场反应及 14 个模拟中应用的最低工资就业弹性值

模拟	最低工资提高 1 美元影响的分组							
	非成年组	年轻成年组	中学辍学组					
1.	–	–	–					
2. a	−0. 10	–	–					
2. b	−0. 25	–	–					
2. c	−0. 40	–	–					
2. d	−0. 50	–	–					
3. a	−0. 25	−0. 05	–					
3. b	−0. 25	−0. 10	–					
3. c	−0. 25	−0. 15	–					
4. a	−0. 25	−0. 10	−0. 05					
4. b	−0. 25	−0. 10	0. 05					
4. c	−0. 25	−0. 10	0. 15					
模拟	非成年工人（16 ~ 19 岁）			年轻成年工人（20 ~ 24 岁）			非西班牙裔成年中学辍学者	所有西班牙裔
	白人男性	白人女性	非白人非西班牙裔	白人男性	白人女性	非白人非西班牙裔		
5. a	−0. 20	−0. 30	−0. 65	−0. 10	−0. 10	−0. 30	–	–
5. b	−0. 20	−0. 30	−0. 65	−0. 10	−0. 10	−0. 30	−0. 05	−0. 05
5. c	−0. 20	−0. 30	−0. 65	−0. 10	−0. 10	−0. 30	0. 05	0. 05

[a] 五种设定是：(1) 零弹性。(2) 仅为非成年工人；其他所有工人的弹性为零——非成年工人弹性等于 −0. 1、−0. 25、−0. 4 和 −0. 5。(3) 非成年工人；年轻成年工人；中学辍学工人弹性为零——非成年工人弹性等于 −0. 25；年轻成年工人弹性等于 −0. 5、−0. 1 和 −0. 15。(4) 非成年工人；年轻成年工人；中学辍学工人——非成年工人弹性等于 −0. 25；年轻成年工人弹性等于 −0. 1 和中学辍学工人弹性为 −0. 05、+0. 5和 +0. 15。(5) 白人男性非西班牙裔非成年工人；白人女性非西班牙裔非成年工人；非白人和非西班牙裔非成年工人；非白人和非西班牙裔年轻成年工人；中学辍学者。最后一组的弹性，参考所标明的弹性。

为解释模拟的实施过程，我们一开始以分析最低工资每小时提高 1 美元时的情形，并假设上述情形于 2001 年 1 月 1 日生效。模拟 1 可能是最容易解释和理解的，所以我们一开始就以此为关注重点。这个模拟假设工时数和工作夫妇的劳动力参与率没有逆向效应。因此，模拟 1 明确地体现了“新最低工资”研究文献的精神，即宣称可以对最低工资一些较小的增长予以立法确定而无任何对就业的逆向影响。对低薪工作在最低工资变化之前和之后的情况的考察表明，对没有被划分为第三章中最低工资工人的其他低薪工人均同时存在“向上流动”和“向下流动”影响。因而，当法定最低工资变化时，次最低工资工人和接近最低工资工人均会受到影响。我们将在模拟分析中通过调整所有低薪工人的小时工资率来考虑这些“向上流动”和“向下流动”的影响。

现将对于 2001 年当期人口调查数据中的小时工资率的调整细节总结如下。第一，当最低工资从 1995 年的 4.25 美元/小时提高到 1996 年的 4.75 美元/小时，对于低薪工资率的考察显示，平均而言，同最低工资工人的工资增长相比，次最低工资的增长为 62%。我们就以 62% 作为一个点估计，并以增加 62% 来调整 2001 年所有次最低工资工人的小时工资率。第二，我们以增加 1 美元来调整 2001 年所有最低工资工人的小时工资率。第三，我们使用逐步减少的方法来调整所有接近最低工资工人的小时工资率，以确保接近最低工资工人的小时工资率在联邦最低工资的 110% ~125% 之间，而不超过小时工资率在最低工资的 125% 之上的工人的小时工资。为实现这个目的，我们通过在其当期人口调查工资上增加下述两个数中较小的一个来调整接近最低工资工人的小时工资率：1 美元或 6.67 美元 $-w_i$，其中 w_i 是个体工人 2001 年所报告的或计算的接近最低工资。[50]这个方法将相对较大的调整（1 美元）分配给工资最低的接近最低工资工人，随后按顺序地将较小的调整分配给工资较高的接近最低工资工人。[51]法定最低工资提高 1 美元的向上触发效应将在 6.67 美元/小时处逐步完全消除。

一旦小时工资率得到调整，模拟 1 的最低工资分析就以直接的方式进行。通过当期人口调查数据，新的工资率乘以年工时数就可以计算得到一个新的收入。这些新的收入就会联系到某个特定的可能位于收入分配后 108
端、中部或前端的家庭。进一步地，从低薪工作获得收入增长的家庭可能具有不同的家庭规模以及不同成人和孩子数量的家庭结构，这些因素将在估计分配影响以及对贫困的影响中予以考虑。对于所有模拟分析，我们将和模拟 1 一样处理小时工资的变化。然而，由于和负弹性以及需求定律相关的失业效应，在其他模拟中还需要附加一些步骤以估计最低工资提高的影响。

为模拟最低工资提高对就业的影响，我们使用表 5.1 中的弹性来调整年工时数。这些调整执行如下。对于由于最低工资增长导致其当期人口调查工资调整的人口，以及受影响的人口分组的成员，我们对其年工时数（AHW）作适当的调整。特别地，表 5.1 中的就业弹性使用如下：

$$AHW_i^{New} = AHW_i^R \left[\frac{1 + \varepsilon_i (W_i^{New} - W_i^{Old})}{W_i^{Old}} \right] \tag{1}$$

其中，i 代表受影响的人口分组的个人，AHW_i^R 表示报告的年工时数。当弹性是负时，年工时数的变化也是负的，当一个分组的就业以其他分组就业减少为代价而有所增加时，年工时数的变化即为正的。一旦这些最低工资的就业影响得到归因处理，我们即可将新的小时工资率乘以新的年工时数计算得到新的收入。这些新增的收入也像模拟 1 一样联系到特定的家庭。

为考察提高最低工资的替代政策的影响，我们模拟分析提高收入抵税额和减免低收入家庭工人支付的有效工资税的影响。特别地，我们模拟分析其社会成本等价于最低工资提高 1 美元的替代性劳动力市场政策的影响。EITC 政策的成本与最低工资每小时提高 1 美元的成本一致，并使分配的福利等于等比例提高 EITC 的成本。这意味着 EITC 接受者的福利份额在 EITC 模拟之前和之后是一样的。FICA 政策的实施模式也是如此。即该政策的成本与最低工资每小时提高 1 美元的成本一致，并使分配的福利等于等比例减免低收入家庭工人缴纳的工资税的成本。正如第三章所讨论的，低收入家庭是指奥桑斯基收入小于或等于两倍的官方贫困线收入的家庭。在我们的 EITC 模拟中对获得额外的 EITC 福利的资格要求是，该工人必须已经获
109 得过 EITC 福利。在 FICA 模拟中获得 FICA 税减免的资格要求是，该工人

必须是缴纳FICA税者并且是来自低收入家庭。

值得强调的是，我们所考虑的劳动力市场政策在没有启动成本的情况下难以实施。本章中研究的关键方面在于，我们模拟的政策是由实现收入再分配和具有相等的社会成本这个事实决定的。这个等价社会成本意味着一部分美国家庭必须要放弃一部分收入以再分配给另一部分美国家庭。这些成本包括净损失和转移支付的收入。我们指出，最低工资提高的成本在不同的模拟中是有差异的。在每一个模拟中，我们采取在合适的等量成本条件下模拟分析替代性 EITC 和 FICA 减免政策。一般而言，我们不会分析这些成本的影响。我们会考虑失业对因提高最低工资而受影响的人口分组收入的负效应。但是与替代性劳动力市场政策相关的其他成本的影响则没有进行模拟分析。

即使我们没有对这些有助于改善低收入工作家庭福利的替代性劳动力市场政策的成本影响进行分析或模拟，但是我们对谁承担了这些成本的负担还是作了简单的评论。提高最低工资很可能产生的影响包括低薪工人主要使用的产品和服务的价格也会上升。由于这些产品市场的竞争本质，最低工资提高 1 美元的最终影响结果不可能回落在资本所有者身上。一般而言，EITC 政策的成本负担会落在联邦税收纳税人身上。同样，FICA 税减免政策的成本负担也似乎一般会落在联邦税收纳税人身上。考虑到关于社会保障信托基金的模糊、不透明和政治因素等，直接从基金里减免税收似乎是不可能的。然而，鉴于流入信托基金的工资税收入总是被借出和花费，因此，从总税收收入里减免 FICA 税和从信托基金里直接扣除 FICA 税的影响是一样的。

在本部分最后，我们总结一下模拟中如何处理工作夫妇所包含的逆就业效应。正如第四章所讨论的，证据表明当 EITC 提高时，工作夫妇的劳动参与率会受到影响。伊萨和霍因斯（1998）的研究表明，当面临较高的家庭收入抵税额时，低收入已婚妇女会减少为工作作出的努力。其工时的供给弹性变化范围为 -0.1 到 -0.5。因此，在除了零弹性情形之外所有的

模拟中，我们均假设已婚妇女对于EITC福利和FICA税减免的变化的工时供
110 给弹性为 -0.4。这样，对于已婚夫妇而言，我们假设其相应于 EITC 和 FICA 劳动力市场政策的总收入会由于工作妻子的就业和工资收入的减少而下降。

二、等成本劳动力市场政策对家庭收入的影响

表 5.1 中显示的基于就业弹性的 14 个模拟是使用 2001 年三月当期人口调查微观数据完成的。理论上来讲，表 5.1 中的弹性差异看起来可能很重要，但是事实上很多模拟会得到一样的结果。然而，我们在此重点关注三个差异较大的弹性的模拟，并且对每一个模拟报告其详细结果。第一，我们报告模拟 1 的结果，并假设存在零就业弹性及当收入抵税额增加和工资税有减免时工作夫妇没有工时效应。如果卡德和克鲁格（1995）的新最低工资研究结果是可信的，模拟 1 则对应了不同劳动力市场之间的就业弹性。我们也报告了模拟 2d 的结果，其中假设非成年工人有关最低工资变动的就业弹性存在一个极值（$\varepsilon = -0.5$）。我们在此指出，第四章报告的所有有关最低工资变化的就业弹性值对于所有非成年工人而言均小于 -0.5。因此这个模拟代表了与最低工资提高相关的可能负效应的外部范围。模拟 2d 也假设在 EITC 和 FICA 税减免等替代性政策中，一些工作夫妇随着其配偶收入的增加而缩减工时数。正如第四章和上面第一部分中所讨论的，当 EITC 福利增加和 FICA 税减免时，这些工作夫妇劳动力供给弹性假设为 $\omega = -0.4$。

第三个报告结果集就是模拟 5c 的结果，这个结果被认为是对很多受到联邦最低工资变动不同程度影响的低薪工人就业弹性的最好估计。正如表 5.1 所示，模拟 5c 包括 8 个不同的就业弹性，其中 6 个是负的、2 个是正的。像模拟 2d 一样，模拟 5c 也假设当其配偶随着 EITC 福利增加和 FICA 税减免而收入增长时，工作夫妇的工时弹性为 $\omega = -0.4$。正如第四章所讨

论的，关于最低工资变动的显著正的和显著负的就业弹性的出现表明，提高最低工资会引起不同组低薪工人之间的替代效应，以一些组的工时减少为代价，另一些组增加了就业时数。在模拟 5 中，负弹性主要包括，白人男性非成年组为 -0.2，白人女性非成年组为 -0.3，非白人非西班牙裔非成年组为 -0.65。对于年龄在 20 ~ 24 岁的年轻成年工人，其对应的白人男性、白人女性、非白人/非西班牙裔三组弹性分别是 -0.1、-0.1和 -0.3。 111
在模拟 5c 中具有较小正弹性（$\varepsilon = 0.05$）的两个分组是非西班牙裔中学辍学组和所有西班牙裔工人组。

为了报告模拟的结果，我们将重点关注家庭和个人的奥桑斯基等价收入。进一步地，我们将整合这些结果，并报告低收入家庭和个人的情况以及所有家庭和个人的情况。低收入人口的定义与第三章中的一样。所有人均奥桑斯基等价收入小于或等于两倍官方贫困线收入的个人及家庭均被划为低收入组。然而，不像第三章，我们无须分析在四条不同的贫困线下的家庭和个人。相反，我们使用第三章中讨论的四条分割线将低收入人口划分为四个互不重叠的分组，如下所示：

- 组 1——奥桑斯基等价收入低于官方贫困线的 50%。
- 组 2——奥桑斯基等价收入在官方贫困线的 50% ~100%。
- 组 3——奥桑斯基等价收入在官方贫困线的 100% ~150%。
- 组 4——奥桑斯基等价收入在官方贫困线的 150% ~200%。

低收入人口的第一组（其奥桑斯基等价收入低于官方贫困线的 50%）中的个人与家庭正好与第三章中所考虑的最低贫困线之下的人口是一致的。然而，上述的组 2、组 3 和组 4，却没有和第三章中所讨论的低于不同贫困线下的家庭及个人的相对应部分的低收入人口。尽管如此，联合组 1 和组 2 仍获得低于官方贫困线的家庭（及个人）。同样，联合组 1、组 2 和组 3 获得低于官方贫困线的 150% 的家庭。最后，联合四个人口分组，关注所有低收入个人及家庭，则得到与第三章中低于低收入分割点上的贫困线一样的个人或家庭。

表 5.2　最低工资提高 1 美元对 2001 年综合性收入的影响，模拟 1

家庭收入分组[a]	家庭数和人口比例		家庭综合性收入			最低工资直接影响	EITC 之前	FICA 之前	对收入的间接影响		
	绝对数[b] (1)	比例[c] (2)	之前 (3)	之后 (4)	变化 (5)	(6)	(7)	(8)	就业弹性 (9)	EITC (10)	FICA 税 (11)
(a)对直接受最低工资提高影响的低收入家庭的影响（n = 9.78 million）											
50% 及以下	1.31	0.029	6,548	7,195	647	570	905	267	0	120	43
50% ~ 100%	3.05	0.067	12,564	13,620	1,056	1,155	1,462	651	0	-15	85
100% ~ 150%	3.22	0.071	17,642	18,790	1,148	1,312	902	1,086	0	-67	97
150% ~ 200%	2.21	0.049	26,091	27,270	1,179	1,328	439	1,722	0	-50	100
全部	9.78	0.215	16,486	17,545	1,059	1,168	972	985	0	-22	87
(b)最低工资提高对所有低收入家庭的影响（n = 45.46 million）											
50% 及以下	6.62	0.146	4,575	4,703	128	113	324	107	0	24	8
50% ~ 100%	11.24	0.247	11,455	11,741	286	313	889	405	0	-4	23
100% ~ 150%	13.96	0.307	16,920	17,185	265	303	688	764	0	-16	22
150% ~ 200%	13.65	0.300	22,442	22,633	191	215	304	1,251	0	-8	16
全部	45.46	1.000	15,429	15,657	228	251	570	726	0	-5	19
(c) 对直接受最低工资提高影响的家庭的影响（n = 20.5 million）											
第 1 个五分位数	6.08	0.042	10,381	11,410	1,029	1,091	850	581	0	19	81
第 2 个五分位数	3.59	0.025	23,098	24,237	1,139	1,314	1,049	1,307	0	-79	97
第 3 个五分位数	3.78	0.026	35,987	37,002	1,015	1,113	247	2,532	0	-16	82
第 4 个五分位数	3.69	0.026	54,108	55,047	939	1,017	44	4,231	0	-2	75

续表

家庭收入分组[a]	家庭数和人口比例		家庭综合性收入			最低工资直接影响	EITC之前	FICA之前	对收入的间接影响		
	绝对数[b] (1)	比例[c] (2)	之前 (3)	之后 (4)	变化 (5)	(6)	(7)	(8)	就业弹性 (9)	EITC (10)	FICA 税 (11)
第5个五分位数	3.35	0.023	99,411	100,208	797	862	10	7,597	0	−1	64
前5%	0.64	0.004	173,948	174,661	713	773	5	10,914	0	−1	59
全部家庭	20.5	0.143	39,768	40,760	992	1,083	491	2,873	0	−12	80
(d)最低工资提高对所有家庭的影响(n = 143.18 million)											
第1个五分位数	28.64	0.2	10,256	10,474	218	232	395	306	0	4	17
第2个五分位数	28.63	0.2	22,260	22,403	143	165	472	1,193	0	−10	12
第3个五分位数	28.64	0.2	34,393	34,527	134	147	94	2,323	0	−2	11
第4个五分位数	28.64	0.2	52,300	52,421	121	131	18	4,120	0	0	10
第5个五分位数	28.64	0.2	102,517	102,610	93	101	4	7,651	0	0	7
前5%	7.16	0.05	171,219	171,283	64	69	3	10,649	0	0	5
全部家庭	143.18	1	44,345	44,487	142	155	197	3,119	0	−2	11

注释：零就业弹性。

[a]家庭收入分组依据家庭收入相对于官方贫困线的情况来定义。

[b]百万家庭。

[c]所有低收入家庭比例。

[d]百万家庭。

[e]所有家庭比例。

表 5. 3　最低工资提高 1 美元对 2001 年综合性收入的影响，模拟 2d

家庭收入分组[a]	家庭数和人口比例		家庭综合性收入			最低工资直接影响	EITC 之前	FICA 之前	对收入的间接影响		
	绝对数[b] (1)	比例[c] (2)	之前 (3)	之后 (4)	变化 (5)	(6)	(7)	(8)	就业弹性 (9)	EITC (10)	FICA 税 (11)
(a)对直接受最低工资提高影响的低收入家庭的影响（n = 9. 78 million ）											
50% 及以下	1. 31	0. 029	6,548	7,157	609	570	905	267	-39	117	40
50% ~100%	3. 05	0. 067	12,564	13,575	1,011	1,155	1,462	651	-49	-14	81
100% ~150%	3. 22	0. 071	17,642	18,740	1,098	1,312	902	1,086	-57	-64	93
150% ~200%	2. 21	0. 049	26,091	27,215	1,124	1,328	439	1,722	-62	-47	95
全部	9. 78	0. 215	16,486	17,497	1,011	1,168	972	985	-53	-20	83
(b)最低工资提高对所有低收入家庭的影响（n = 45. 46 million ）											
50% 及以下	6. 62	0. 146	4,575	4,696	121	113	324	107	-8	23	8
50% ~100%	11. 24	0. 247	11,455	11,729	274	313	889	405	-13	-4	22
100% ~150%	13. 96	0. 307	16,920	17,173	253	303	688	764	-13	-15	21
150% ~200%	13. 65	0. 300	22,442	22,624	182	215	304	1,251	-10	-8	15
全部	45. 46	1. 000	15,429	15,647	218	251	570	726	-11	-4	18
(c) 对直接受最低工资提高影响的家庭的影响（n = 20. 5 million ）											
第 1 个五分位数	6. 08	0. 042	10,381	11,368	987	1,091	850	581	-45	18	78
第 2 个五分位数	3. 59	0. 025	23,098	24,189	1,091	1,314	1,049	1,307	-56	-75	92
第 3 个五分位数	3. 78	0. 026	35,987	36,934	947	1,113	247	2,532	-75	-14	76
第 4 个五分位数	3. 69	0. 026	54,107	54,952	845	1,017	44	4,231	-102	-2	68

续表

家庭收入分组[a]	家庭数和人口比例		家庭综合性收入			最低工资直接影响	EITC之前	FICA之前	对收入的间接影响		
	绝对数[b] (1)	比例[c] (2)	之前 (3)	之后 (4)	变化 (5)	(6)	(7)	(8)	就业弹性 (9)	EITC (10)	FICA 税 (11)
第 5 个五分位数	3.35	0.023	99,428	100,100	672	863	10	7,598	-137	-1	53
前 5%	0.64	0.004	173,948	174,528	580	773	5	10,914	-144	-1	48
全部家庭	20.5	0.143	39,761	40,682	921	1,083	491	2,872	-78	-11	74
(d)最低工资提高对所有家庭的影响(n = 143.18 million)											
第 1 个五分位数	28.64	0.20	10,256	10,465	209	232	395	306	-10	4	17
第 2 个五分位数	28.63	0.20	22,260	22,397	137	165	472	1,193	-7	-9	12
第 3 个五分位数	28.64	0.20	34,393	34,518	125	147	94	2,323	-10	-2	10
第 4 个五分位数	28.64	0.20	52,300	52,408	108	131	18	4,120	-13	0	9
第 5 个五分位数	28.64	0.20	102,517	102,595	78	101	4	7,651	-16	0	6
前 5%	7.16	0.05	171,219	171,271	52	69	3	10,649	-13	0	4
全部家庭	143.18	1.00	44,345	44,477	132	155	197	3,119	-11	-2	11

注释：非成年工人就业弹性极值。

[a]家庭收入分组依据家庭收入相对于官方贫困线的情况来定义。

[b]百万家庭。

[c]所有低收入家庭比例。

[d]百万家庭。

[e]所有家庭比例。

表 5.4　最低工资提高 1 美元对 2001 年综合性收入的影响，模拟 5c

家庭收入分组[a]	家庭数和人口比例		家庭综合性收入			最低工资直接影响	EITC 之前	FICA 之前	对收入的间接影响		
	绝对数[b] (1)	比例[c] (2)	之前 (3)	之后 (4)	变化 (5)	(6)	(7)	(8)	就业弹性 (9)	EITC (10)	FICA 税 (11)
(a)对直接受最低工资提高影响的低收入家庭的影响(n = 9.78 million)											
50% 及以下	1.31	0.029	6,548	7,147	599	570	905	267	-48	116	39
50% ~100%	3.05	0.067	12,564	13,573	1,009	1,155	1,462	651	-48	-17	81
100% ~150%	3.22	0.071	17,642	18,752	1,110	1,312	902	1,086	-44	-65	94
150% ~200%	2.21	0.049	26,091	27,224	1,133	1,328	439	1,722	-51	-48	96
全部	9.78	0.215	16,486	17,501	1,015	1,168	972	985	-47	-22	83
(b)最低工资提高对所有低收入家庭的影响(n = 45.46 million)											
50% 及以下	6.62	0.146	4,575	4,694	119	113	324	107	-10	23	8
50% ~100%	11.24	0.247	11,455	11,728	273	313	889	405	-13	-4	22
100% ~150%	13.96	0.307	16,920	17,176	256	303	688	764	-10	-15	22
150% ~200%	13.65	0.300	22,442	22,625	183	215	304	1,251	-8	-8	16
全部	45.46	1.000	15,429	15,648	219	251	570	726	-10	-5	18
(c)对直接受最低工资提高影响的家庭的影响(n = 20.5 million)											
第 1 个五分位数	6.08	0.042	10,381	11,366	985	1,091	850	581	-45	17	78
第 2 个五分位数	3.59	0.025	23,098	24,194	1,096	1,314	1,049	1,307	-49	-76	93
第 3 个五分位数	3.78	0.026	35,987	36,956	969	1,113	247	2,532	-50	-15	78
第 4 个五分位数	3.69	0.026	54,108	54,978	870	1,017	44	4,231	-75	-2	70

续表

家庭收入分组[a]	家庭数和人口比例		家庭综合性收入			最低工资直接影响	EITC之前	FICA之前	对收入的间接影响		
	绝对数[b] (1)	比例[c] (2)	之前 (3)	之后 (4)	变化 (5)	(6).	(7)	(8)	就业弹性 (9)	EITC (10)	FICA 税 (11)
第5个五分位数	3.35	0.023	99,412	100,125	713	862	10	7,598	-92	-1	57
前5%	0.64	0.004	173,948	174,578	630	773	5	10,914	-90	-1	52
全部家庭	20.5	0.143	39,766	40,702	936	1,083	491	2,873	-60	-12	76
(d)最低工资提高对所有家庭的影响（n = 143.18 million）											
第1个五分位数	28.64	0.20	10,256	10,465	209	232	395	306	-10	4	17
第2个五分位数	28.63	0.20	22,260	22,398	138	165	472	1,193	-6	-10	12
第3个五分位数	28.64	0.20	34,393	34,521	128	147	94	2,323	-7	-2	10
第4个五分位数	28.64	0.20	52,300	52,412	112	131	18	4,120	-10	0	9
第5个五分位数	28.64	0.20	102,517	102,600	83	101	4	7,651	-11	0	7
前5%	7.16	0.05	171,219	171,276	57	69	3	10,649	-8	0	5
全部家庭	143.18	1.00	44,345	44,480	135	155	197	3,119	-9	-2	11

注释：就业弹性的最优估计。

[a]家庭收入分组依据家庭收入相对于官方贫困线的情况来定义。

[b]百万家庭。

[c]所有低收入家庭比例。

[d]百万家庭。

[e]所有家庭比例。

我们首先展示最低工资每小时提高1美元对2001年家庭综合性收入的影响。表5.2～表5.4提供了四组低收入家庭以及所有合并低收入家庭的基本结果。表5.2显示了模拟1中最低工资提高的结果，这个模拟假设当最低工资提高时存在零就业工时弹性，同时假设当其配偶收入因等成本劳动力市场政策提高收入抵税额或减免工资税而增长时，工作妻子没有工时
118 变化反应。表5.3和表5.4分别总结了同一类别的模拟2d和模拟5c的基本结果。我们首先讨论表5.2中的零就业弹性模拟的结果，然后对模拟其他弹性影响的表5.3和表5.4进行比较分析。

表5.2（a）显示了最低工资每小时提高1美元对部分直接受最低工资提高影响的家庭的综合性收入的影响。直接受影响的家庭包括那些有最低工资工人的家庭，以及其他所有含有其工资受到因法定最低工资提高而使低薪劳动力市场结构转换而引起的上触发和下触发效应影响的工人的家庭。表5.2（a）显示，有980万家庭直接受到最低工资提高的影响。表5.2（b）显示了类似的信息，但是针对所有低收入家庭。这样，表5.2（b）包括了直接受影响的980万家庭和没有直接影响的其他低收入家庭。表5.2（b）显示共有4,550万低收入家庭，这样在最低工资提高下没有直接受影响的家庭就有3,570万。换一个稍微不同的视角来看，表5.2（a）和（b）揭示了，21.5%的低收入家庭直接受到了模拟的最低工资增长的影响。其余78.5%低收入家庭不含有低薪家庭成员且没有受到直接影响。

表5.2（c）和（d）类似于表5.2（a）和（b），除了显示五分位数家庭分组的信息外，还显示了全部家庭和收入前5%的家庭的有关信息。表5.2（c）显示了直接受最低工资提高影响的低收入家庭五等份分组的情况，表5.2（d）则显示了全部低收入家庭五等份分组的有关情况。关于表5.2（c）和（d）首先需要指出的是，从国家整体来看，在14,320万家庭中总共有2,050万家庭（占14.3%）直接受到最低工资条的影响。表5.2（a）中直接受最低工资影响的低收入家庭和表5.2（c）中直接受最

低工资影响的全部家庭中的低收入家庭相比较，一个重要的结论呼之欲出。一个受影响的总体家庭数为2,050万与另一个受影响的总家庭数为980万的差额（1,070万）告诉我们，在最低工资提高后，相比起低收入家庭，更多的高收入家庭获得福利。如果我们关注两个最低收入分组，即低于官方贫困线的家庭。表5.2（a）中的第一栏显示，在直接受影响的2,050万家庭中有430万官方贫困家庭。这样，在直接受影响的家庭总体中有1,620万（占79%）家庭在官方贫困线之上。这些简单的比较提供了实际证据，证实了一些学者对最低工资的观点。可见其对贫困家庭的支持并非十分精准的。

表5.2中的第三、四栏显示了模拟最低工资每小时提高1美元之前和之后的家庭综合性收入。第五栏显示了由于最低工资提高引起的综合 119
性收入的净变动。因此，第五栏对特定的家庭分组及收入分配的特定部分提供了最低工资影响的底线估计。注意第五栏提供的是净变化，是第六、九、十和十一栏显示了变化的综合结果。

第六栏中的最低工资直接影响可以认为是最低工资提高的总影响。由于最低工资提高的总影响而引起了第九、十和十一栏所显示的变动。第五栏中的美元数量是这些诱致性变化的综合净结果。第九栏显示了就业减少的逆效应，并且显示了这些效应的大小随着特定模拟所使用的弹性而变化。第九栏中的模拟1（表5.2）的逆效应为0，因为其使用的就业弹性就为0。第十栏显示了最低工资提高对从EITC政策中获得的福利的影响。最低工资提高所引起的EITC福利的变化对于个别家庭而言可能是正的也可能是负的。EITC支付表包含了一个倒U形福利变动曲线，具体情况要依据家庭状况、孩子数量和收入数量而定等。如果一个家庭处于EITC政策的逐步退出阶段，则最低工资提高会对EITC福利有负效应。然而，如果一个家庭收入极低并处于EITC的逐步进入阶段，则最低工资提高会对EITC福利有正效应。表5.2中的第十栏显示了特定分组的所有家庭的EITC福利的平均效应。总体而言，对于收入分配的极低组（组1）所引致的EITC

福利效应是正的，但是对于其他低收入家庭分组则是负的。第十一栏显示了随着最低工资每小时提高 1 美元引起收入递增时工资税的增长情况。

表 5.2 强调了两个重点结果。第一，表 5.2（a）中的第五栏显示，平均而言，当最低工资每小时提高 1 美元时直接受影响的低收入家庭综合性收入增加1,059美元。然而，当考虑所有低收入家庭时，表 5.2（b）显示了其综合性收入仅增加了 228 美元。第三章中的表 3.3 对这一巨大差异提出了解释，即 81.5% 的低收入家庭没有低薪工人。第二，表 5.2（d）中的五分位数及前 5% 数据表明，提高最低工资的福利分布于收入分配的不同部分。位于收入分配最低五分位数部分的家庭获得平均最高的福利为 218 美元，而位于收入分配最高五分位数部分的家庭仅获 93 美元。此外，位于收入分配前 5% 部分的家庭当最低工资每小时提高 1 美元时其综合性收入仅增加 64 美元。关于第二个结果的解释是，低薪工人分布于收入分配
120 各部分的家庭中。我们将在后续的最低工资政策与其他替代性劳动力市场政策的比较分析中，进一步讨论与最低工资提高相应的福利分配分析。

下面我们重点关注表 5.3 和表 5.4，其中分别显示了模拟 2d 和 5c 的结果。正如上面所解释的，模拟 5c 吸收了我们认为是有关八个不同低薪工人分组的系列弹性的最优估计。与之对比，模拟 2d 则是基于对非成年工人的单个弹性（$\varepsilon = -0.5$）的估计，这超出了很多实证估计的范围。与基于零就业弹性估计的表 5.2 相对比，表 5.3 和表 5.4 中的第九栏显示了最低工资每小时提高 1 美元时由于存在逆就业效应而使得综合性收入下降。这个负效应同时也影响了最低工资提高所引致的 EITC 福利和 FICA 税。

一旦考虑到逆就业效应，表 5.3 和表 5.4 中的综合性收入的增加与表 5.2 中所报告的结果相比就小得多了。从不同的模拟获得的最重要结论就是最低工资提高的影响只是产生了很小的综合性收入的差异。因此，当考虑逆就业效应时，我们没有发现证据表明最低工资提高使得处于收入分配后端的家庭福利变得更差。事实上，我们得到了相反的结论。对于所有模拟，2001 年最低工资的微小增长系统地提高了位于收入分配后

端的家庭的综合性收入。支撑这个结果的核心结论是，逆就业效应对位于收入分配后端的家庭的综合性收入仅有很小的影响。例如，在四组低收入家庭分组中，相比于模拟1（零就业弹性类），直接受影响的家庭在模拟2d中的综合性收入损失分别是：组1为38美元、组2为47美元、组3为50美元，组4为55美元。相比于模拟1，低收入家庭分组中直接受影响的家庭在模拟5c中的综合性收入损失有点不同，其平均损失在组1~4中分别为48美元、47美元、38美元和46美元。

就我们所阐述的直接受影响的低收入家庭而言，上述四个分组的任一组因最低工资提高所引起的逆就业效应的微小差异都不会超过7.4%。大致而言，低收入家庭分组中（所有四个分组的合并）直接受影响的家庭综合性收入在模拟2d中比模拟1中要少4.5%。而在模拟5c的最优估计中的综合性收入差异甚至更小，仅为4.1%。如果从所有家庭而不是直接受影响的低收入家庭来看，绝对值美元差异在模拟的每小时最低工资提高1美元的效应中甚至更小。图5.1和图5.2分别说明了这一点。图5.1描绘了 122
表5.2（b）、表5.3（b）、表5.4（b）中第五栏所有低收入家庭综合性收入的增长。图5.2对在表5.2（d）、表5.3（d）、表5.4（d）中的使用五分位数据的所有家庭显示了同样的信息。

表5.5和表5.6报告了三个等成本替代性劳动力市场政策的基本结果。表5.5显示未根据家庭规模和结构调整的家庭收入结果。表5.6显示了根据家庭规模和结构调整过的可比较估计结果，这一调整运用了美国官方贫困统计中隐含的奥桑斯基等价收入尺度。这两个表均显示了每一种政策对四个低收入分组、所有低收入分组的合并组、五分位数分组、收入前5%人口以及全部人口的影响。此外，每个表还总结了模拟1、模拟2d和模拟5c的结果。表5.5和表5.6的第一栏显示了各个分组/五分位数部分的人口比例，第二、三栏提供了各项替代性劳动力市场政策启动之前的条件平均现金和综合性收入。模拟1的结果显示在第四、五、六栏。模拟2d的结果显示在第七、八、九栏。模拟5c关于综合性收入的影响显示在表5.5

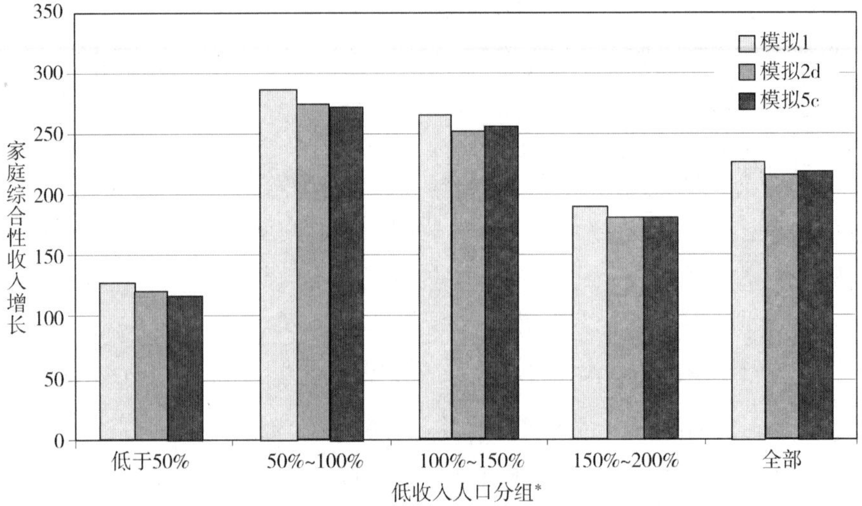

图 5.1　在三种就业弹性下，最低工资提高 1 美元时低收入家庭的综合性收入增长情况，2001 年

* 分组根据家庭收入相对于官方贫困线的情况划分。

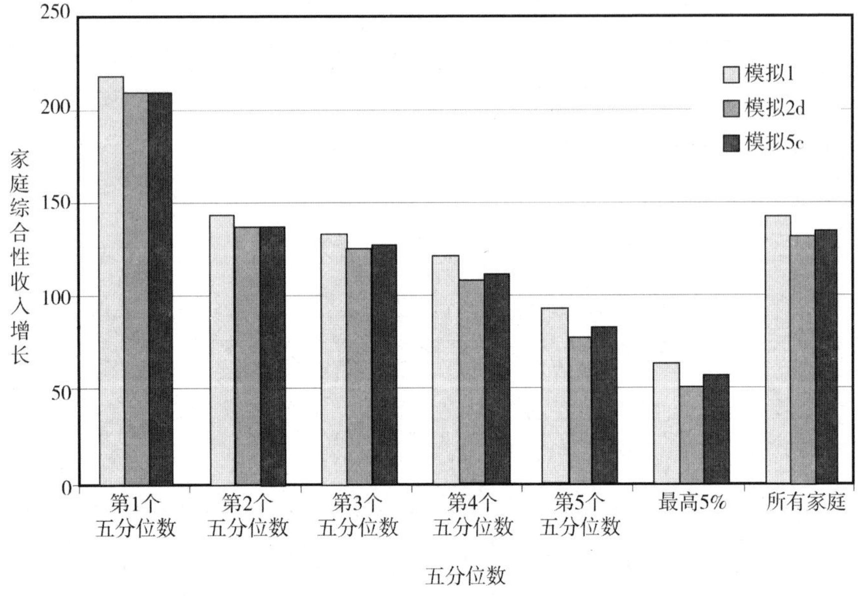

图 5.2　在三种就业弹性下，最低工资提高 1 美元时所有家庭的综合性收入增长情况，2001 年

和表 5.6 中的第十、十一和十二栏。

表 5.5 和表 5.6 中首先要强调的重点是显示在第四、五、六栏的最后一排数据。对于全部人口而言，表 5.5 的最后一排数据显示了，在各项替代性劳动力市场政策以及不同的就业弹性设定下，综合性收入的增长是一样的。这个等价正反映了被加入各项替代性劳动力市场政策模拟中的等成本假设。等成本假设在零弹性模拟中是显而易见的，并反映在表 5.5 中第四、五、六栏最后一排数据所显示的等量总体收入增长中。为获得这些收入增长，需要发生与之相等的牺牲或成本。正如上述第一节中所解释的，这些成本假设将以更高的产品价格形式转嫁出去。这里指出，在表 5.6 中，第四、五、六栏所显示的不同替代性劳动力市场政策下综合性收入增长是不一样的。这反映了不同家庭的规模和结构差异存在的事实。总之，我们即使在坚持考虑等成本政策下，也确实没有发现均等的总福利结果。此外，观察发现表 5.5 最后一排数据显示的模拟 2d 和模拟 5c 的福利结果也是不同的。这个结果反映了 EITC 政策和 FICA 税收减免政策被假定为对其配偶可获得更多 EITC 补贴或 FICA 税减免的工作夫妇的劳动供给负效应很小的事实。

审查表 5.5 和表 5.6 可以发现很多重要的结果。第一，对于每一个低收入分组，最低工资政策提供给个人及家庭的福利要一致地低于等成本的 EITC 政策。对于位于收入分配最后端的家庭而言，依据所设定的弹性不同，EITC 政策将以综合性收入形式比等成本最低工资政策要多提供大约 75% ~83% 的福利。对于组 2 中的低收入家庭（收入为官方贫困线的 125
50% ~100% 的家庭），差距甚至更显著。该组家庭从等成本 EITC 政策中获得的福利是提高最低工资所获得福利的两倍多。EITC 政策相对于最低工资政策产生较大的影响在于可以提供更多的福利，依据所设定的弹性不同，这个范围为 111% ~124%。对于弹性的最优估计（模拟 5c）而言，EITC 政策给组 2 家庭带来的福利要比提高最低工资政策的福利多 115%。对于组 3 家庭而言，EITC 政策提供的福利也要比提高最低工资政策提供的

表 5.5 替代性劳动力市场政策对家庭综合性收入的影响,2001

家庭收入分组[a]	人口比例[b]	现金收入	综合性收入	综合性收入的变化								
				模拟 1[c]			模拟 2d[d]			模拟 5c[e]		
				MW	EITC	FICA	MW	EITC	FICA	MW	EITC	FICA
	(1)	(2)	(3)	(4)	(5)	(6)	(7)	(8)	(9)	(10)	(11)	(12)
50% 以下	0.046	2,676	4,575	128	234	66	120	210	59	118	214	60
50% ~100%	0.079	9,571	11,455	286	642	249	274	578	225	273	588	229
100% ~150%	0.098	15,833	16,920	265	497	471	253	447	421	256	455	428
150% ~200%	0.095	22,728	22,442	191	219	771	182	199	683	183	202	694
全部	0.318	14,439	15,429	228	411	447	218	371	398	218	377	405
第 1 个五分位数	0.200	8,830	10,256	218	285	189	209	258	172	209	263	175
第 2 个五分位数	0.200	22,744	22,260	143	340	330	137	307	294	138	312	299
第 3 个五分位数	0.200	38,511	34,393	134	68	178	125	61	153	128	62	156
第 4 个五分位数	0.200	62,678	52,300	121	13	14	109	12	12	112	12	12
第 5 个五分位数	0.200	139,928	102,517	93	3	0	79	3	0	83	3	0
前 5%	0.050	248,961	171,219	64	2	0	52	2	0	56	2	0
全部人口	1.000	54,539	44,345	142	142	142	132	128	126	134	130	129

注释:加权当期人口调查数据

[a] 家庭收入分组根据奥桑斯基等价收入相对于官方贫困线的情况来定义。

[b] 所有家庭的比例。

[c] 模拟 1 假设低薪工人们及其妻子的就业弹性为 0。

[d] 模拟 2d 假设非成年工人就业弹性为极值。

[e] 模拟 5c 假设为弹性的最优估计,该弹性对大部分人口分组为负的,而对两个分组是正的(参见表 5.1)。

表 5.6　替代性劳动力市场政策对奥桑斯基综合等价收入的影响,2001

家庭收入分组[a]	人口比例[b]	现金收入	综合性收入	综合性收入的变化								
				模拟 1[c]			模拟 5c[e]			模拟 2d[d]		
				MW	EITC	FICA	MW	EITC	FICA	MW	EITC	FICA
	(1)	(2)	(3)	(4)	(5)	(6)	(7)	(8)	(9)	(10)	(11)	(12)
50% 以下	0.043	1,995	3,503	100	208	50	95	186	45	93	190	46
50% ~100%	0.070	7,081	8,613	213	584	204	205	525	183	205	534	186
100% ~150%	0.091	11,572	12,345	176	423	374	168	381	332	170	387	337
150% ~200%	0.093	16,138	15,902	136	173	574	128	156	505	130	159	513
全部	0.297	10,563	11,304	161	352	350	154	316	310	155	322	315
第 1 个五分位数	0.200	7,897	9,099	173	436	243	166	392	217	167	399	220
第 2 个五分位数	0.200	18,554	17,779	128	115	277	120	104	244	122	106	248
第 3 个五分位数	0.200	29,189	25,806	94	14	0	86	13	0	89	13	0
第 4 个五分位数	0.200	43,289	35,786	70	2	0	61	2	0	63	2	0
第 5 个五分位数	0.200	93,469	67,969	42	1	0	35	1	0	37	1	0
前 5%	0.050	165,209	113,124	33	0	0	29	0	0	30	0	0
全部人口	1.000	38,480	31,288	101	114	104	94	102	92	96	104	94

注释:加权当期人口调查数据

[a]家庭收入分组根据奥桑斯基等价收入相对于官方贫困线的情况来定义。

[b]所有家庭的比例。

[c]模拟 1 假设低薪工人们及其妻子的就业弹性为 0。

[d]模拟 2d 假设非成年工人就业弹性为极值。

[e]模拟 5c 假设为弹性的最优估计,该弹性对大部分人口分组为负的,而对两个分组是正的(参见表 5.1)。

福利多，依据特定的模拟和弹性设定，这个超量范围为77%～88%。在组4的低收入家庭（收入为官方贫困线的150%～200%的家庭）中，EITC政策相对于等成本最低工资提高政策的影响比前面几组更小一些，依据特定的模拟和弹性设定，这个范围大约为9%～15%。

表5.5和表5.6中，第二个重要结果是等成本EITC政策与FICA税减免政策对于收入分配后部家庭的分配影响极为不同。比较而言，EITC政策对于低于官方贫困线的组1和组2中的个人与家庭会提供较大的福利，而对收入在官方贫困线的100%～150%的组3家庭提供的福利只是稍多一点。然而，FICA税减免政策对于收入在官方贫困线的150%～200%的组4家庭会提供巨大的福利。对于组4家庭而言，FICA税减免政策要比EITC政策提供的福利多2.5到3.4倍。由此可见，FICA税减免政策精准定位于组4家庭，而对低于官方贫困线的家庭提供的福利较少。这里有必要指出，如果所有四个低收入分组联合起来，则EITC政策对综合性收入的影响要超过FICA税减免政策。因此，如果贫困线划在低收入分割点（两倍官方贫困线）上，则EITC政策既优于最低工资政策，也优于FICA税减免政策。

表5.5和表5.6中第三个结论就是，对于低于官方贫困线的家庭，最低工资政策比FICA税减免政策提供的福利要多。这个结果对于低收入人口的组1和组2中的个人与家庭均成立，并且对每个模拟都是有效的。关于表5.5和表5.6的第四个和最后的结论与五分位数据有关。很明显可以看出，最低工资政策的福利很大比例进入了收入分配最高三个五分位数分组的家庭和个人中。这与等成本EITC政策形成了鲜明对比。例如，对于未根据家庭规模和结构调整的家庭收入，表5.5显示有稍低于50%的最低工资政策福利流进了收入分配的上三个五分位数分组中的家庭，而与之相对的EITC政策福利仅有低于12%的部分进入了这些家庭。而对于收入根据家庭规模和结构调整的家庭，这个差距就更加显著。在表5.6的第四栏中，39%的最低工资政策福利进入了上三个五分位数分组中的家庭。然

126

而，在第五栏仅有不到3%的EITC福利进入上三个五分位数分组中的家庭中。在表5.5中，FICA税减免政策也提供了大量福利给收入分配的上三个五分位数分组中的家庭和个人。然而，这些福利与流进同一家庭的最低工资政策福利相比则小得多。表5.6显示一旦家庭收入根据家庭规模和结构调整之后，则几乎没有FICA福利进入上三个五分位数分组中的家庭中。我们指出这个结果是事先设计的；为符合FICA税减免政策资格，要求一个工人必须属于低收入家庭，且这个低收入家庭是由其奥桑斯基等价收入等于两倍官方贫困线来定义的。这样，所有低收入家庭都在下两个五分位数分组中，因而无FICA减免进入收入分配的上三个五分位数分组中的家庭中。

替代性劳动力市场政策对综合性收入的不同影响以图示形式展示在图5.3至图5.6中。条形图可以很容易地区分不同政策对收入分配不同部分的家庭收入的影响。 图5.3显示了三个政策对四个低收入分组中的个人以
及所有低收入人口的奥桑斯基等价综合性收入的影响。图5.4描绘了三个 129
政策对美国全部人口的奥桑斯基等价收入的影响情况。图5.5和图5.6分别显示了对低收入家庭以及全部家庭的影响情况。

三、三个等成本劳动力市场政策的替代性排序

替代性等成本劳动力市场政策对低收入个人及家庭明显具有不同的影响。位于收入分配后部的家庭和个人的福利差别是很明显的，这从表5.5和表5.6中的讨论以及图5.3至图5.6显示的影响状况可以一目了然。下三组低收入个人及家庭在等成本EITC政策下所获得的福利改善要好于在最低工资政策或FICA税减免政策下的情况。我们发现仅当在低收入分类的第4组（收入为官方贫困线的150%～200%的家庭），EITC政策所提供的综合性收入的福利要低于FICA政策的福利。然而，如果四个低收入分组合并在一起，此时表5.6显示EITC政策要优于FICA政策。这些结果的

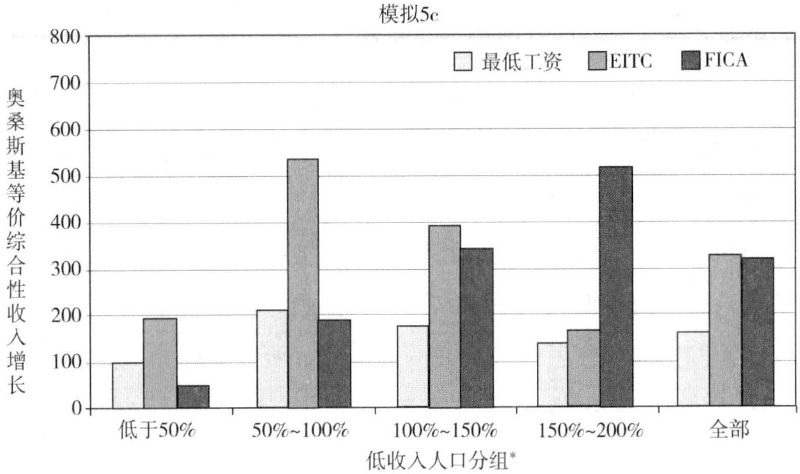

图5.3　替代性劳动力市场政策对低收入人口在不同分组下的奥桑斯基综合性等价收入的影响，2001 年

* 分组根据奥桑斯基等价收入相对于官方贫困线的情况划分。

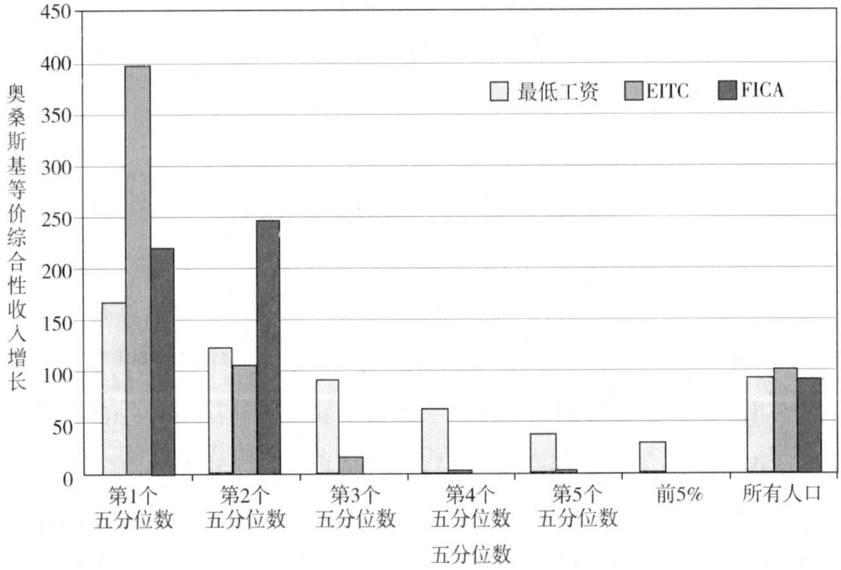

图5.4　替代性劳动力市场政策对按五等份人口分组下的奥桑斯基综合性等价收入的影响，2001 年

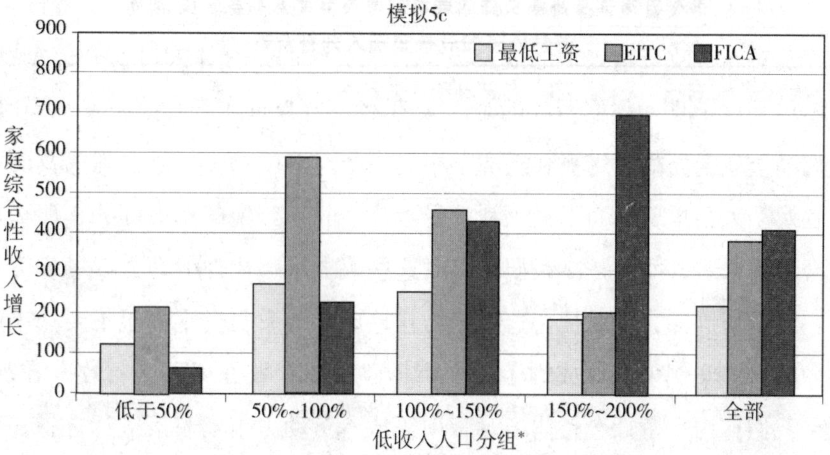

图 5.5 替代性劳动力市场政策对低收入人口不同分组下的家庭综合性收入的影响，2001 年

*分组定义为根据家庭收入相对于官方贫困线的情况划分。

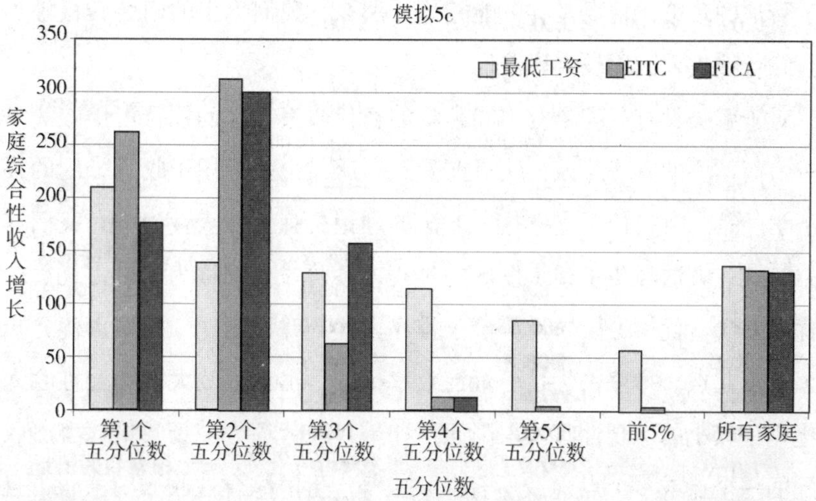

图 5.6 替代性劳动力市场政策对按五等份人口分组下的家庭综合性收入的影响，2001 年

含义是不言而喻的。如果政策制定者关心的仅是位于收入分配后部的个人及家庭，那么 EITC 政策无疑是上述三项替代性劳动力市场政策的胜出方，它在同等成本下提供的福利更多。

仅关注收入分配后部的家庭及个人的不足在于，政策制定者、普通公民以及对经济政策感兴趣的观察人士可能关注的是全体人口及全部家庭，而不仅是位于收入分配后部的个人及家庭。当考虑到所有家庭及个人时，我们马上就会面临应用福利经济学中的一个经典问题。如果福利惠及所有家庭及个人很重要，而不论福利接受者位于收入分配的哪一部分，那么从社会整体来看，问题是：我们可以对这些等成本替代性劳动力市场政策排序吗？众所周知，在对社会选择进行排序时，效率与公平都很重要。本研究中的研究案例采取等成本劳动力市场政策即有效处理了这一效率难题。如果我们作为一个社会整体来对三项等成本劳动力市场政策进行选择，我们将选择哪一项呢？很明显，选择某一项政策，主要是衡量一部分家庭综合性收入的潜在增长与其他家庭的综合性收入的潜在增长的情况。如果我们选择了一项政策，那么就有一些家庭受益，而另一些家庭受损，如果选择了其他的政策，情况又有可能相反。那么，我们提出的问题其核心难点是：综合性收入的增长应该给谁？

130 对于解决具有分配上的不同影响的替代政策排序问题，占优方法是一个有力而重要的方法。该方法目前受到广泛讨论并应用于收入分配的福利经济学。第二章讨论了支撑这一方法的理论文献及代表性论文。我们这里指出，这一方法经历了逐步发展的过程，各阶段分别称为一阶占优、二阶占优和三阶占优。一阶占优等价于排序占优，并且是任一类型占优分析提供了逻辑起点。排序占优是一个纯效率标准，本质上较大的综合性收入总是优先于较小的综合性收入。因此，如果一项劳动力市场政策在有序收入分配的一个点或多个点（或所有点）上都产生了综合性收入的增长，且没有在任一点上产生更少的收入，则该项政策排序占优于其他替代性劳动力市场政策。就这个占优而言，收入分配的应用福利经济学定理可以被援引来证明一阶占优政策同时也产生了更大的社会福利。然而，以前诸节中讨论的模拟结果意味着，收入分配不同部分上的不同综合性收入增长使得其不可能采用一阶占优标准来对替代性劳动力市场政策进行排序。

当不能运用属于纯效率标准的一阶占优对收入分配进行排序时，学者们通过假设社会的公平偏好对一类容许的福利函数设置了附加的限制。这通过在一阶占优的基础假设中增加转移支付的庇古—道尔顿原则得以成功实现。这样，当应用一阶占优不能对收入分配进行排序时，我们即可采取二阶占优排序标准，后者等价于广义洛伦兹占优。进一步地，当我们考虑等成本劳动力市场政策时，广义洛伦兹占优即为普通洛伦兹占优。由此来看，等成本假设及附加等成本的模拟与收入中性税收改革几乎一样，其中有关收入分配手段被强制设计为一样的。[52]在这些条件下，就可以运用开始的阿特金森（1970）和科尔姆（1969）洛伦兹占优定理对替代性劳动力市场政策进行福利比较。这一结果得以成立是因为当感兴趣的收入分配手段都一样时，洛伦兹占优等价于广义洛伦兹占优，并且二者均是二阶占优。

表 5. 5 和表 5. 6 中的信息可用于估计洛伦兹比重曲线纵坐标，这一坐标用于描述表 5. 7 和表 5. 8 报告的替代性劳动力市场政策产生的综合性收入增
长分布。对于奥桑斯基等价收入而言，表 5. 6 让我们能够在表 5. 7 报告的收 132
入分配的 9 个点上估计洛伦兹纵坐标。对于家庭而言，表 5. 5 让我们能够在收入分配的 5 个点上估计综合性收入增长的洛伦兹比重曲线纵坐标。

关于洛伦兹曲线及相关的称为比重曲线的概念，简单解释就是按顺序。通常的洛伦兹曲线是基于累积排序收入（即由低到高排序的收入）而得到的。所以，正如图 2. 1（b）所示的，洛伦兹曲线从下面来看必然是凸的且是正向倾斜的。然而，本章所关注的是相应于替代性劳动力市场政策的综合性收入的增长。这些增长的收入是组织有序的，并系统地与政策模拟之前的排序收入分配相关。思考替代性劳动力市场政策所产生的综合性收入增长的一种方式，就是它们提供了收入分配中的边际变化。表 5. 7 和表 5. 8 显示了收入分配中不同点上的综合性收入的边际增长的累计比重。在有关收入分配的应用福利经济学的科学文献中，表 5. 7 和表 5. 8 显示了比重曲线的纵坐标，而不是洛伦兹曲线。[53]然而，综合性收入边际增长的累计比重类似于常规洛伦兹曲线，在这里我们称之为洛伦兹比重曲线纵坐标。

表 5.7　由替代性及等成本劳动力市场政策引致奥桑斯基综合等价收入增长的洛伦兹比重纵坐标

累积人口比重[a]	洛伦兹纵坐标—综合性收入增长的累计比重								
	模拟 1			模拟 2d			模拟 5c		
	MW	EITC	FICA	MW	EITC	FICA	MW	EITC	FICA
(1)	(2)	(3)	(4)	(5)	(6)	(7)	(8)	(9)	(10)
0.043	0.042	0.079	0.021	0.044	0.078	0.021	0.042	0.078	0.021
0.113	0.190	0.439	0.158	0.197	0.438	0.160	0.192	0.438	0.161
0.200	0.341	0.768	0.467	0.355	0.766	0.471	0.349	0.766	0.470
0.204	0.347	0.778	0.485	0.360	0.776	0.487	0.354	0.775	0.488
0.297	0.473	0.920	1.000	0.488	0.918	0.999	0.481	0.918	0.999
0.400	0.594	0.970	1.000	0.611	0.969	1.000	0.605	0.969	1.000
0.600	0.779	0.995	1.000	0.795	0.994	1.000	0.791	0.994	1.000
0.800	0.917	0.998	1.000	0.925	0.998	1.000	0.923	0.998	1.000
0.950	0.984	1.000	1.000	0.985	1.000	1.000	0.984	1.000	1.000
1.000	1.000	1.000	1.000	1.000	1.000	1.000	1.000	1.000	1.000

[a] 本表中的累积人口和收入比重根据表 5.6 中的收入及其比例得到。

表 5.8　由替代性及等成本劳动力市场政策引致家庭综合性收入增长的洛伦兹比重纵坐标

累积人口比重[a]	洛伦兹纵坐标—综合性收入增长的累计比重								
	模拟 1			模拟 2d			模拟 5c		
	MW	EITC	FICA	MW	EITC	FICA	MW	EITC	FICA
(1)	(2)	(3)	(4)	(5)	(6)	(7)	(8)	(9)	(10)
0.200	0.307	0.402	0.266	0.317	0.402	0.273	0.312	0.403	0.273
0.400	0.509	0.882	0.730	0.525	0.881	0.739	0.518	0.882	0.738
0.600	0.698	0.977	0.980	0.715	0.977	0.981	0.709	0.977	0.981
0.800	0.869	0.996	1.000	0.880	0.995	1.000	0.876	0.995	1.000
0.950	0.977	0.999	1.000	0.980	0.999	1.000	0.979	0.999	1.000
1.000	1.000	1.000	1.000	1.000	1.000	1.000	1.000	1.000	1.000

[a] 本表中的累积人口和收入比重根据表 5.5 中的收入及其比例得到。

常规洛伦兹曲线与这里分析的洛伦兹比重曲线的关键差异有必要强调一下。普通洛伦兹曲线总是位于代表完全平等的45度对角线之下，并如前文所述，从下面来看必然是凸的且是正向倾斜的。而比重曲线并非如此，它们可能在对角线之下，也可能在对角线之上或者与对角线交叉。此外，从下面来看它们可能是凸的或者是凹的。我们在图 5.7 和图 5.8 的辅助下可以解释这些不同形状的含义，这些图运用表 5.7 和表 5.8 中模拟 5c 的数据描绘了洛伦兹比重纵坐标的情况。除了显示综合性收入增长分布的洛伦兹比重曲线外，图 5.7 和图 5.8 还描绘了显示综合性收入分布状况的洛伦兹曲线。常规洛伦兹曲线可被视为是一条参考线，正如 45 度线可以诠释显示了选择替代性劳动力市场政策的分配结果的洛伦兹比重曲线的行为与状态。

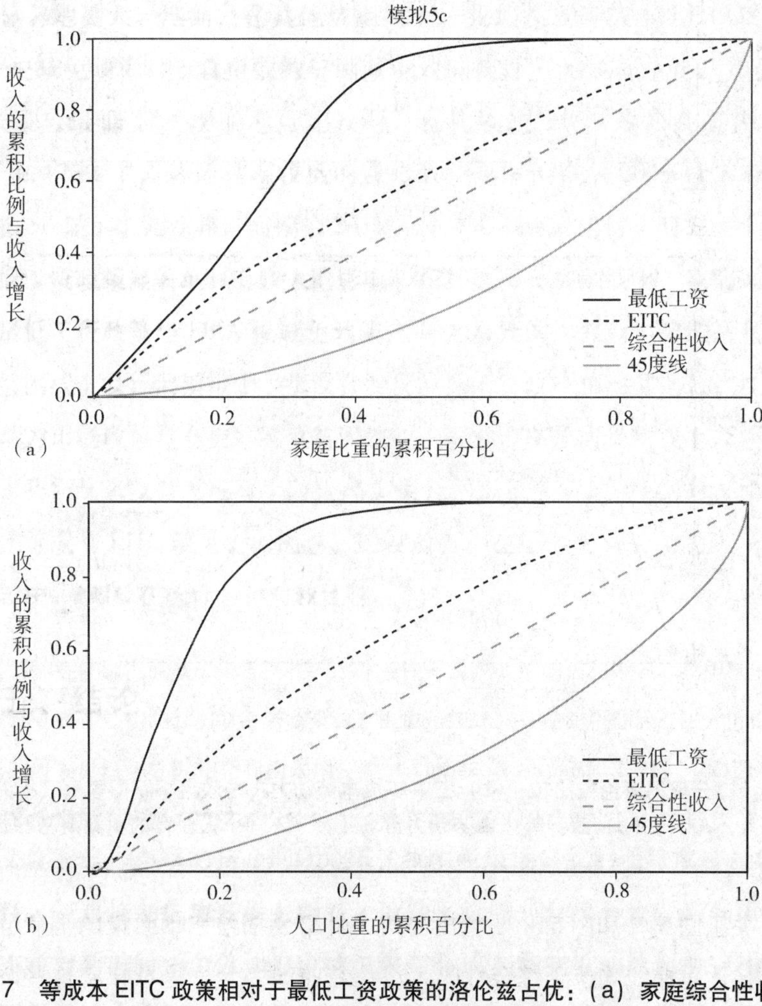

图 5.7　等成本 EITC 政策相对于最低工资政策的洛伦兹占优：(a) 家庭综合性收入，2001；(b) 个人奥桑斯基综合性等价收入，2001

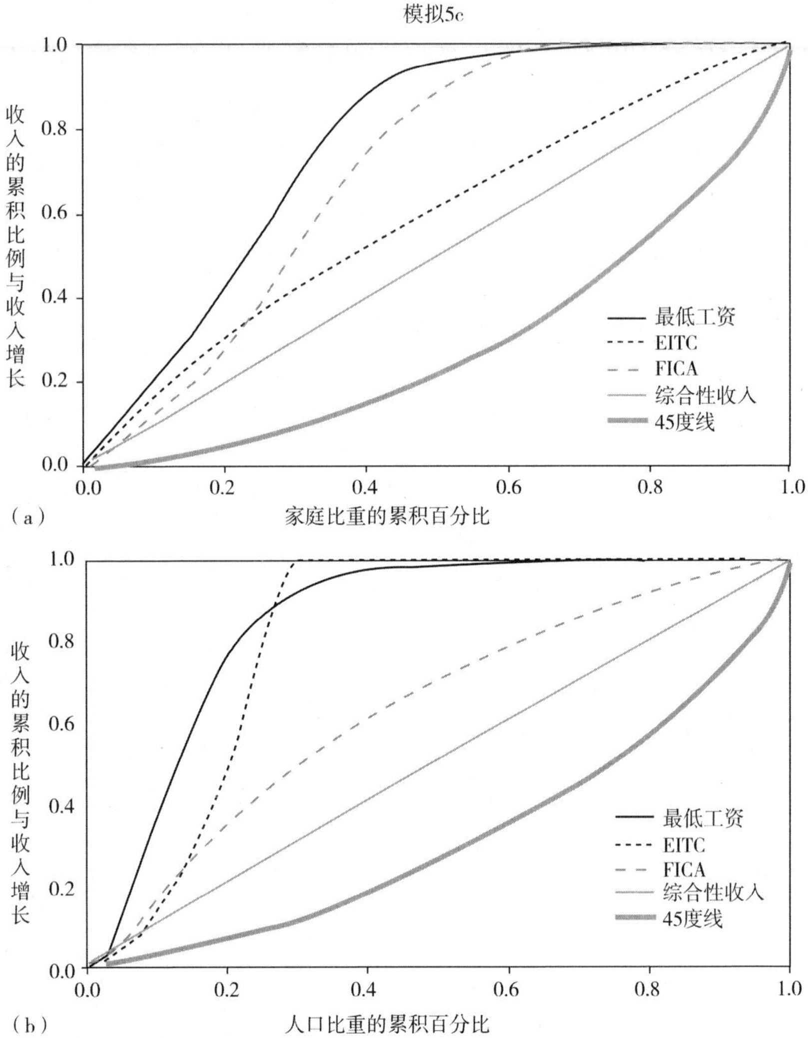

图 5.8　分配的洛伦兹比较：(a) 三种等成本劳动力市场政策下不同家庭获得的综合性收入，2001；(b) 三种等成本劳动力市场政策下不同个人获得的奥桑斯基等价综合性收入，2001

关于图 5.7 和图 5.8 要指出的第一件事是描绘三项政策的福利分配的洛伦兹比重曲线均位于综合性收入洛伦兹曲线之上。这意味着这些政策在均等化收入分配的趋势上是积极的。如果一项政策的洛伦兹比重曲线位于
135 综合性收入洛伦兹曲线之下，说明在一定意义上它是消极的，即它使得收

入分配后部的家庭获得福利的比例小于其收入比例。第二，图 5.7 和图 5.8 中有关家庭福利分配的洛伦兹比重曲线均位于45 度对角线之上。如果每个家庭获得相等比例的福利，则福利的洛伦兹比重曲线正好与45 度对角线重合。当一个洛伦兹比重曲线位于对角线之上，正如每一个替代性政策的曲线一样，那么收入分配后部的家庭获得福利比例按比例要大于所有家庭获得的福利比例。这意味着这些政策不仅是积极的，而且他们高度实现了均等化，可以被称为是超级积极的。第三，图 5.8（b）中 FICA 政策的洛伦兹比重曲线在收入分配的极后部分位于45 度线之下，并且随后穿过了对角线。这意味着对于奥桑斯基等价收入和个人而言，FICA 政策在个人收入分配的后部并不是超级积极的。然而，图 5.8 中的 FICA 洛伦兹比重曲线仍然位于综合性收入洛伦兹曲线的上方，因此我们认为在这个范围 FICA 政策不是消极的。

为进行占优评估，我们采取配对比较每一项替代性劳动力市场政策对个人及家庭的综合性收入的边际影响。在图 5.7 中，一项重要的政策结论清晰可见，那就是等成本 EITC 政策洛伦兹占优于最低工资政策。这个结论源自表 5.7 和表 5.8 中等成本 EITC 政策的洛伦兹比重曲线纵坐标大于最低工资政策的这一事实。这个结果同时对个人及家庭以及对模拟 1、2d 和 5c 都成立。这个占优显示在图 5.7（a）和图 5.7（b）中，并在模拟 5c 中，EITC 政策洛伦兹比重曲线在每一点都位于 FICA 政策洛伦兹比重曲线之上。应用阿特金森（1970）和科尔姆（1969）洛伦兹占优定理可以得到结论：等成本 EITC 政策所得福利要大于每小时提高 1 美元的最低工资政策。

第二个结论在图 5.8 中也明显可见。FICA 政策的洛伦兹比重曲线既与 EITC 政策的洛伦兹比重曲线相交，又与最低工资政策的洛伦兹比重曲线相交。这意味着当与 EITC 政策或最低工资政策相比较时，FICA 税减免政策是难以排序的。因此，采取二阶占优福利标准对 FICA 政策与 EITC 政策进行比较，或 FICA 政策与最低工资政策进行比较时，均得不到任何福利结论。

正如第二章所解释的，当洛伦兹曲线或广义洛伦兹曲线发生图 5.8 中的交叉时，可以通过增加一个更强约束的假设来对分配进行排序。科尔姆（1976）提出了一个直观上很有吸引力的公理，被称为“减少转移支付原
136 理”，可使我们应用三阶占优排序标准。支持科尔姆观点的基本思想可以总结在下述定理中：转移支付一个收入增量，例如 Δ，从一个高收入者转移到处于收入分配后部的较低收入接受者所获得的福利增量（减少不平等），要大于这个 Δ 转移支付从一个高收入者转移到处于收入分配前部的较低收入接受者所获得的福利增量。如果我们接受这个定理，那么我们就可能应用三阶占优排序标准对等成本替代性劳动力市场政策形成的收入分配进行排序。事实正是如此。将三阶占优算法应用到表 5.7 和表 5.8 中的数据，结果显示了依据三阶占优，EITC 政策占优于 FICA 政策。这个占优排序对于不同的模拟都一致地成立，并且可以同时应用于奥桑斯基等价收入个人以及家庭等。因此，如果科尔姆的减少转移支付原理被接受的话，在 EITC 政策下的社会福利要大于等成本 FICA 政策下的社会福利。

在使用三阶占优分析时，等成本 EITC 政策相较于 FICA 政策排序为较优。然而，我们发现等成本 FICA 政策与每小时提高 1 美元的最低工资政策相比较时，就不能运用三阶占优标准进行排序。在图 5.8 的辅助下，这些结果的直观依据很容易解释。注意在收入分配的后部，等成本 EITC 政策要比 FICA 政策更趋公平化，也就是在收入分配的后部，EITC 政策洛伦兹比重曲线位于 FICA 政策洛伦兹比重曲线之上。在收入分配的后部，占优对于三阶占优而言是必要而不是充分条件。现在比较图 5.8 中的等成本 FICA 政策洛伦兹比重曲线和最低工资政策的洛伦兹比重曲线，发现在收入分配后部，最低工资政策占优于等成本 FICA 政策。所以，FICA 政策不满足三阶占优或更高阶占优的必要条件。

总结本部分，我们强调对于所有的模拟以及家庭及个人而言，等成本 EITC 政策都洛伦兹占优于最低工资政策。此外，等成本 EITC 政策对于所

有的模拟以及家庭及个人而言，都三阶占优于FICA政策。基于占优的排序被认为是“一致同意的”，这意味着接受、支持该方法的公理和假设的所有学者及政策制定者都一定同意这个排序。因此，如果接受占优排序方法，那么基于2001年年度当期人口调查数据，等成本EITC政策当与FICA政策或每小时提高1美元的最低工资政策相比较时，必然会被判断为更优的。本章的最后一节探讨替代性政策的另一面，即考察它们对分配敏感性贫困测度的影响。

四、替代性劳动力市场政策对贫困的分配敏感性测度的影响 137

本节运用替代性劳动力市场政策和当期人口调查数据的模拟来估计贫困的分配敏感性森指数，这在第二章中有所讨论。当期人口调查数据是基于家庭户的抽样调查，因而会带有抽样误差。让我们很感兴趣的是，探讨两个重要的有关替代性劳动力市场政策对贫困的可观察影响的问题。第一，就是等成本劳动力市场政策对贫困是否有统计上显著的影响？第二，在配对比较中，这些可观察的替代性政策的脱贫效应差异是否有显著的不同？第一个问题问的是，对每一项替代性政策，“无差异”的原假设是否可以拒绝。例如，当最低工资每小时提高1美元时观察到的脱贫效应是显著的，还是它只是一个可以用抽样误差解释的幻觉呢？与之对比，第二个问题是，关于等成本EITC政策和最低工资政策对贫困的影响比较时，是否可以拒绝无差异的原假设。

第二章解释并举例说明了贫困的比较是如何对分析中所选定的特定贫困线敏感的。本节我们将继续关注第三章定义的低收入人口，但是要划定和分析7类不同的贫困线。这一组贫困线使得我们可以判断和比较有关替代性劳动力市场政策的统计推断的敏感性。这7类贫困线通过以官方贫困门槛的分数或倍数形式来构建。我们首先设定一条贫困线为官方贫困门槛的 100%，然后设定四条较高的贫困线，分别等于官方贫困线的 125%、150%、175% 和 200%。其中 200% 的这条贫困线包含了所有低收入人口。此外，我们设定两条较低的贫困线，分别为官方贫困线的 75% 和 50%。

对于 7 条贫困线，我们都估计并报告森指数及其构成——贫困人口的发生率、贫困人口收入差距率和贫困人口基尼系数。此外，估计是为三个模拟以及三项替代性等成本劳动力市场政策做出的。表 5.9 ~ 表 5.11 报告了模拟 1、模拟 2d 以及最优估计模拟 5c 的基本结果。表 5.9 ~ 表 5.11 同时报告了现金和综合性收入的结果。然而，对于三项替代性劳动力市场政策，仅报告了奥桑斯基等价综合性收入的贫困测度结果。[54]图 5.9 使用第二
139 章讨论的贫困值曲线描绘了表 5.11 第一、二栏中报告的现金和综合性收入贫困测度的两个关键差异。在图 5.9（a）中，在所有贫困线定义下综合性收入森指数均在现金收入森指数之下。这意味着，使用综合性收入测度的贫困无论考虑哪一种贫困线下都是较低的。然而，在图 5.9（b）中的发生率贫困值曲线在接近贫困线的 150% 处交叉。这意味着，贫困人口数在使
141 用综合性收入测度并设定贫困线在 175% ~200% 之间时较大，而贫困线设定在 150% 以下就较小。在这个交叉点以下的低收入家庭从政府转移支付、收入抵税额以及住宅产权收益的隐性收入等所获得的非现金福利要大于其支付的直接税。然而，在这个交叉点以上的家庭其支付的直接税就多于他们所获得的非现金福利。

143 最终，表 5.9 ~ 表 5.11 中的标准差将用于实施统计检验，但是我们一开始将抽样误差问题搁置一边而关注在不同贫困线下森指数的差异，同时假设劳动力市场政策的失业效应为 0（模拟 1）以及这些效应反映了我们的最优估计（模拟 5c）。显示这些差异的描述性统计总结在表 5.12 中。在
144 所有的贫困线下，EITC 政策的脱贫效应看起来都要比最低工资政策大。然而，在模拟 5c 中，不论是 EITC 政策还是最低工资政策的效应都对贫困的影响较小，其中相对于假设失业效应为 0 的模拟 1，模拟 5c 中存在失业效
145 应。表 5.12（c）显示了贫困影响的差异在贫困线划定在 50% 和 75% 之间

表 5.9 在现金收入、综合性收入以及三项等成本劳动力市场政策的综合性收入测度下各替代贫困线的贫困估计[a]

	现金收入测度（1）	综合性收入测度（2）	在三项等成本劳动力市场政策模拟下综合性收入测度		
			最低工资（3）	EITC（4）	FICA（5）
（a）贫困门槛等于官方贫困线的 100%					
森指数	0.0697	0.0509	0.0488	0.047	0.0489
	（0.00050）	（0.00042）	（0.00042）	（0.00041）	（0.00042）
发生率	0.1131	0.0917	0.0873	0.0821	0.0866
	（0.00068）	（0.00062）	（0.00061）	（0.00059）	（0.00061）
收入差距率	0.4411	0.3883	0.3914	0.4012	0.397
	（0.00198）	（0.00211）	（0.00218）	（0.00228）	（0.00218）
贫困人口基尼系数	0.3136	0.2714	0.2757	0.2848	0.2782
	（0.00193）	（0.00194）	（0.00202）	（0.00210）	（0.00202）
（b）贫困门槛等于官方贫困线的 125%					
森指数	0.093	0.0742	0.0714	0.0682	0.0708
	（0.00056）	（0.00049）	（0.00048）	（0.00048）	（0.00048）
发生率	0.1569	0.1443	0.1396	0.1314	0.136
	（0.00079）	（0.00076）	（0.00075）	（0.00073）	（0.00074）
收入差距率	0.4258	0.3602	0.3573	0.3619	0.3646
	（0.00160）	（0.00157）	（0.00161）	（0.00168）	（0.00164）
贫困人口基尼系数	0.2909	0.2402	0.2404	0.2465	0.246
	（0.00151）	（0.00141）	（0.00145）	（0.00152）	（0.00148）
（c）贫困门槛等于官方贫困线的 150%					
森指数	0.1187	0.1017	0.0986	0.0952	0.0966
	（0.00061）	（0.00055）	（0.00054）	（0.00054）	（0.00054）
发生率	0.204	0.2023	0.1985	0.1939	0.1907
	（0.00087）	（0.00087）	（0.00086）	（0.00085）	（0.00085）
收入差距率	0.4204	0.3566	0.3512	0.3435	0.3581
	（0.00136）	（0.00126）	（0.00127）	（0.00131）	（0.00132）
贫困人口基尼系数	0.2788	0.2269	0.2245	0.2248	0.2315
	（0.00125）	（0.00111）	（0.00113）	（0.00116）	（0.00116）
（d）贫困门槛等于官方贫困线的 175%					
森指数	0.1455	0.1323	0.129	0.1255	0.126
	（0.00065）	（0.00060）	（0.00059）	（0.00059）	（0.00059）
发生率	0.2505	0.2622	0.259	0.2566	0.2502
	（0.00094）	（0.00095）	（0.00095）	（0.00094）	（0.00094）

续表

	现金收入测度（1）	综合性收入测度（2）	在三项等成本劳动力市场政策模拟下综合性收入测度		
			最低工资（3）	EITC（4）	FICA（5）
收入差距率	0.4228	0.3624	0.3568	0.3477	0.3588
	(0.00120)	(0.00107)	(0.00107)	(0.00108)	(0.00111)
贫困人口基尼系数	0.2739	0.2231	0.2198	0.2166	0.2257
	(0.00107)	(0.00092)	(0.00093)	(0.00095)	(0.00095)
(e) 贫困门槛等于官方贫困线的200%					
森指数	0.1733	0.1651	0.1617	0.1586	0.1599
	(0.00069)	(0.00064)	(0.00063)	(0.00063)	(0.00064)
发生率	0.2973	0.3228	0.3198	0.3207	0.3203
	(0.00099)	(0.00101)	(0.00101)	(0.00101)	(0.00101)
收入差距率	0.4268	0.371	0.3659	0.356	0.3568
	(0.00108)	(0.00095)	(0.00095)	(0.00094)	(0.00097)
贫困人口基尼系数	0.2724	0.2236	0.2202	0.2152	0.2214
	(0.00095)	(0.00079)	(0.00080)	(0.00080)	(0.00080)
(f) 贫困门槛等于官方贫困线的50%					
森指数	0.0327	0.0209	0.0203	0.0202	0.0206
	(0.00037)	(0.00029)	(0.00029)	(0.00028)	(0.00029)
发生率	0.429	0.0293	0.0282	0.028	0.0287
	(0.00044)	(0.00036)	(0.00036)	(0.00036)	(0.00036)
收入差距率	0.5669	0.5259	0.5343	0.534	0.5297
	(0.00355)	(0.00411)	(0.00418)	(0.00422)	(0.00415)
贫困人口基尼系数	0.4506	0.3951	0.4017	0.4035	0.3979
	(0.00373)	(0.00408)	(0.00418)	(0.00421)	(0.00414)
(g) 贫困门槛等于官方贫困线的75%					
森指数	0.0494	0.0332	0.032	0.0313	0.0324
	(0.00044)	(0.00035)	(0.00035)	(0.00035)	(0.00035)
发生率	0.0742	0.0529	0.0503	0.0487	0.051
	(0.00057)	(0.00048)	(0.00047)	(0.00046)	(0.00048)
收入差距率	0.4774	0.4466	0.4543	0.4617	0.4534
	(0.00262)	(0.00297)	(0.00306)	(0.00312)	(0.00303)
贫困人口基尼系数	0.361	0.3268	0.3333	0.3388	0.3319
	(0.00260)	(0.00279)	(0.00289)	(0.00295)	(0.00285)

注意：模拟1——零就业弹性。

[a]( ) 中的数字为标准差。

表 5.10 在现金收入、综合性收入以及三项等成本劳动力市场政策的综合性收入下各替代贫困线的贫困估计[a]

	现金收入测度（1）	综合性收入测度（2）	在三项等成本劳动力市场政策模拟下综合性收入测度		
			最低工资（3）	EITC（4）	FICA（5）
（a）贫困门槛等于官方贫困线的 100%					
森指数	0.0697	0.0509	0.0489	0.0473	0.0491
	(0.00050)	(0.00042)	(0.00042)	(0.00041)	(0.00042)
发生率	0.1131	0.0917	0.0874	0.083	0.0873
	(0.00068)	(0.00062)	(0.00061)	(0.00060)	(0.00061)
收入差距率	0.4411	0.3883	0.3914	0.4	0.3953
	(0.00198)	(0.00211)	(0.00218)	(0.00226)	(0.00218)
贫困人口基尼系数	0.3136	0.2714	0.2758	0.2835	0.2774
	(0.00193)	(0.00194)	(0.00201)	(0.00209)	(0.00201)
（b）贫困门槛等于官方贫困线的 125%					
森指数	0.093	0.0742	0.0716	0.0688	0.0711
	(0.00056)	(0.00049)	(0.00048)	(0.00048)	(0.00048)
发生率	0.1569	0.1443	0.1398	0.1326	0.1366
	(0.00079)	(0.00076)	(0.00075)	(0.00073)	(0.00074)
收入差距率	0.4258	0.3602	0.3574	0.3616	0.3645
	(0.00160)	(0.00157)	(0.00161)	(0.00167)	(0.00163)
贫困人口基尼系数	0.2909	0.2402	0.2404	0.2457	0.2454
	(0.00151)	(0.00141)	(0.00145)	(0.00151)	(0.00147)
（c）贫困门槛等于官方贫困线的 150%					
森指数	0.11870	0.1017	0.0988	0.0958	0.0972
	(0.00061)	(0.00055)	(0.00054)	(0.00054)	(0.00054)
发生率	0.204	0.2023	0.1987	0.1948	0.192
	(0.00087)	(0.00087)	(0.00086)	(0.00086)	(0.00085)
收入差距率	0.4204	0.3566	0.3513	0.3447	0.3577
	(0.00136)	(0.00126)	(0.00127)	(0.00130)	(0.00131)
贫困人口基尼系数	0.2788	0.2269	0.2246	0.2249	0.2309
	(0.00125)	(0.00111)	(0.00113)	(0.00115)	(0.00115)
（d）贫困门槛等于官方贫困线的 175%					
森指数	0.1455	0.1323	0.1292	0.1262	0.1267
	(0.00065)	(0.00060)	(0.00059)	(0.00059)	(0.00059)
发生率	0.2505	0.2622	0.2591	0.2572	0.2517
	(0.00094)	(0.00095)	(0.00095)	(0.00094)	(0.00094)

续表

	现金收入测度（1）	综合性收入测度（2）	在三项等成本劳动力市场政策模拟下综合性收入测度		
			最低工资（3）	EITC（4）	FICA（5）
收入差距率	0.4228	0.3624	0.357	0.3491	0.3588
	(0.00120)	(0.00107)	(0.00107)	(0.00108)	(0.00111)
贫困人口基尼系数	0.2739	0.2231	0.2199	0.2172	0.2252
	(0.00107)	(0.00092)	(0.00093)	(0.00094)	(0.00095)
(e) 贫困门槛等于官方贫困线的200%					
森指数	0.1733	0.1651	0.1618	0.1593	0.1605
	(0.00069)	(0.00064)	(0.00064)	(0.00063)	(0.00064)
发生率	0.2973	0.3228	0.32	0.321	0.3209
	(0.00099)	(0.00101)	(0.00101)	(0.00101)	(0.00101)
收入差距率	0.4268	0.371	0.3661	0.3575	0.3581
	(0.00108)	(0.00095)	(0.00095)	(0.00094)	(0.00096)
贫困人口基尼系数	0.2724	0.2236	0.2203	0.2159	0.2215
	(0.00095)	(0.00079)	(0.00080)	(0.00080)	(0.00080)
(f) 贫困门槛等于官方贫困线的50%					
森指数	0.0327	0.0209	0.0204	0.0203	0.0206
	(0.00037)	(0.00029)	(0.00029)	(0.00029)	(0.00029)
发生率	0.429	0.0293	0.0284	0.0281	0.0287
	(0.00044)	(0.00036)	(0.00036)	(0.00036)	(0.00036)
收入差距率	0.5669	0.5259	0.5352	0.533	0.5293
	(0.00355)	(0.00411)	(0.00418)	(0.00421)	(0.00414)
贫困人口基尼系数	0.4506	0.3951	0.4008	0.4027	0.3976
	(0.00373)	(0.00408)	(0.00416)	(0.00420)	(0.00413)
(g) 贫困门槛等于官方贫困线的75%					
森指数	0.0494	0.0332	0.0321	0.0315	0.0324
	(0.00044)	(0.00035)	(0.00035)	(0.00035)	(0.00035)
发生率	0.0742	0.0529	0.0505	0.0489	0.0512
	(0.00057)	(0.00048)	(0.00047)	(0.00047)	(0.00048)
收入差距率	0.4774	0.4466	0.4539	0.4613	0.4527
	(0.00262)	(0.00297)	(0.00306)	(0.00310)	(0.00303)
贫困人口基尼系数	0.361	0.3268	0.3332	0.3381	0.3314
	(0.00260)	(0.00279)	(0.00288)	(0.00294)	(0.00285)

注意：模拟2d——非成年人就业弹性为极端就业。

[a]() 中的数字为标准差。

表 5.11　在现金收入、综合性收入以及三项等成本劳动力市场政策的综合性收入下各替代贫困线的贫困估计[a]

	现金收入测度（1）	综合性收入测度（2）	在三项等成本劳动力市场政策模拟下综合性收入测度		
			最低工资（3）	EITC（4）	FICA（5）
（a）贫困门槛等于官方贫困线的 100%					
森指数	0.0697	0.0509	0.0489	0.0472	0.0491
	（0.00050）	（0.00042）	（0.00042）	（0.00041）	（0.00042）
发生率	0.1131	0.0917	0.0874	0.0828	0.0872
	（0.00068）	（0.00062）	（0.00061）	（0.00060）	（0.00061）
收入差距率	0.4411	0.3883	0.3917	0.4003	0.3956
	（0.00198）	（0.00211）	（0.00218）	（0.00226）	（0.00218）
贫困人口基尼系数	0.3136	0.2714	0.2759	0.2837	0.2775
	（0.00193）	（0.00194）	（0.00202）	（0.00209）	（0.00201）
（b）贫困门槛等于官方贫困线的 125%					
森指数	0.093	0.0742	0.0716	0.0687	0.0711
	（0.00056）	（0.00049）	（0.00048）	（0.00048）	（0.00048）
发生率	0.1569	0.1443	0.1398	0.1325	0.1366
	（0.00079）	（0.00076）	（0.00075）	（0.00073）	（0.00074）
收入差距率	0.4258	0.3602	0.3575	0.3614	0.3644
	（0.00160）	（0.00157）	（0.00161）	（0.00167）	（0.00163）
贫困人口基尼系数	0.2909	0.2402	0.2405	0.2458	0.2455
	（0.00151）	（0.00141）	（0.00145）	（0.00151）	（0.00147）
（c）贫困门槛等于官方贫困线的 150%					
森指数	0.1187	0.1017	0.0988	0.0958	0.0971
	（0.00061）	（0.00055）	（0.00054）	（0.00054）	（0.00054）
发生率	0.204	0.2023	0.1987	0.1947	0.1919
	（0.00087）	（0.00087）	（0.00086）	（0.00086）	（0.00085）
收入差距率	0.4204	0.3566	0.3514	0.3444	0.3576
	（0.00136）	（0.00126）	（0.00127）	（0.00130）	（0.00131）
贫困人口基尼系数	0.2788	0.2269	0.2247	0.2249	0.231
	（0.00125）	（0.00111）	（0.00113）	（0.00115）	（0.00115）
（d）贫困门槛等于官方贫困线的 175%					
森指数	0.1455	0.1323	0.1291	0.1261	0.1266
	（0.00065）	（0.00060）	（0.00059）	（0.00059）	（0.00059）
发生率	0.2505	0.2622	0.2591	0.2571	0.2517
	（0.00094）	（0.00095）	（0.00095）	（0.00094）	（0.00094）

续表

	现金收入测度（1）	综合性收入测度（2）	在三项等成本劳动力市场政策模拟下综合性收入测度		
			最低工资（3）	EITC（4）	FICA（5）
收入差距率	0.4228 （0.00120）	0.3624 （0.00107）	0.3571 （0.00107）	0.3489 （0.00108）	0.3586 （0.00111）
贫困人口基尼系数	0.2739 （0.00107）	0.2231 （0.00092）	0.22 （0.00093）	0.2171 （0.00094）	0.2253 （0.00095）
（e）贫困门槛等于官方贫困线的200%					
森指数	0.1733 （0.00069）	0.1651 （0.00064）	0.1618 （0.00064）	0.1592 （0.00063）	0.1604 （0.00064）
发生率	0.2973 （0.00099）	0.3228 （0.00101）	0.3199 （0.00101）	0.3209 （0.00101）	0.3208 （0.00101）
收入差距率	0.4268 （0.00108）	0.371 （0.00095）	0.3661 （0.00095）	0.3573 （0.00094）	0.3579 （0.00096）
贫困人口基尼系数	0.2724 （0.00095）	0.2236 （0.00079）	0.2203 （0.00080）	0.2158 （0.00080）	0.2215 （0.00080）
（f）贫困门槛等于官方贫困线的50%					
森指数	0.0327 （0.00037）	0.0209 （0.00029）	0.0204 （0.00029）	0.0203 （0.00029）	0.0206 （0.00029）
发生率	0.429 （0.00044）	0.0293 （0.00036）	0.0283 （0.00036）	0.0281 （0.00036）	0.0287 （0.00036）
收入差距率	0.5669 （0.00355）	0.5259 （0.00411）	0.5331 （0.00417）	0.533 （0.00421）	0.5293 （0.00414）
贫困人口基尼系数	0.4506 （0.00373）	0.3951 （0.00408）	0.4009 （0.00417）	0.4028 （0.00420）	0.3977 （0.00413）
（g）贫困门槛等于官方贫困线的75%					
森指数	0.04940 （0.00044）	0.0332 （0.00035）	0.0321 （0.00035）	0.0314 （0.00035）	0.0324 （0.00035）
发生率	0.0742 （0.00057）	0.0529 （0.00048）	0.0504 （0.00047）	0.0488 （0.00047）	0.0511 （0.00048）
收入差距率	0.4774 （0.00262）	0.4466 （0.00297）	0.4546 （0.00306）	0.4616 （0.00311）	0.4528 （0.00303）
贫困人口基尼系数	0.361 （0.00260）	0.3268 （0.00279）	0.3334 （0.00288）	0.3382 （0.00294）	0.3314 （0.00285）

注意：模拟5c——就业弹性的最优估计。

[a]（）中的数字为标准差。

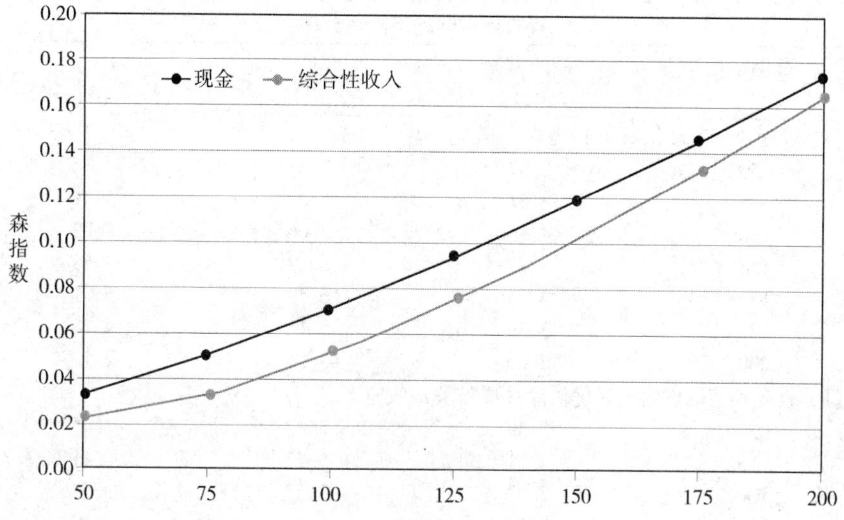

（a）

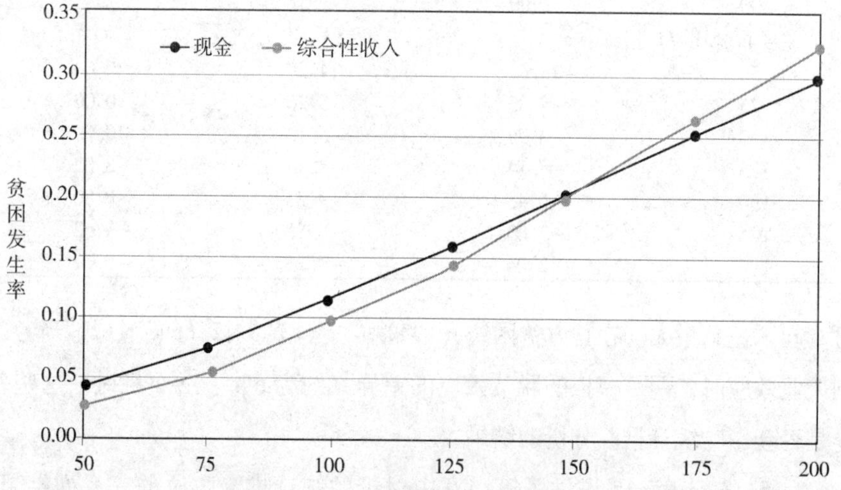

（b）

图 5.9　贫困的现金和综合性收入测度的贫困值曲线：（a）森指数，（b）发生率

表 5.12　在等成本替代性劳动力市场政策及七条替代性贫困线下的森贫困指数的下降百分率

贫困门槛 (1)	最低工资 (2)	EITC (3)	FICA (4)
(a) 零就业和劳动供给（ 或需求 ）效应			
50	2.87	3.35	1.44
75	3.61	5.72	2.41
100	4.13	7.66	3.93
125	3.77	8.09	4.58
150	3.05	6.39	5.01
175	2.49	5.14	4.76
200	2.06	3.94	3.15
(b) 就业和劳动供给的最优估计（或需求）效应			
50	2.39	2.87	1.44
75	3.31	5.42	2.41
100	3.93	7.27	3.54
125	3.50	7.41	4.18
150	2.85	5.80	4.52
175	2.42	4.69	4.31
200	2.00	3.57	2.85
(c) 差异百分比（b 相对于 a）			
50	-16.67	-14.29	0.00
75	-8.33	-5.26	0.00
100	-4.76	-5.13	-10.00
125	-7.14	-8.33	-8.82
150	-6.45	-9.23	-9.80
175	-3.03	-8.82	-9.52
200	-2.94	-9.23	-9.62

时看起来达到最大。在官方贫困线（100%）上，表5.12（c）显示，当考虑到失业效应时，两个模拟的脱贫效应的差异大约为5%。下面将讨论这些差异是否会影响统计推断分析的结果。

表5.13～表5.15提供了第二章中讨论的统计推断方法的一系列结果。表5.13～表5.15报告的检验解决了两个不同的问题。第一个问题，在基于现金和综合性收入的贫困测度中，可观察差异是否统计上显著？换一个说法就是，在有关现金收入和综合性收入的贫困测度的检验中，无差异原假设可以拒绝吗？这个问题的答案毫无疑问是可以。为解释这个答案，我们需要考
149 查表5.13中的第一栏，其与表5.14以及表5.15中的第一栏相同。第一栏中

表 5.13 贫困估计中差异的配对检验[a]

	现金对综合性收入测度	在三项等成本劳动力市场政策模拟之前和之后的综合性收入测度		
		最低工资	EITC	FICA
	(1)	(2)	(3)	(4)
(a) 贫困门槛等于官方贫困线的 100%				
森指数	0.0188	0.0021	0.0039	0.002
	[28.79***]	[3.54***]	[6.64***]	[3.37***]
发生率	0.0214	0.0044	0.0096	0.0051
	[23.26***]	[5.06***]	[11.22***]	[5.86***]
收入差距率	0.0528	-0.0031	-0.0129	-0.0087
	[18.25***]	[1.02]	[4.15***]	[2.87**]
贫困人口基尼系数	0.0422	-0.0043	-0.0134	-0.0068
	[15.42***]	[1.54]	[4.69***]	[2.43*]
(b) 贫困门槛等于官方贫困线的 125%				
森指数	0.0188	0.0028	0.006	0.0034
	[25.27***]	[4.08***]	[8.75***]	[4.96***]
发生率	0.0126	0.0047	0.0129	0.0083
	[11.49***]	[4.4***]	[12.24***]	[7.82***]
收入差距率	0.0656	0.0029	-0.0017	-0.0044
	[29.26***]	[1.29]	[0.74]	[1.94]
贫困人口基尼系数	0.0507	-0.0002	-0.0063	-0.0058
	[24.54***]	[0.10]	[3.04***]	[2.84**]
(c) 贫困门槛等于官方贫困线的 150%				
森指数	0.017	0.0031	0.0065	0.0051
	[20.7***]	[4.02***]	[8.43***]	[6.62***]
发生率	0.0017	0.0038	0.0084	0.0116
	[1.38]	[3.11***]	[6.91***]	[9.54***]
收入差距率	0.0638	0.0054	0.0313	-0.0015
	[34.41***]	[3.02***]	[7.21***]	[0.82]
贫困人口基尼系数	0.0519	0.0024	0.0021	0.0046
	[31.05***]	[1.52]	[1.31]	[2.87**]
(d) 贫困门槛等于官方贫困线的 175%				
森指数	0.0132	0.0033	0.0068	0.0063
	[14.92***]	[3.92***]	[8.08***]	[7.49***]
发生率	-0.0117	0.0032	0.0056	0.012
	[8.75***]	[2.38*]	[4.19***]	[8.98***]
收入差距率	0.0604	0.0056	0.0147	0.0036
	[37.57***]	[3.7***]	[9.67***]	[2.34*]

续表

	现金对综合性收入测度	在三项等成本劳动力市场政策模拟之前和之后的综合性收入测度		
		最低工资	EITC	FICA
	(1)	(2)	(3)	(4)
贫困人口基尼系数	0.0508	0.0033	0.0065	-0.0026
	[36 ***]	[2.52 **]	[4.92 ***]	[1.97]
(e) 贫困门槛等于官方贫困线的200%				
森指数	0.0082	0.0034	0.0065	0.0052
	[8.71 ***]	[3.79 ***]	[7.24 ***]	[5.75 ***]
发生率	-0.0255	0.003	0.0021	0.0025
	[18.03 ***]	[2.2 *]	[1.47]	[1.75]
收入差距率	0.0558	0.0051	0.015	0.0142
	[38.79 ***]	[3.8 ***]	[11.22 ***]	[10.46 ***]
贫困人口基尼系数	0.0488	0.0034	0.0084	0.0022
	[39.5 ***]	[3.02 ***]	[7.47 ***]	[1.96]
(f) 贫困门槛等于官方贫困线的50%				
森指数	0.0118	0.0006	0.0007	0.0003
	[25.1 ***]	[1.46]	[1.74]	[0.73]
发生率	0.0136	0.0011	0.0013	0.0006
	[23.92 ***]	[2.26 *]	[2.55 **]	[1.18]
收入差距率	0.041	-0.0084	-0.0081	-0.0038
	[7.55 ***]	[1.43]	[1.38]	[0.65]
贫困人口基尼系数	0.0555	-0.0066	-0.0084	-0.0028
	[10.04 ***]	[1.13]	[1.43]	[0.48]
(g) 贫困门槛等于官方贫困线的75%				
森指数	0.0162	0.0012	0.0019	0.0008
	[28.81 ***]	[2.42 *]	[3.84 ***]	[1.62]
发生率	0.0213	0.0026	0.0042	0.0019
	[28.58 ***]	[3.87 ***]	[6.32 ***]	[2.8 **]
收入差距率	0.0308	-0.0077	-0.0151	-0.0068
	[7.78 ***]	[1.81]	[3.51 ***]	[1.6]
贫困人口基尼系数	0.0342	-0.0065	-0.012	-0.0051
	[8.97 ***]	[1.62]	[2.96 **]	[1.28]

注意：模拟1——零就业弹性。

[a]( ) 中的数字为SMM检验统计量。

* 表示在10%水平上显著。

** 表示在5%水平上显著。

*** 表示在1%水平上显著。此时SMM临界值在1，5；10%水平时各自的临界值为3.004，2.469和2.202。

表5.14　贫困估计中差异的配对检验[a]

	现金对综合性收入测度	在三项等成本劳动力市场政策模拟之前和之后的综合性收入测度		
		最低工资	EITC	FICA
	(1)	(2)	(3)	(4)
(a) 贫困门槛等于官方贫困线的100%				
森指数	0.0188	0.002	0.0036	0.0018
	[28.79***]	[3.37***]	[6.13***]	[3.03***]
发生率	0.0214	0.0043	0.0087	0.0044
	[23.26***]	[4.94***]	[10.08***]	[5.06***]
收入差距率	0.0528	-0.0031	-0.0117	-0.007
	[18.25***]	[1.02]	[3.78***]	[2.31*]
贫困人口基尼系数	0.0422	-0.0044	-0.0121	-0.006
	[15.42***]	[1.58]	[4.24***]	[2.15*]
(b) 贫困门槛等于官方贫困线的125%				
森指数	0.0188	0.0026	0.0054	0.0031
	[25.27***]	[3.79***]	[7.87***]	[4.52***]
发生率	0.0126	0.0045	0.0117	0.0077
	[11.49***]	[4.21***]	[11.1***]	[7.26***]
收入差距率	0.0656	0.0028	-0.0014	-0.0043
	[29.26***]	[1.25]	[0.61]	[1.9]
贫困人口基尼系数	0.0507	-0.0002	-0.0055	-0.0052
	[24.54***]	[0.10]	[2.66**]	[2.55**]
(c) 贫困门槛等于官方贫困线的150%				
森指数	0.017	0.0029	0.0059	0.0045
	[20.7***]	[3.76***]	[7.65***]	[5.84***]
发生率	0.0017	0.0036	0.0075	0.0103
	[1.38]	[2.94**]	[6.13***]	[8.47***]
收入差距率	0.0638	0.0053	0.0119	-0.0011
	[34.41***]	[2.96**]	[6.57***]	[0.61]
贫困人口基尼系数	0.0519	0.0023	0.002	-0.004
	[31.05***]	[1.45]	[1.25]	[2.50**]
(d) 贫困门槛等于官方贫困线的175%				
森指数	0.0132	0.0031	0.0061	0.0056
	[14.92***]	[3.68***]	[7.25***]	[6.65***]
发生率	-0.0117	0.0031	0.005	0.0105
	[8.75***]	[2.31*]	[3.74***]	[7.86***]
收入差距率	0.0604	0.0054	0.0133	0.0036
	[37.57***]	[3.57***]	[8.75***]	[2.34*]

续表

	现金对综合性收入测度	在三项等成本劳动力市场政策模拟之前和之后的综合性收入测度		
		最低工资	EITC	FICA
	(1)	(2)	(3)	(4)
贫困人口基	0.0508	0.0032	0.0059	-0.0021
尼系数	[36***]	[2.45*]	[4.49***]	[1.59]
(e) 贫困门槛等于官方贫困线的200%				
森指数	0.0082	0.0033	0.0058	0.0046
	[8.71***]	[3.65***]	[6.46***]	[5.08***]
发生率	-0.0255	0.0028	0.0018	0.0019
	[18.03***]	[1.96]	[1.26]	[1.33]
收入差距率	0.0558	0.0049	0.0135	0.0129
	[38.79***]	[3.65***]	[10.10***]	[9.55***]
贫困人口基	0.0488	0.0033	0.0077	0.0021
尼系数	[39.5***]	[2.94**]	[6.85***]	[1.87]
(f) 贫困门槛等于官方贫困线的50%				
森指数	0.0118	0.0005	0.0006	0.0003
	[25.1***]	[1.22]	[1.46]	[0.73]
发生率	0.0136	0.0009	0.0012	0.0006
	[23.92***]	[1.77]	[2.36*]	[1.18]
收入差距率	0.041	-0.0066	-0.0071	-0.0034
	[7.55***]	[1.13]	[1.21]	[0.58]
贫困人口基	0.0555	-0.0057	-0.0076	-0.0025
尼系数	[10.04***]	[0.98]	[1.30]	[0.43]
(g) 贫困门槛等于官方贫困线的75%				
森指数	0.0162	0.0011	0.0017	0.0008
	[28.81***]	[2.22*]	[3.43***]	[1.62]
发生率	0.0213	0.0024	0.004	0.0017
	[28.58***]	[3.57***]	[5.95***]	[2.50**]
收入差距率	0.0308	-0.0073	-0.0147	-0.0061
	[7.78***]	[1.71]	[3.42***]	[1.44]
贫困人口基	0.0342	-0.0064	-0.0113	-0.0046
尼系数	[8.97***]	[1.6]	[2.79**]	[1.15]

注意：模拟2d——非成年人的极值就业弹性。

[a]( ) 中的数字为SMM检验统计量。

* 表示在10%水平上显著。

** 表示在5%水平上显著。

*** 表示在1%水平上显著。此时SMM临界值在1，5；10%水平时各自的临界值为3.004，2.469和2.202。

表 5. 15　贫困估计中差异的配对检验[a]

	现金对综合性收入测度	在三项等成本劳动力市场政策模拟之前和之后的综合性收入测度		
		最低工资	EITC	FICA
	(1)	(2)	(3)	(4)
(a) 贫困门槛等于官方贫困线的 100%				
森指数	0. 0188	0. 002	0. 0037	0. 0018
	[28. 79***]	[3. 37***]	[6. 30***]	[3. 03***]
发生率	0. 0214	0. 0043	0. 0089	0. 0045
	[23. 26***]	[4. 94***]	[10. 32***]	[5. 17***]
收入差距率	0. 0528	-0. 0034	-0. 012	-0. 0073
	[18. 25***]	[1. 12]	[3. 88***]	[2. 41*]
贫困人口基	0. 0422	-0. 0045	-0. 0123	-0. 0061
尼系数	[15. 42***]	[1. 61]	[4. 31***]	[2. 18*]
(b) 贫困门槛等于官方贫困线的 125%				
森指数	0. 0188	0. 0026	0. 0055	0. 0031
	[25. 27***]	[3. 79***]	[8. 02***]	[4. 52***]
发生率	0. 0126	0. 0045	0. 0118	0. 0077
	[11. 49***]	[4. 21***]	[11. 2***]	[7. 26***]
收入差距率	0. 0656	0. 0027	-0. 0012	-0. 0042
	[29. 26***]	[1. 20]	[0. 52]	[1. 86]
贫困人口基	0. 0507	-0. 0003	-0. 0056	-0. 0053
尼系数	[24. 54***]	[0. 15]	[2. 71**]	[2. 6**]
(c) 贫困门槛等于官方贫困线的 150%				
森指数	0. 017	0. 0029	0. 0059	0. 0046
	[20. 7***]	[3. 76***]	[7. 65***]	[5. 97***]
发生率	0. 0017	0. 0036	0. 0076	0. 0104
	[1. 38]	[2. 94**]	[6. 21***]	[8. 55***]
收入差距率	0. 0638	0. 0052	0. 0122	-0. 001
	[34. 41***]	[2. 91**]	[6. 74***]	[0. 55]
贫困人口基	0. 0519	0. 0022	0. 002	-0. 0041
尼系数	[31. 05***]	[1. 39]	[1. 25]	[2. 57**]
(d) 贫困门槛等于官方贫困线的 175%				
森指数	0. 0132	0. 0032	0. 0062	0. 0057
	[14. 92***]	[3. 80***]	[7. 37***]	[6. 77***]
发生率	-0. 0117	0. 0031	0. 0051	0. 0105
	[8. 75***]	[2. 31*]	[3. 82***]	[7. 86***]
收入差距率	0. 0604	0. 0053	0. 0135	0. 0038
	[37. 57***]	[3. 5***]	[8. 88***]	[2. 46*]
贫困人口基	0. 0508	0. 0031	0. 006	-0. 0022
尼系数	[36***]	[2. 37*]	[4. 56***]	[1. 66]

续表

	现金对综合性收入测度	在三项等成本劳动力市场政策模拟之前和之后综合性收入测度		
		最低工资	EITC	FICA
	(1)	(2)	(3)	(4)
(e) 贫困门槛等于官方贫困线的 200%				
森指数	0.0082	0.0033	0.0059	0.0047
	[8.71***]	[3.65***]	[6.57***]	[5.19***]
发生率	-0.0255	0.0029	0.0019	0.002
	[18.03***]	[2.03*]	[1.33]	[1.40]
收入差距率	0.0558	0.0049	0.0137	0.0131
	[38.79***]	[3.65***]	[10.25***]	[9.7***]
贫困人口基尼系数	0.0488	0.0033	0.0078	0.0021
	[39.5***]	[2.94**]	[6.94***]	[1.87]
(f) 贫困门槛等于官方贫困线的 50%				
森指数	0.0118	0.0005	0.0006	0.0003
	[25.1***]	[1.22]	[1.46]	[0.73]
发生率	0.0136	0.001	0.0012	0.0006
	[23.92***]	[1.96]	[2.36*]	[1.18]
收入差距率	0.041	-0.0072	-0.0071	-0.0034
	[7.55***]	[1.23]	[1.21]	[0.58]
贫困人口基尼系数	0.0555	-0.0058	-0.0077	-0.0026
	[10.04***]	[0.99]	[1.32]	[0.45]
(g) 贫困门槛等于官方贫困线的 75%				
森指数	0.0162	0.0011	0.0018	0.0008
	[28.81***]	[2.22*]	[3.64***]	[1.62]
发生率	0.0213	0.0025	0.0041	0.0018
	[28.58***]	[3.72***]	[6.10***]	[2.65**]
收入差距率	0.0308	-0.008	-0.015	-0.0062
	[7.78***]	[1.88]	[3.49***]	[1.46]
贫困人口基尼系数	0.0342	-0.0066	-0.0114	-0.0046
	[8.97***]	[1.65]	[2.81**]	[1.15]

注意：模拟 5c——就业弹性的最优估计。

[a]( ) 中的数字为 SMM 检验统计量。

* 表示在 10% 水平上显著。

** 表示在 5% 水平上显著。

*** 表示在 1% 水平上显著。此时 SMM 临界值在 1，5；10% 水平时各自的临界值为 3.004，2.469 和 2.202。

151 报告的正差分表明现金收入贫困测度大于综合性收入测度。一个负差分则意义相反，即现金收入贫困测度小于综合性收入测度。与临界值相比，我们根据［ ］中的 SMM 检验统计量大小即可确定这个差异是否统计上显著。检验统计量在每一个贫困线上都一致地大，并且有关现金收入和综合性收入森指数的原假设在每一个贫困线下均被拒绝。此外，表 5.13 第一栏还显 153
示森指数成分的检验统计量，也几乎总是高度显著。然而，这里指出，在贫困线的 150% 上贫困发生率是不显著的。当然这也反映了图 5.9（b）中描绘的交叉性发生率贫困值曲线。

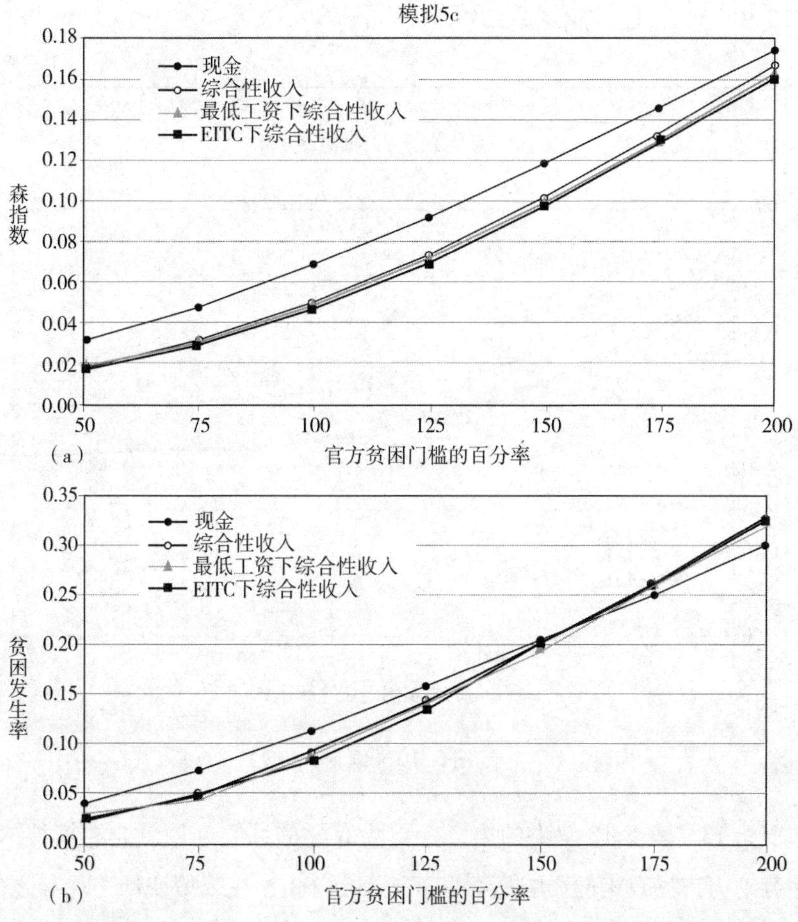

图 5.10　在最低工资提高 1 美元及等成本提高 EITC 下贫困的森指数及其构成的贫困值曲线：(a) 森指数；(b) 发生率；(c) 收入差距率；(d) 贫困人口之间的基尼系数

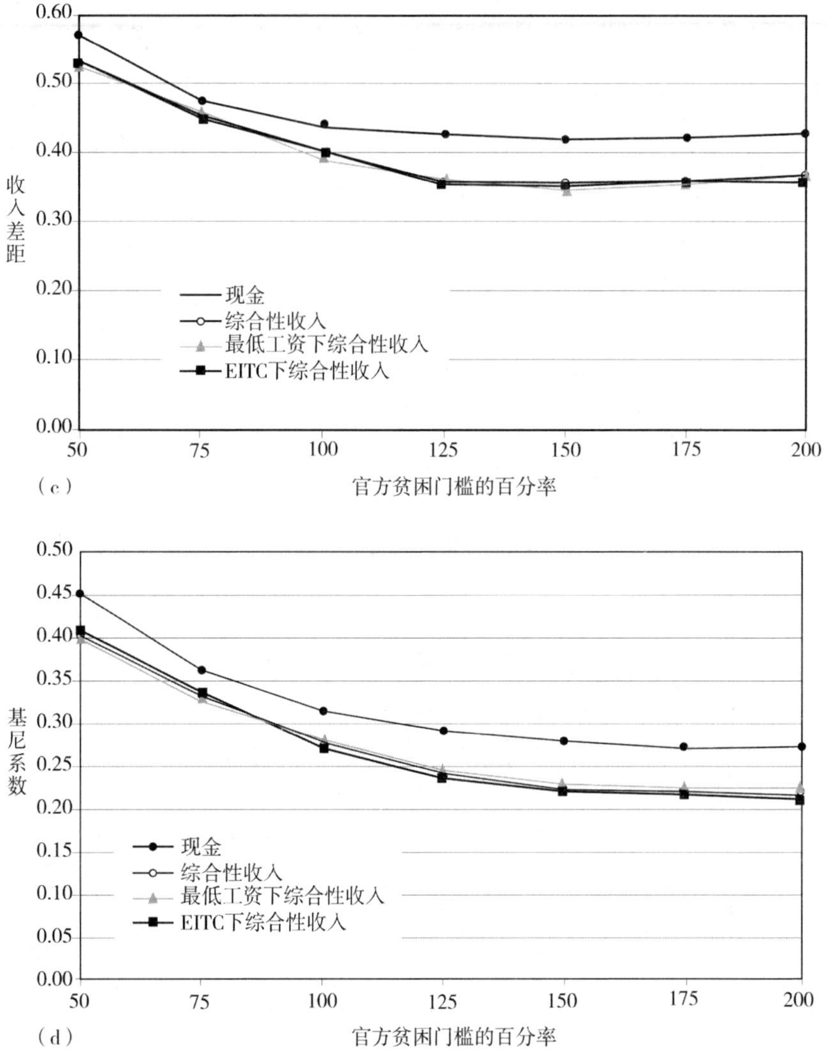

图 5.10（续）

154 表 5.13 ~ 表 5.15 解决的第二个更为有趣的系列问题就是，模拟的替代性劳动力市场政策的影响是否显著地不等于 0？在政策变动之前和之后，综合性收入贫困测度的无差异原假设可以被拒绝吗？关于七条贫困线以及三项替代性劳动力市场政策的模拟结果报告在表 5.13 ~ 表 5.15 中的第 2、

3、4 栏。检查结果发现三个模拟（1、2d、5c）的结果显著相同。在任何模拟中、任何情况下，我们还没有发现包括森指数的不同的统计结果。此外，模拟 2d 和模拟 5c 中森指数的每一成分的统计检验结果都是一样的。我们发现在一种情况中，即模拟 2d 和模拟 5c 的失业效应改变了模拟 1 建议的统计结论。这个情况发生在贫困线的 50% 上，其中 0 就业弹性意味着最低工资政策显著地减少了贫困发生率（SMM =2. 26，超过了 10% 水平的临界值）。然而，当考虑到失业效应时，最低工资政策实施之前和之后的贫困发生率的无差异原假设是不能被拒绝的。

从表 5. 13 ~ 表 5. 15 中的第 2、3、4 栏报告的统计检验中得出了三个结论。第一，如果贫困线划在官方贫困门槛的 100% 或更高，每一项等成本劳动力市场政策显著地减少了森指数。对于这些贫困线及每一个模拟而言，综合性收入测度的森指数变化的检验统计量高度显著，并且原假设均在 1% 水平被拒绝。第二，在贫困线的 75% 使用 1% 水平检验下，EITC 政策显著地减少了森指数，最低工资政策在 10% 水平检验下是显著的，而 FICA 减免政策没有显著地减少森指数。第三，如果在贫困线的 50% 上，对于所有替代性劳动力市场政策而言，综合性收入测度的森指数无差异。但是，这里我们指出，EITC 政策在贫困线的 50% 上确实显著地减少了贫困发生率而不是森指数。

图 5. 10 为最后一项结论提供了一些直观视角。图 5. 10（a）描绘了现金收入测度的森指数贫困值曲线，以及政策启动前综合性收入测度的森指数贫困值曲线和最低工资政策及 EITC 政策模拟后综合性收入测度的森指数贫困值曲线。[55] 图 5. 10（b）、（c）和（d）分别显示了森指数的每一个成分的贫困值曲线。其中有趣的是，图 5. 10（c）和（d）显示了在贫困线的 125% 到 150% 下最低工资政策和 EITC 政策均提高了收入差距率和贫困人口基尼系数。在贫困线的 50% 上，即使它们在统计上不显著，提高的收入差距和基尼系数抵消了显著下降的贫困发生率。因此平均而言，EITC 政策确实在贫困线的 50% 上没有显著地减少森指数。

156 我们现在来关注，相比起第三节讨论的其他替代性等成本劳动力市
场政策，当使用森指数及考虑其他贫困线时，EITC政策的脱贫效应是否
仍然成立。特别地，我们现在来检验一系列原假设，这些原假设指出三
158 个替代性等成本劳动力市场政策模拟的配对比较中可观察贫困效应无显
著差异。

我们再一次考虑了 7 条贫困线及三项政策模拟。表 5.16 ~ 表 5.18 报
告了森指数及其每一个成分的估计结果。这些表的第一栏显示了 EITC 政
160 策贫困统计与最低工资政策贫困统计之间的差异。正差异意味着 EITC 政
策相对于最低工资政策减少了贫困统计量。负差异则表明最低工资政策相
对于 EITC 政策减少了贫困统计量。比较 SMM 检验统计量（显示在括号
[ ] 中）与临界值的大小，即可发现森指数中的可观察差异是否统计上显
161 著。第二栏显示了最低工资政策与 FICA 税减免政策配对比较的情况，并
且其结果如同第一栏。第三栏显示了 EITC 政策与 FICA 税减免政策配对比
较的情况。在第三栏中负符号显示了 EITC 政策相对于 FICA 税减免政策减
少了贫困统计量，而正符号则显示的结果相反。

我们发现，在模拟 1、2d 和 5c 之间统计结果变化很小。有两种配对比较情形在统计分析上不一样。一种情形就是与在贫困线的 200% 上最低工资政策和 FICA 政策配对比较有关的可观察差异。模拟 2d 表明 FICA 政策的贫困减少效应差异显著地大于（在 10% 水平）最低工资政策的差异。然而，在最优估计模拟（5c）及 0 就业弹性模拟中，原假设在传统的统计分析水平上不能被拒绝。因此，相对于最低工资政策，FICA 政策在贫困线的 200% 上减少贫困效应是否在统计上排序为更加有效，对模拟中使用的就业弹性是敏感的。第二个差异就是 EITC 政策和 FICA 政策在贫困线的 75% 上配对比较的收入差距率。模拟 5 表明在使用 10% 水平检验下，FICA 政策相对于 EITC 政策显著地减少了收入差距率。然而，在模拟 1 和 2d 中检验统计量在 10% 水平上即失去了显著性。除了这两个例外，表 5.16 ~ 表 5.18 中的统计推断分析结果对于模拟 1、2 和 3 都是一样的。

表5.16 等成本劳动力市场政策模拟之前和之后对贫困的综合性收入测度差异的配对检验

	最低工资政策对		EITC 政策对 FICA
	EITC	FICA	
	(1)	(2)	(3)
(a) 贫困门槛等于官方贫困线的 100%			
森指数	0.0018	-0.0001	-0.0019
	[3.07***]	[0.17]	[3.24***]
发生率	0.0052	0.0007	-0.0045
	[6.13***]	[0.81]	[5.3***]
收入差距率	-0.0098	-0.0056	0.0042
	[3.11***]	[1.82]	[1.33]
贫困人口基尼系数	-0.0091	-0.0025	0.0066
	[3.12***]	[0.88]	[2.27*]
(b) 贫困门槛等于官方贫困线的 125%			
森指数	0.0032	0.0006	-0.0026
	[4.71***]	[0.88]	[3.83***]
发生率	0.0082	0.0036	-0.0046
	[7.83***]	[3.42***]	[4.43***]
收入差距率	-0.0046	-0.0073	-0.0027
	[1.98]	[3.18***]	[1.15]
贫困人口基尼系数	-0.0061	-0.0056	0.0005
	[2.9**]	[2.7**]	[0.24]
(c) 贫困门槛等于官方贫困线的 150%			
森指数	0.0034	0.002	-0.0014
	[4.45***]	[2.62**]	[1.83]
发生率	0.0046	0.0078	0.0032
	[3.8***]	[6.45***]	[2.66**]
收入差距率	0.0077	-0.0069	-0.0146
	[4.22***]	[3.77***]	[7.85***]
贫困人口基尼系数	-0.0003	-0.007	-0.0067
	[0.19]	[4.32***]	[4.08***]
(d) 贫困门槛等于官方贫困线的 175%			
森指数	0.0035	0.003	-0.0005
	[4.19***]	[3.6***]	[0.6]
发生率	0.0024	0.0088	0.0064
	[1.8]	[6.58***]	[4.81***]

续表

	最低工资政策对		EITC 政策对 FICA
	EITC	FICA	
	(1)	(2)	(3)
收入差距率	0. 0091	-0. 002	-0. 0111
	[5. 99***]	[1. 3]	[7. 17***]
贫困人口基尼系数	0. 0032	-0. 0059	-0. 0091
	[2. 41 *]	[4. 44***]	[6. 77***]
(e) 贫困门槛等于官方贫困线的 200%			
森指数	0. 0031	0. 0018	-0. 0013
	[3. 48***]	[2*]	[1. 45]
发生率	-0. 0009	-0. 0005	0. 0004
	[0. 63]	[0. 35]	[0. 28]
收入差距率	0. 0099	0. 0091	-0. 0008
	[7. 41***]	[6. 7***]	[0. 59]
贫困人口基尼系数	0. 005	-0. 0012	-0. 0062
	[4. 42***]	[1. 06]	[5. 48***]
(f) 贫困门槛等于官方贫困线的 50%			
森指数	0. 0001	-0. 0003	-0. 0004
	[0. 25]	[0. 73]	[0. 99]
发生率	0. 0002	-0. 0005	-0. 0007
	[0. 39]	[0. 98]	[1. 37]
收入差距率	0. 0003	0. 0046	0. 0043
	[0. 05]	[0. 78]	[0. 73]
贫困人口基尼系数	-0. 0018	0. 0038	0. 0056
	[0. 3]	[0. 65]	[0. 95]
(g) 贫困门槛等于官方贫困线的 75%			
森指数	0. 0007	-0. 0004	-0. 0011
	[1. 41]	[0. 81]	[2. 22*]
发生率	0. 0016	-0. 0007	-0. 0023
	[2. 43*]	[1. 04]	[3. 46***]
收入差距率	-0. 0074	0. 0009	0. 0083
	[1. 69]	[0. 21]	[1. 91]
贫困人口基尼系数	-0. 0055	0. 0014	0. 0069
	[1. 33]	[0. 34]	[1. 68]

注意：模拟 1——零就业弹性。

* 表示在 10% 水平上显著。

** 表示在 5% 水平上显著。

*** 表示在 1% 水平上显著。此时 SMM 临界值在 1，5；10% 水平时各自的临界值为 3. 004，2. 469 和 2. 202。

表 5.17 等成本劳动力市场政策模拟之前和之后对贫困的综合性收入测度差异的配对检验[a]

	最低工资政策对		EITC 政策对 FICA
	EITC	FICA	
	(1)	(2)	(3)
(a) 贫困门槛等于官方贫困线的 100%			
森指数	0.0016	-0.0002	-0.0018
	[2.73**]	[0.34]	[3.07***]
发生率	0.0044	0.0001	-0.0043
	[5.14***]	[0.12]	[5.03***]
收入差距率	-0.0086	-0.0039	0.0047
	[2.74**]	[1.27]	[1.5]
贫困人口基尼系数	-0.0077	-0.0016	0.0061
	[2.66**]	[0.56]	[2.1*]
(b) 贫困门槛等于官方贫困线的 125%			
森指数	0.0028	0.0005	-0.0023
	[4.12***]	[0.74]	[3.39***]
发生率	0.0072	0.0032	-0.004
	[6.88***]	[3.04***]	[3.85***]
收入差距率	-0.0042	-0.0071	-0.0029
	[1.81]	[3.1***]	[1.24]
贫困人口基尼系数	-0.0053	-0.005	0.0003
	[2.53**]	[2.42**]	[0.14]
(c) 贫困门槛等于官方贫困线的 150%			
森指数	0.003	0.0016	-0.0014
	[3.93***]	[2.1*]	[1.83]
发生率	0.0039	0.0067	0.0028
	[3.21***]	[5.54***]	[2.32*]
收入差距率	0.0066	-0.0064	-0.013
	[3.63***]	[3.51***]	[7.04***]
贫困人口基尼系数	-0.0003	-0.0063	-0.006
	[0.19]	[3.91***]	[3.69***]
(d) 贫困门槛等于官方贫困线的 175%			
森指数	0.003	0.0025	-0.0005
	[3.6***]	[3**]	[0.6]
发生率	0.0019	0.0074	0.0055
	[1.42]	[5.54***]	[4.14***]
收入差距率	0.0079	-0.0018	-0.0097
	[5.2***]	[1.17]	[6.26***]

续表

	最低工资政策对		EITC 政策对 FICA
	EITC (1)	FICA (2)	(3)
贫困人口基尼系数	0.0027 [2.04*]	-0.0053 [3.99***]	-0.008 [5.99***]
158 (e) 贫困门槛等于官方贫困线的 200%			
森指数	0.0025 [2.78**]	0.0013 [1.44]	-0.0012 [1.34]
发生率	-0.001 [0.7]	-0.0009 [0.63]	0.0001 [0.07]
收入差距率	0.0086 [6.43***]	0.008 [5.92***]	-0.0006 [0.45]
贫困人口基尼系数	0.0044 [3.89***]	-0.0012 [1.06]	-0.0056 [4.95***]
(f) 贫困门槛等于官方贫困线的 50%			
森指数	0.0001 [0.24]	-0.0002 [0.49]	-0.0003 [0.73]
发生率	0.0003 [0.59]	-0.0003 [0.59]	-0.0006 [1.18]
收入差距率	-0.0005 [0.08]	0.0032 [0.54]	0.0037 [0.63]
贫困人口基尼系数	-0.0019 [0.32]	0.0032 [0.55]	0.0051 [0.87]
(g) 贫困门槛等于官方贫困线的 75%			
森指数	0.0006 [1.21]	-0.0003 [0.61]	-0.0009 [1.82]
发生率	0.0016 [2.41*]	-0.0007 [1.04]	-0.0023 [3.42***]
收入差距率	-0.0074 [1.7]	0.0012 [0.28]	0.0086 [1.98]
贫困人口基尼系数	-0.0049 [1.19]	0.0018 [0.44]	0.0067 [1.64]

注意：模拟 2d——非成年人的极值就业弹性。

[a]( ) 中的数字为 SMM 检验统计量。

* 表示在 10% 水平上显著。

** 表示在 5% 水平上显著。

*** 表示在 1% 水平上显著。此时 SMM 临界值在 1，5；10% 水平时各自的临界值为 3.004，2.469 和 2.202。

表5.18 等成本劳动力市场政策模拟之前和之后对贫困的综合性收入测度差异的配对检验

	最低工资政策对		EITC 政策对 FICA
	EITC	FICA	
	(1)	(2)	(3)
(a) 贫困门槛等于官方贫困线的100%			
森指数	0.0017	-0.0002	-0.0019
	[2.90**]	[0.34]	[3.24***]
发生率	0.0046	0.0002	-0.0044
	[5.38***]	[0.23]	[5.14***]
收入差距率	-0.0086	-0.0039	0.0047
	[2.74**]	[1.27]	[1.50]
贫困人口基尼	-0.0078	-0.0016	0.0062
系数	[2.68**]	[0.56]	[2.14*]
(b) 贫困门槛等于官方贫困线的125%			
森指数	0.0029	0.0005	-0.0024
	[4.27***]	[0.74]	[3.54***]
发生率	0.0073	0.0032	-0.0041
	[6.97***]	[3.04***]	[3.94***]
收入差距率	-0.0039	-0.0069	-0.003
	[1.68]	[3.01***]	[1.29]
贫困人口基尼	-0.0053	-0.005	0.0003
系数	[2.53**]	[2.42*]	[0.14]
(c) 贫困门槛等于官方贫困线的150%			
森指数	0.003	0.0017	-0.0013
	[3.93***]	[2.23*]	[1.70]
发生率	0.004	0.0068	0.0028
	[3.29***]	[5.62***]	[2.32*]
收入差距率	0.007	-0.0062	-0.0132
	[3.85***]	[3.40***]	[7.15***]
贫困人	-0.0002	-0.0063	-0.0061
口基尼系数	[0.12]	[3.91***]	[3.75***]
(d) 贫困门槛等于官方贫困线的175%			
森指数	0.003	0.0025	-0.0005
	[3.60***]	[3.00**]	[0.60]
发生率	0.002	0.0074	0.0054
	[1.5]	[5.54***]	[4.06***]

续表

	最低工资政策对		EITC 政策对 FICA
	EITC	FICA	
	(1)	(2)	(3)
收入差距率	0.0082	-0.0015	-0.0097
	[5.39***]	[0.97]	[6.26***]
贫困人口基尼系数	0.0029	-0.0053	-0.0082
	[2.19*]	[3.99***]	[6.14***]
(e) 贫困门槛等于官方贫困线的 200%			
森指数	0.0026	0.0014	-0.0012
	[2.9**]	[1.55]	[1.34]
发生率	-0.001	-0.0009	0.0001
	[0.7]	[0.63]	[0.07]
收入差距率	0.0088	0.0082	-0.0006
	[6.58***]	[6.07***]	[0.45]
贫困人口基尼系数	0.0045	-0.0012	-0.0057
	[3.98***]	[1.06]	[5.04***]
(f) 贫困门槛等于官方贫困线的 50%			
森指数	0.0001	-0.0002	-0.0003
	[0.24]	[0.49]	[0.73]
发生率	0.0002	-0.0004	-0.0006
	[0.39]	[0.79]	[1.18]
收入差距率	0.0001	0.0038	0.0037
	[0.02]	[0.65]	[0.63]
贫困人口基尼系数	-0.0019	0.0032	0.0051
	[0.32]	[0.55]	[0.87]
(g) 贫困门槛等于官方贫困线的 75%			
森指数	0.0007	-0.0003	-0.001
	[1.41]	[0.61]	[2.02*]
发生率	0.0016	-0.0007	-0.0023
	[2.41*]	[1.04]	[3.42***]
收入差距率	-0.007	0.0018	0.0088
	[1.60]	[0.42]	[2.03*]
贫困人口基尼系数	-0.0048	0.002	0.0068
	[1.17]	[0.49]	[1.66]

注意：模拟 5c——就业弹性的最优估计。

* 表示在 10% 水平上显著。

** 表示在 5% 水平上显著。

*** 表示在 1% 水平上显著。此时 SMM 临界值在 1，5；10% 水平时各自的临界值为 3.004，2.469 和 2.202。

表5.16~表5.18中报告的配对统计检验推出了很多结果。第一，对于划定在官方贫困门槛的100%及以上的五条贫困线，我们发现等成本EITC政策在减少贫困测度的森指数上显著地比最低工资政策更为有效。对于划定在官方贫困线的50%和75%上，我们发现不能拒绝EITC政策与最低工资政策对森指数具有同等的影响这一原假设。第二，我们发现对于森指数的贫困减少效应，EITC政策在贫困线的75%、100%和125%上比FICA政策显著地更大。然而，在其他贫困线上，我们发现等成本EITC政策与FICA税减免政策对于森指数的贫困减少效应统计上无显著差异。当对FICA政策与最低工资政策进行比较时，我们发现FICA政策在贫困线的150%和175%上显著地具有较低的森指数。在贫困线的200%上，模拟1和模拟5c显示了无差异，而模拟2d显示了FICA政策比每小时提高1美元的最低工资政策显著地具有较大的影响。在其他所有贫困线上，我们无法拒绝在最低工资政策与FICA税减免政策之间无差异的原假设。第四，我们在任何贫困线上及任何模拟中，都没有发现最低工资政策相比其他替代性等成 162 本劳动力市场政策具有更好的反贫困效应。第五，在任何贫困线上及任何模拟中，我们从来没有发现每小时提高1美元的最低工资政策或FICA税减免政策比等成本EITC政策更加优越。比较而言，在很多配对劳动力市场政策的比较中，EITC在统计上相对较优越。

五、结论

很多美国人都同意在不同的时期有必要采取相应的政府政策来帮助低收入工作家庭。本章的核心问题是哪一项政策最优。我们还是像过去65年来一样，一直周期性地逐步上调名义最低工资吗？有没有更好的政策替代品？本章分析的每一个劳动力市场政策均有成本和收益。我们所应用的研究方案保持成本不变，并比较2001年的每小时提高1美元的最低工资政策与两个替代性政策——等比例提高收入抵税额政策和等比例减免低收入工作家庭支付的工资税政策的收益分配情况。

很多包含较大范围就业弹性的模拟应用2001年的当期人口调查数据进行估计。我们对每一项劳动力市场政策影响的三个模拟报告了详细的结果。模拟1有关最低工资的工时弹性为0，并且工作夫妇对提高收入抵税额或部分减免支付的工资税没有逆反应。因此，这个模拟中没有失业效应。模拟2d包含了非成年工人的相对较大的失业弹性（$\varepsilon = -0.5$）。模拟5c包含了我们认为的最可靠的就业弹性集。[56]在这个模拟中6个不同的弹性对不同年龄、性别、种族和民族分组产生了失业效应。此外，两个分组（非西班牙裔成年中学辍学组和一般西班牙裔工人组）有小的正弹性，这意味着他们的就业增加了。

很多重要的结论值得强调。首先也是最重要的是，我们应用占优方法发现EITC政策既占优于最低工资政策也占优于FICA政策。支撑占优方法的假设尽管没有一致同意但也得到了广泛接受。如果这些假设得到承认，那么所有学者及政策制定者都将同意等成本EITC政策比提高最低工资政策或给低收入家庭工人支付的FICA税部分减免政策具有更大的社会福利。163
如果关注的主要是贫困人口而非整体收入分配，我们发现EITC政策在提高收入分配后端的个人及家庭按需求调整的综合性收入上是一样优越的。

第二个重要的结论就是当最低工资提高时，逆向的失业效应减少了按需求调整的综合性收入，我们发现这些影响对位于或接近收入分配后端的个人及家庭的综合性收入在收益获取上过大估计了。换一种说法就是，我们没有发现证据表明提高最低工资伤害了贫困人口。事实上，根据准确划定的贫困线，有证据表明它减少了贫困。第三，有大量证据表明EITC政策在改进处于收入分配最后部分的家庭的经济福利上成效卓著。第四，FICA政策为在官方贫困线的150%与200%之间的家庭群体提供了大量福利。然而，FICA政策对于极贫困人口的福利改善上成效较差。事实上，对位于收入分配后部的个人及家庭的综合性收入增长，最低工资政策的贡献度要大于等成本的FICA政策。第五，最低工资政策的大部分福利（45% ~

49%）流进了收入分配上三个五分位数家庭及个人中。仅有 31% ~35% 部分的最低工资提高福利流进了后端五分位数家庭及个人中。这个结果证实了波克豪泽等（1996）以及维德和加洛韦（Vedder & Galloway，2001）的有关最低工资政策并非准确定位于贫困及低收入家庭的论点。

应用劳动力市场政策模拟估计分配敏感性森贫困指数，证实了 EITC 政策在增进美国低收入家庭福利的优越性。统计检验结果对低收入人口的贫困线准确划定位置有点敏感，但是模拟中使用的特定的就业弹性设定对统计结果几乎无影响。应用官方贫困线，我们发现三项替代性政策都显著地减少了综合性收入森贫困指数。此外，在配对检验中我们得到的结论是，EITC 政策在减少贫困上明显比每小时提高 1 美元的最低工资政策或对低收入家庭提供 FICA 税部分减免政策更加有效。

注释

50. 在提高 1 美元之前，最低工资范围的上界是 5. 15 美元 ×1. 10 =5. 67 美元。增加 1 美元后得到 6. 67 美元。该方法在低薪工人的上界逐步减少了新最低工资的向上触发效应，以确保由于向上触发效应而获得工资提高的接近最低工资工人不会移到在 164
低收入分割点之上的工人的前面。
51. 例如，每小时工资为 5. 60 美元的接近最低工资工人将得到 1 美元的调整，但是每小时工资为 6. 30 美元的接近最低工资工人将得到 36. 5 美分的调整。
52. 很多学者使用占优方法来考察收入中性条件下税收改革的福利影响。我们这里用于考察等成本替代性劳动力市场政策的方法也是如此。有关使用占优方法分析税收改革的研究可以参考伊扎克和斯莱姆罗德（Yitzhaki & Slemrod，1991），丰比、希斯特和史密斯（1990，1992）以及丰比、毕晓普和金（2003）。
53. 洛伦兹曲线显示了分配的累积收入百分比，其中收入排序由低到高。比重曲线则描绘了一个有关变量（例如税收或政策启动后收入）的累积分配百分比，但是它是依据家庭在税前或政策启动前的收入分配状态来排列顺序的。比重曲线广泛运用于税收的再分配效应研究。有关比重曲线在税收领域中的研究文献可参考兰伯特和普法勒（Lambert & Pfahler，1992）、兰伯特（2003）、丰比、希斯特和史密斯

（1990）以及丰比、毕晓普和金（2003）。

54. 在以前的诸节中，我们主要使用未经家庭规模与结构调整的家庭收入，仅是为了证明我们分析的是等成本政策，一旦使用奥桑斯基等价收入那么分配的影响就改变了。事实如此，因为家庭规模和结构很重要。根据家庭规模和结构来调整，使得我们可以在家庭之间进行有意义的比较。在本书的剩余部分，我们将全部仅使用个人及家庭的奥桑斯基等价收入报告估计结果。这里我们指出统计货币（现金）收入既不包括 EITC 福利也不包括 FICA 税，但是包括最低工资收入。综合性收入包括了 EITC 福利、FICA 税以及最低工资收入。

55. 为便于解释，我们在图 5.10 中没有显示 FICA 税减免政策的影响。如果包含全部三个政策模拟之后的综合性收入的贫困值曲线，就会使得图示难以解释。为此我们在图中仅包含了提高最低工资政策及等成本 EITC 替代政策的影响。

56. 有证据表明，当收入抵税额提高时，家庭中获得增加福利的工作夫妇减少了他们的劳动供给。模拟 2 和 5 均包含了这些由于 EITC 福利及 FICA 税减免等变化而发生的“自愿性失业效应”。

第六章

流动性与替代性劳动力市场政策对持久贫困的影响

MOBILITY AND THE EFFECTS OF ALTERNATIVE LABOR MARKET POLICIES ON THE PERMANENT POOR

美国经济中存在着相当高的收入流动性，很多观察者都认为，如果我 165
们所看到的低收入都是暂时性的，那么贫困问题就不会太严重。如果在某年里，一些家庭和个人位于收入分配的后端，而在下一年这些家庭和个人又位于或接近收入分配的顶端，则信贷市场将会缓解与低收入相关的很多匮乏及不足。事实上，如果贫困在整体上是短暂的，我们可能就不需要或没必要制定劳动力市场政策或其他政策，以改善那些临时位于收入分配后端的家庭及个人的收入。然而，一定程度上贫困是一个持久的社会问题，并且很多观察人士都认为有必要采取公共政策来解决它。例如，诺贝尔经济学奖获得者乔治·施蒂格勒（1946）在半个世纪前的文献中评论道，采取一项政策消除极端贫困是无可辩驳的。今天很多观察者也都认同施蒂格勒的观点。进一步地，具有广泛认同的是，持久贫困是比临时性贫困更为极端的问题。

我们观察到的贫困有多少是短暂的，又有多少是持久的呢？岗纳·缪尔达尔（Gunnar Myrdal，1944）在其经典的美国种族关系研究中，证明了对于很多家庭而言，特别是非美姻亲家庭，贫困不仅是一代人的长期问题，贫困创造了一个累积因果的恶性循环，使得同一家庭的下一代仍然贫困的概率很高。这样贫困生成贫困，使得贫困持续存在。这表明了社会底层的长期贫困家庭在不同时期持续存在。如果社会底层贫困群体可以识别的话， 分析替代性劳动力市场政策对这一群体的影响将是十分令人关注的研究。不幸的是，可获得的数据不太适合这个目的。然而，应用当期人口 166
调查数据考察贫困的流动性和持续性还是可能的。为实施这类研究战略，我们利用当期人口调查数据的特征来实现，这一特征让我们可以通过匹配连续的同一家庭、户及个人的三月当期人口调查来构建两年期面板数据。本章中，我们将按照这个方法，对包括持久贫困及暂时贫困的美国低收入家庭在内的带有不同流动性特征的劳动力市场模拟结果进行报告。此外，我们还将分析替代性劳动力市场政策对持久或短暂接受福利的家庭的影响。

值得注意的是，还有一些学者运用其他的面板数据来分析解决短暂和持久贫困的问题。在一项开创性研究中，格雷格·邓肯（1984）运用了收入状况调查（PSID）的面板数据研究同一家庭在10年期的情况。在任何一年中，仅有20%～25%的低于官方贫困线的家庭也是在其中8年确认为官方贫困的，这表明持久贫困大约占可观察贫困的四分之一。然而，罗杰斯和罗杰斯（Rodgers & Rodgers，1993）也运用PSID考察发现，在1975—1979年时期，平均每年观察到的贫困人口中有43%为持久贫困的。进一步地，罗杰斯和罗杰斯（1993）估计在1982—1986年时期，这个比例增长到47%。下面我们将应用两年期面板数据来开展和报告类似的估计。

下一部分将介绍三月当期人口调查资料如何运用于构建两年期面板数据集，这使得我们可以跟踪了解同一家庭不同时间的情况。第二部分提供的结果显示了美国家庭的收入流动性，并且讨论了这个流动性在分析贫困和改善贫困人口福利的政策中的应用。第三部分将流动性估计结果应用于包含不同流动性特征的人口分组中。第四部分提供和讨论了与替代性劳动力市场政策模拟有关的结果。最后一部分考虑了当收入计算期由一年改为两年时对贫困的影响及替代性劳动力市场政策的结果。

一、构建两年期当期人口调查面板数据集

当期人口调查是一个分层月度随机样本，并以家庭户为基本抽样单位。某一户一旦被选作当期人口调查单位，即被分配进一个“轮换组”而被连续入户调查四个月，直到该组被轮换出当期人口调查。轮换组是

交错排列的，一组在轮换出四个月后又轮换回来，该组的家庭户又被连续 167
调查四个月。具体的家庭收入和所得问题仅在三月调查中询问。由于是交错排列的轮换组，其中在某年三月接受过调查的家庭户中有接近 50% 的家庭在上一年三月也接受过调查。其余 50% 家庭户将会在下一年接受调查。这样，可以抽取一些连续接受调查的匹配家庭户组成当期人口调查的子样本，在很多年份可能子样本户数少于抽样户的 50%。我们一般称这个子样本为“匹配样本”。

一些连续年度当期人口调查数据完全不匹配，这是由于人口调查局对数据处理和编纂方法进行改动造成的。例如，1995 年三月和 1996 年三月数据就不能用于提取出一个两年期匹配样本，以研究日历年份 1994 年和 1995 年的收入和贫困问题。[57]进一步地，2001 年和 2002 年三月当期人口调查资料可以匹配，而在匹配子样本中的家庭数大约仅有其他年度连续当期人口调查资料的匹配子样本数的一半。然而，三月 2001—2002 匹配子样本（包含日历年份 1994 年和 1995 年的收入数据）相当大，也是我们下面所报告的一些结果的依据。匹配过程不是一个简单的直接处理结果。在连续年度三月份，住在特定房子的家庭户可以进入当期人口调查数据中。可是一些人会移居，而且第二年一些家庭户可能会空巢。此外，一些家庭户的结构可能会在两年间发生变化。例如，一个家庭户可能会产生一个全新的家庭，或一个家庭经历了规模和结构的显著变换等。为确保我们分析的子样本准确匹配，我们要求当期人口调查家庭户具有一样的身份号码、家庭规模、年龄结构以及其他人口统计特征等。我们的研究对家庭户匹配所采取的具体算法在附录 2 中进行说明。

二、流动性和美国低收入家庭的收入动态

运用附录 2 中所描述的方法，我们构建了七个两年期匹配样本，对应的日历年份分别为 1990—1991、1993—1994、1996—1997、1997—1998、

1998—1999、1999—2000和2000—2001。我们运用两年期匹配当期人口调查面板数据，考察了美国家庭收入状况及其流动性。我们继续关注低收入家庭，正如在第三章、第五章中一样，这些家庭定义为低于官方贫困门槛的200%的家庭。然而，为分析收入流动性，我们必须也要引进高收入家
168 庭，以便我们评估跨越划分高低收入人口分组的收入分割线的流动。正如第五章的分析，我们一开始就将低收入人口划分为四个不重合的组。原定义为组1包括所有奥桑斯基等价收入低于官方贫困线的50%的个人与家庭。组2、组3、组4被定义为其奥桑斯基等价收入分别在50%～100%、100%～150%和150%～200%的个人与家庭分组。

表6.1～表6.7展示了流动性或转移矩阵，其中概述了美国家庭分别在七个两年期样本中的收入状况及其变动情况。这些表显示了七类流动性。例如，我们将低收入人口分成四组，分组依据是家庭收入在低收入分割点的25%之下、在低收入分割点的25%～50%、在低收入分割点的50%～75%以及在低收入分割点的75%～100%，这样我们就可以观察低收入人口内部的流动性。低收入分割点的50%就是官方贫困线，因此我们也可以观察到进入和退出贫困的流动性。最后，我们可以观察到低收入及贫困家庭进入高收入层次的流动性，也可以观察到收入在低收入分割点之上的家庭下降到低收入家庭组的流动性，以及可能一直到贫困家庭的流动性。

表6.1显示了美国家庭在2000年和2001年的流动性。表6.1（a）显示了进入和退出低收入层级的家庭数和层级不变的家庭数。该表也显示了进入和退出低收入人口的数目。表6.1（b）显示了同样的流动性，但是以家庭百分比为计算单位。表6.2～表6.7显示了其他两年期匹配样本的同样的信息。为解释流动性表格，我们一开始关注2000年的收入层级1。表6.1中，我们看到收入层级1这一排的流动状况，在2000年这一组总共有630,000户家庭。在2000年这一层级的775,000户家庭中，有145,000（19%）户家庭在2001年成为高收入家庭，还有258,000（33%）户家庭

保留在收入层级1。

表6.1（b）可能比显示绝对数家庭的表6.1（a）更容易解释。表6.1（b）的第一个方格内显示了最低收入层级（收入低于低收入分割点的25%）的家庭有33.3%一年后仍保留在同一收入层级。观察第一排同一层级的移动，我们发现2000年最低层级收入家庭有22.7%在2001年进入较高层级收入家庭，有16%的家庭进入更高的收入在低收入分割点的50%～75%的家庭，有9.3%的家庭进入低收入人口组的最高层级家庭。第一排的最后一列显示了2000年最低层级收入家庭有18.7%在2001年完全离开了低收入人口行列。

表6.1～表6.7为美国收入分配底层发生的剧变提供了直接证据。在
美国，2000年大约有590万户低收入家庭，到2001年有接近180万户家庭 169
脱离了低收入层级。然而，在2000年另外有182万户高收入家庭，在
2001年跌入底层以及进入低收入层级。我们注意到表6.1中的这一事实，
即位于对角线之上的百分比系统地小于对角线之下的百分比，这表明了在 170
2001年更多的人口流入了低收入层级，而不是流出这一层级。而在表
6.3～6.5中我们观察到了不同的流动模式，其中有更多的家庭流出低收入
层级，而不是流入这一层级。

表6.2～表6.7提供了1999—2000年、1998—1999年、1997—1998年、 171
1996—1997年、1993—1994年和1990—1991年等两年期流动性矩阵，其解
释方式如同表6.1。仔细考察这些表发现，在20世纪90年代收入流动性
稳定增长，似乎在2000年达到顶峰，在2001年可能略有下降。一种判断
流动性程度相对大小的方法就是比较1990—1991年以及后续年份的对角线
上的百分比。这些比较明显反映了20世纪90年代中后期的收入流动性大于 172
1990—1991年观察到的流动性。在1990—1991年，流动性矩阵的对角线上
的百分比系统地大于其他年份的数据，这表明家庭流动性较小。因此，在 173
美国低收入家庭中，有大量收入流动性证据以及两年期当期人口调查面板
数据有力表明在1990—1991年后收入流动性增长了。

表 6.1 流动性及美国家庭的收入动态，2000—2001

（a） 家庭数（1,000s）

			2001 年收入					
			低收入家庭*				高收入家庭	总和
			1	2	3	4		
2000年收入	低收入家庭	1	258	176	124	72	145	775
		2	130	629	284	164	227	1,435
		3	82	211	674	344	540	1,850
		4	55	110	270	511	892	1,837
	高收入家庭		175	277	484	881	13,572	15,389
	总和		700	1,402	1,836	1,972	15,376	21,286

（b） 家庭百分比

			2001 年收入					
			低收入家庭*				高收入家庭	总和
			1	2	3	4		
2000年收入	低收入家庭	1	33.3	22.7	16.0	9.3	18.7	100.0
		2	9.1	43.8	19.8	11.4	15.8	100.0
		3	4.4	11.4	36.4	18.6	29.2	100.0
		4	3.0	6.0	14.7	27.8	48.5	100.0
	高收入家庭		1.1	1.8	3.1	5.7	88.2	100.0

* 低收入家庭包括所有其等价收入低于两倍官方贫困线（低收入分割点）的家庭。低收入家庭的组 1 包括其收入低于低收入分割点的 25% 的家庭。低收入家庭的组 2 包括其收入在低收入分割点的 25% ~50% 的家庭。低收入家庭的组 3 包括其收入在低收入分割点的 50% ~75% 的家庭。低收入家庭的组 4 包括所有其收入在低收入分割点的 75% ~100% 的家庭。

比较低收入家庭在不同时期的流动性大小，另一个方法就是利用表 6.1 ~ 表 6.7 中的信息计算流出贫困阶层及低收入阶层的家庭百分比。这个
174 信息显示在图 6.1 和图 6.2 中。表 6.1 ~ 表 6.7 中的低收入人口中组 1 和组 2 对应了官方贫困人口。对于每一个两年期匹配样本，其中贫困家庭由面板

表 6.2　流动性及美国家庭的收入动态，1999—2000

（a）　家庭数（1,000s）

			2000 年收入					
			低收入家庭*				高收入家庭	总和
			1	2	3	4		
1999 年收入	低收入家庭	1	264	220	147	103	202	937
		2	200	759	387	196	425	1,968
		3	124	369	939	510	735	2,677
		4	53	148	407	735	1,010	2,353
	高收入家庭		194	332	682	1,107	19,031	21,345
	总和		835	1,828	2,562	2,651	21,404	29,280

（b）　家庭百分比

			2000 年收入					
			低收入家庭*				高收入家庭	总和
			1	2	3	4		
1999 年收入	低收入家庭	1	28.2	23.5	15.7	11.0	21.6	100.0
		2	10.2	38.6	19.7	10.0	21.6	100.0
		3	4.6	13.8	35.1	19.1	27.5	100.0
		4	2.2	6.3	17.3	31.2	42.9	100.0
	高收入家庭		0.9	1.6	3.2	5.2	89.2	100.0

*低收入家庭包括所有其等价收入低于两倍官方贫困线（低收入分割点）的家庭。低收入家庭的组 1 包括其收入低于低收入分割点的 25% 的家庭。低收入家庭的组 2 包括其收入在低收入分割点的 25% ~50% 的家庭。低收入家庭的组 3 包括其收入在低收入分割点的 50% ~75% 的家庭。低收入家庭的组 4 包括所有其收入在低收入分割点的 75% ~100% 的家庭。

中第一年的第一、二排以及第二年的第一、二栏给出。同样地，低收入人
口作为一个整体，由面板中第一年的第一到四排加和以及第二年的第一到 175
四栏的加和显示。这样，流动性表使得我们可以观察离开官方测定的贫困层的家庭比例。[58]

表 6.3　流动性及美国家庭的收入动态，1998—1999

(a)　家庭数（1,000s）

			1999 年收入					
			低收入家庭*				高收入家庭	总和
			1	2	3	4		
1998 年收入	低收入家庭	1	350	297	176	91	266	1,180
		2	245	967	551	239	435	2,437
		3	138	483	1,145	576	840	3,181
		4	116	172	511	900	1,487	3,187
	高收入家庭		228	430	779	1,269	22,613	25,320
	总和		1,078	2,349	3,162	3,075	25,641	35,305

(b)　家庭百分比

			1999 年收入					
			低收入家庭*				高收入家庭	总和
			1	2	3	4		
1998 年收入	低收入家庭	1	29.69	25.18	14.94	7.69	22.51	100.0
		2	10.06	39.68	22.60	9.82	17.84	100.0
		3	4.33	15.18	35.98	18.10	26.41	100.0
		4	3.65	5.40	16.05	28.25	46.66	100.0
	高收入家庭		0.90	1.70	3.08	5.01	89.31	100.0

*低收入家庭包括所有其等价收入低于两倍官方贫困线（低收入分割点）的家庭。低收入家庭的组 1 包括其收入低于低收入分割点的 25% 的家庭。低收入家庭的组 2 包括其收入在低收入分割点的 25% ~50% 的家庭。低收入家庭的组 3 包括其收入在低收入分割点的 50% ~75% 的家庭。低收入家庭的组 4 包括所有其收入在低收入分割点的 75% ~100% 的家庭。

177 脱贫情况在图 6.1 中进行了总结，其中显示了在 1990—1991 两年期匹配样本中的第二年有稍高于三分之一（34%）的家庭脱贫。[59]这些脱贫家庭在 1991 年向上流动到组 3 和组 4 以及高收入家庭组。图 6.1 也显示了其他两年期匹配样本的对比数据。由图可见，在 20 世纪 90 年代的两年期面板

表6.4　流动性及美国家庭的收入动态，1997—1998

（a）　家庭数（1,000s）

			1998年收入					
			低收入家庭*				高收入家庭	总和
			1	2	3	4		
1997年收入	低收入家庭	1	373	307	220	85	235	1,220
		2	252	1,058	536	263	430	2,539
		3	167	402	1,115	662	872	3,217
		4	77	227	478	989	1,565	3,337
	高收入家庭		252	380	745	1,272	22,646	25,295
	总和		1,122	2,374	3,093	3,271	25,749	35,608

（b）　家庭百分比

			1998年收入					
			低收入家庭*				高收入家庭	总和
			1	2	3	4		
1997年收入	低收入家庭	1	30.61	25.13	18.03	6.95	19.28	100
		2	9.94	41.66	21.11	10.37	16.92	100
		3	5.19	12.48	34.65	20.56	27.12	100
		4	2.32	6.82	14.33	29.63	46.91	100
	高收入家庭		0.99	1.50	2.94	5.03	89.53	100

*低收入家庭包括所有其等价收入低于两倍官方贫困线(低收入分割点)的家庭。低收入家庭的组1包括其收入低于低收入分割点的25%的家庭。低收入家庭的组2包括其收入在低收入分割点的25%~50%的家庭。低收入家庭的组3包括其收入在低收入分割点的50%~75%的家庭。低收入家庭的组4包括所有其收入在低收入分割点的75%~100%的家庭。

中的第二年，脱贫家庭呈现出了一个递增趋势，一直增加到1999—2000两年期匹配样本的50%。然而，在2000—2001两年期匹配样本中，这个脱贫比例下降到46%，这与1996—1997年样本的观察值相同。但是在2000—2001两年期匹配样本中，脱贫比例仍然比1990—1991年样本的观察值大很多。

表 6.5　流动性及美国家庭的收入动态，1996—1997

(a)　家庭数（1,000s）

			1997 年收入					
			低收入家庭*				高收入家庭	总和
			1	2	3	4		
1996 年收入	低收入家庭	1	488	311	234	119	216	1,368
		2	199	1,192	586	298	381	2,657
		3	156	493	1,184	692	792	3,317
		4	119	216	554	1,079	1,617	3,585
	高收入家庭		200	329	756	1,297	21,755	24,337
	总和		1,163	2,540	3,313	3,486	24,760	35,262

(b)　家庭百分比

			1997 年收入					
			低收入家庭*				高收入家庭	总和
			1	2	3	4		
1996 年收入	低收入家庭	1	35.71	22.72	17.07	8.72	15.78	100.0
		2	7.50	44.86	22.06	11.23	14.34	100.0
		3	4.71	14.85	35.69	20.87	23.89	100.0
		4	3.33	6.01	15.45	30.11	45.10	100.0
	高收入家庭		0.82	1.35	3.11	5.33	89.39	100.0

*低收入家庭包括所有其等价收入低于两倍官方贫困线（低收入分割点）的家庭。低收入家庭的组 1 包括其收入低于低收入分割点的 25% 的家庭。低收入家庭的组 2 包括其收入在低收入分割点的 25% ~50% 的家庭。低收入家庭的组 3 包括其收入在低收入分割点的 50% ~75% 的家庭。低收入家庭的组 4 包括所有其收入在低收入分割点的 75% ~100% 的家庭。

图 6.2 主要关注流出低收入层级的情况，这个层级定义为两倍官方贫困线之下的收入层级。这个流动性也显示了递增的趋势，直到1997—1998，在这个点流出家庭占比为 30% ~31%。

表6.6 流动性及美国家庭的收入动态，1993—1994

(a) 家庭数（1,000s）

		1994年收入					
		低收入家庭*				高收入家庭	总和
		1	2	3	4		
1993年收入 低收入家庭	1	422	318	122	91	144	1,096
	2	246	900	524	196	264	2,130
	3	122	433	989	533	612	2,689
	4	76	164	462	900	1,243	2,844
高收入家庭		166	337	640	1,026	17,924	20,092
总和		1,031	2,152	2,736	2,747	20,187	28,852

(b) 家庭百分比

		1994年收入					
		低收入家庭*				高收入家庭	总和
		1	2	3	4		
1993年收入 低收入家庭	1	38.46	29.00	11.10	8.29	13.15	100.0
	2	11.55	42.26	24.59	9.20	12.40	100.0
	3	4.53	16.11	36.77	19.83	22.76	100.0
	4	2.67	5.75	16.23	31.65	43.70	100.0
高收入家庭		0.82	1.68	3.18	5.11	89.21	100.0

*低收入家庭包括所有其等价收入低于两倍官方贫困线（低收入分割点）的家庭。低收入家庭的组1包括其收入低于低收入分割点的25%的家庭。低收入家庭的组2包括其收入在低收入分割点的25%~50%的家庭。低收入家庭的组3包括其收入在低收入分割点的50%~75%的家庭。低收入家庭的组4包括所有其收入在低收入分割点的75%~100%的家庭。

表 6.7 流动性及美国家庭的收入动态，1990—1991

（a） 家庭数（1,000s）

			1991 年收入					
			低收入家庭*				高收入家庭	总和
			1	2	3	4		
1990 年收入	低收入家庭	1	444	285	99	66	116	1,009
		2	248	1,263	430	194	235	2,371
		3	74	439	1,094	493	543	2,642
		4	69	202	519	898	1,121	2,809
	高收入家庭		150	287	625	1,189	19,231	21,483
	总和		984	2,477	2,767	2,840	21,246	30,314

（b） 家庭百分比

			1991 年收入					
			低收入家庭*				高收入家庭	总和
			1	2	3	4		
1990 年收入	低收入家庭	1	43.95	28.24	9.83	6.49	11.49	100.0
		2	10.47	53.28	18.15	8.20	9.90	100.0
		3	2.79	16.60	41.40	18.65	20.57	100.0
		4	2.45	7.21	18.48	31.97	39.90	100.0
	高收入家庭		0.70	1.34	2.91	5.54	89.52	100.0

* 低收入家庭包括所有其等价收入低于两倍官方贫困线（低收入分割点）的家庭。低收入家庭的组 1 包括其收入低于低收入分割点的 25% 的家庭。低收入家庭的组 2 包括其收入在低收入分割点的 25% ~50% 的家庭。低收入家庭的组 3 包括其收入在低收入分割点的 50% ~75% 的家庭。低收入家庭的组 4 包括所有其收入在低收入分割点的 75% ~100% 的家庭。

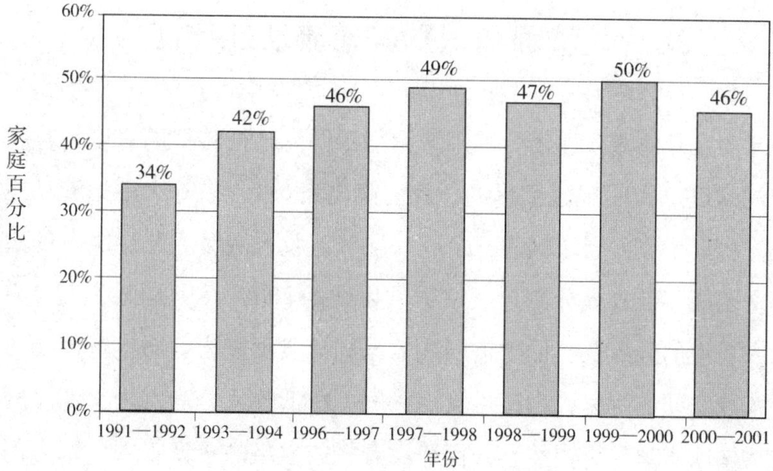

图 6.1　一年后脱离贫困的家庭百分比

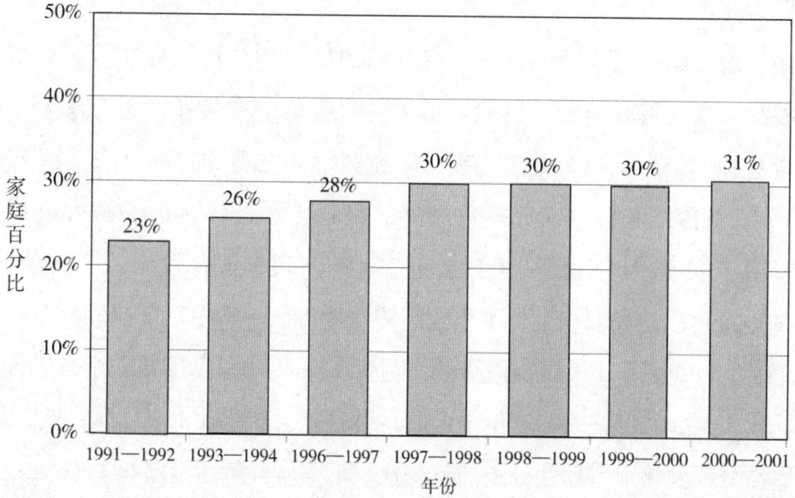

图 6.2　一年后离开低收入组（两倍官方贫困线）的家庭百分比

三、定义持久贫困和识别其他流动性特征

表6.1及其他流动性表可以用于识别不同流动性特征的家庭，包括持久贫困的家庭。为实现这个目的，我们简化表6.1～表6.7中的流动性转移矩阵，将五个收入层级改为三个收入层级。收入层级2与层级3的边界是官方贫困线，低收入分割点（官方贫困线的200%）则是低收入人口组与高收入人口组的分界线。低于贫困线的家庭是贫困家庭，而在贫困线与低收入分割点之间的家庭称为接近贫困家庭。在低收入分割点之上的家庭我们称之为高收入家庭。当然，我们并没有将收入略高于低收入分割点的家庭认作为高收入家庭。然而，我们的兴趣在于低于低收入分割点的家庭，并且可以极明显地将家庭区分成三组，而高于两倍官方贫困线的家庭我们即称之为高收入家庭。

在收入分配不同部分的家庭具有不同的规模和结构。为在持久贫困分析中吸收家庭规模和结构，我们除了考虑家庭单位本身外，还考虑家庭内奥桑斯基等价个人。重点关注三组——在贫困线之下的家庭与个人（贫困人口）、在贫困线和低收入分割点之间的家庭与个人（接近贫困人口）以及既不属于贫困人口也不属于接近贫困人口的家庭和个人（高收入组）——这可以使我们识别九类不同的流动性特征。其中三个流动性分组位
178 于对角线上，在图6.3中以阴影显示。图6.3（a）中显示了在九个流动性分组中低收入家庭的奥桑斯基等价个人所占百分比，而图6.3（b）则显示了个体家庭被分配到每个流动性分组的百分比。下面所分析的是图6.3（b）中的家庭。第一组占所有家庭的5.7%，并由2000年及2001年贫困家庭构成。由于其家庭没有流出贫困，所以我们称组1的家庭为“持久贫困家庭”。注意
179 持久贫困家庭（占所有家庭的5.7%）占了2000年所有贫困家庭的53.8%和2001年所有贫困家庭的56.4%。由此可见，在2000—2001两年期匹配样本中，单个年份持久贫困家庭占被划分为贫困家庭的一半以上。[60]

（a）个人

<table>
<tr><td colspan="3" rowspan="3"></td><td colspan="5">2001年收入</td></tr>
<tr><td colspan="4">低收入个人</td><td rowspan="2">高收入个人</td><td rowspan="2">总和</td></tr>
<tr><td>1</td><td>2</td><td>3</td><td>4</td></tr>
<tr><td rowspan="6">2000年收入</td><td rowspan="4">低收入个人</td><td>1</td><td colspan="2" rowspan="2">1
(5.2%)</td><td colspan="2" rowspan="2">4
(2.9%)</td><td rowspan="2">5
(1.6%)</td><td rowspan="2">9.7%</td></tr>
<tr><td>2</td></tr>
<tr><td>3</td><td colspan="2" rowspan="2">7
(2.1%)</td><td colspan="2" rowspan="2">2
(8.0%)</td><td rowspan="2">6
(6.6%)</td><td rowspan="2">16.7%</td></tr>
<tr><td>4</td></tr>
<tr><td colspan="2">高收入个人</td><td colspan="2">8
(1.7%)</td><td colspan="2">9
(6.0%)</td><td>3
(66.0%)</td><td>73.7%</td></tr>
<tr><td colspan="2">总和</td><td colspan="2">9.0%</td><td colspan="2">16.9%</td><td>74.2%</td><td>100.0%</td></tr>
</table>

（b）家庭

<table>
<tr><td colspan="3" rowspan="3"></td><td colspan="5">2001年收入</td></tr>
<tr><td colspan="4">低收入家庭</td><td rowspan="2">高收入家庭</td><td rowspan="2">总和</td></tr>
<tr><td>1</td><td>2</td><td>3</td><td>4</td></tr>
<tr><td rowspan="6">2000年收入</td><td rowspan="4">低收入家庭</td><td>1</td><td colspan="2" rowspan="2">1
(5.7%)</td><td colspan="2" rowspan="2">4
(3.0%)</td><td rowspan="2">6
(1.8%)</td><td rowspan="2">10.5%</td></tr>
<tr><td>2</td></tr>
<tr><td>3</td><td colspan="2" rowspan="2">7
(2.2%)</td><td colspan="2" rowspan="2">2
(8.5%)</td><td rowspan="2">6
(6.8%)</td><td rowspan="2">17.5%</td></tr>
<tr><td>4</td></tr>
<tr><td colspan="2">高收入家庭</td><td colspan="2">8
(2.1%)</td><td colspan="2">9
(6.4%)</td><td>3
(63.6%)</td><td>72.1%</td></tr>
<tr><td colspan="2">总和</td><td colspan="2">10.0%</td><td colspan="2">17.9%</td><td>72.2%</td><td>100.0%</td></tr>
</table>

图6.3　九个人口分组的流动性特征，2000—2001

图6.3（b）中对角线上的第二组占所有家庭的8.5%，被划分为两年期的接近贫困家庭组。组2在两年期匹配样本中，既不向上流动也不向下流动，因而具有0流动性。相应地，我们称组2为“持久接近贫困组”。组3也是在图6.3（b）的对角线上并占所有美国家庭的63.6%。组3中的

这些家庭在2000年和2001年既不是贫困家庭也不是接近贫困家庭，所以我们称之为“持久高收入”家庭。

图6.3（b）中对角线上的家庭百分比总和即组1、组2和组3百分比之和为77.8%（5.7% +8.5% +63.6%）。这样，大约有四分之三的美国家庭在所讨论的三个收入层级——贫困层级、接近贫困层级和高收入层级之间是不流动的。相反地，2000—2001匹配样本显示了有22.2%的美国家庭在三类收入层级（贫困、接近贫困和高收入组）之间表现出向上流动或者向下流动。[61]一些家庭流出贫困或接近贫困组，而另一些家庭则会流进。在贫困、接近贫困和高收入组之间流动的家庭被划分为六个流动性组，这六个组都显示在图6.3中。如上所讨论的，组1、2和3中的家庭相对于其2000年所属的收入层级没有流动。但是组4～组9都有其特别的流动，这在图6.3中均可以观察到。

表6.8概述了九个可识别流动性特征组的定义。例如，组4，在2000年到2001年流出贫困组，而在2001年属于接近贫困组。我们将组4中的家庭称为“向上流动贫困1”，它不同于组5，组5的家庭流出贫困组并且一直流动到高收入组。我们称组5的家庭为“向上流动贫困2”。图6.3显示，在2000—2001年匹配样本中“向上流动贫困1”组家庭占所有家庭的3%，而“向上流动贫困2”组家庭所占比例相当小。仅有1.8%美国家庭在2000年属于贫困组，到2001年就跳入高收入组。然而，应当记住当换算为占贫困家庭比例时，1.8%即变为17%。

图6.3中的组6占所有家庭的6.7%，并被称为“向上流动接近贫困”。该组的家庭在2000年属于接近贫困层级，到2001年就流进高收入层级。图6.3中的其余三组（7～9）显示出某一种类型的向下流动。组7（占所有家庭的2.2%）家庭在2000年属于接近贫困组，到2001年就跌
180 入贫困组。这些家庭被称为“向下流动贫困1”。组8家庭占所有家庭的2.1%，在2000年属于高收入组，到2001年就一直跌入贫困线以下。这些家庭被称为“向下流动贫困2”。最后一组即组9家庭占所有家庭的

表 6.8　流动性特征及人口分组下的福利接受状态的定义

分组	定义
流动性特征	
1. 持久贫困	两年内低于官方贫困线
2. 持久接近贫困	两年内高于官方贫困线但低于贫困线的 200%
3. 持久高收入	两年内高于官方贫困线的 200%
4. 向上流动贫困 1	在第一年低于官方贫困线并在第二年属于接近贫困
5. 向上流动贫困 2	在第一年低于官方贫困线并在第二年属于接近贫困和高收入分组
6. 向上流动接近贫困	在第一年高于官方贫困线并在第二年进入接近贫困和高收入分组
7. 向下流动贫困 1	在第一年高于官方贫困线并在第二年进入接近贫困和低于官方贫困线
8. 向下流动贫困 2	在第一年属于高收入分组并在第二年低于官方贫困线
9. 向下流动接近贫困	在第一年属于高收入分组并在第二年进入接近贫困组
10. 全部人口	连续三月当期人口调查数据的匹配样本
福利接受状况	
11. 长期接受福利组	两年内接受公共资助的家庭
12. 脱离福利去工作	第一年接受公共资助而第二年没有接受的家庭
13. 不再工作接受福利	第一年没有接受公共资助而第二年接受的家庭
14. 所有福利接受者	所有在第一年或第二年接受公共资助的家庭

6.4%，在 2000 年属于高收入组，到 2001 年就一直跌入接近贫困组。为保持与描述其他家庭的流动性特征的术语一致，组 9 家庭就被称为“向下流动接近贫困”。

在研究替代性劳动力政策对持久贫困及其他不同流动性组的影响之前，我们简单地概述和讨论一下有值得关注特征的家庭，并且这些特征可以使用两年期匹配样本进行识别和分析。三月当期人口调查数据使我们可以识别之前年份以家计调查现金或非现金转移支付形式获得公共资助的家 181
庭。家计调查的收入转移支付普遍被视为福利，我们在此也采用这一术语。两年期匹配当期人口调查样本可以让我们识别三类福利接受家庭。第一类，就是在当期人口调查的两个年份内均接受福利的家庭。我们称这些家庭以及家庭中的奥桑斯基等价个人为长期接受福利组。第二类，就是在2000年接受福利而在2001年没有接受福利的家庭。这些脱离福利接受者的家庭我们称之为脱离福利去工作组。最后一类福利接受组是由在2000年没有接受福利而在2001年接受福利的家庭组成。这一组被称为不再工作接受福利组。表6.8提供了以上各组的定义。

在讨论基于两年期匹配样本中福利接受者状态的家庭及奥桑斯基等价个人的分类时，有两个注意事项值得强调。第一，是户主以及一家之主获得现金和非现金收入转移支付，而不是个人。第二，在长期接受福利组、脱离福利去工作组和不再工作接受福利组三组中的观察值数目很小。例如，在2000—2001两年期匹配样本中，三个组合并在一起仅有644个个人观察值。然而，如果使用最终的当期人口调查权数对这些数据进行加权计算，则这些观察值代表了总计130万个个人的情况。尽管基于福利接收状态的原始观察值数据很有限，但是深入探讨替代性等成本劳动力市场政策对长期接受福利组、脱离福利去工作组和不再工作接受福利组等组的影响是很有意义的。在下一节讨论完对持久贫困以及其他可识别的不同流动性特征分组的影响之后，我们再回到这个问题。

四、替代性劳动力市场政策对持久贫困和2000—2001年匹配样本的其他可识别分组的影响

表6.9和表6.10展示了三项等成本劳动力市场政策对第三节讨论的九个流动性分组及三个福利接受组的现金和综合性收入的影响。表6.9显示了三项替代性劳动力市场政策模拟有关奥桑斯基等价个人的结果。表6.10显示了有关家庭的结果。当福利接收单位由奥桑斯基等价个人转为家庭时，有关各流动性和福利接受组的结果在性质上是一样的。

189 表6.9（a）显示了模拟1的结果，该模拟基于有关最低工资政策的零

表 6.9　等成本劳动力市场模拟对长期贫困人口及其他具有不同流动性特征的人口分组的影响，2001

人口特征	人口数和人口比例		政策模拟前收入		等成本劳动力市场政策模拟后增加的收入					
	绝对数[a]	比例	现金	综合性	最低工资		EITC		FICA	
					美元	比例	美元	比例	美元	比例
	（1）	（2）	（3）	（4）	（5）	（6）	（7）	（8）	（9）	（10）
（a）模拟 1——零就业弹性										
流动性特征										
1. 持久贫困	2,489	0.052	4,986	6,667	117	0.060	470	0.217	132	0.067
2. 持久接近贫困	3,870	0.080	13,777	14,352	122	0.098	370	0.265	473	0.376
3. 持久高收入	31,823	0.660	54,537	42,847	82	0.541	15	0.088	0	0.000
4. 向上流动贫困 1	1,385	0.029	12,772	13,275	182	0.052	455	0.117	487	0.138
5. 向上流动贫困 2	751	0.016	36,345	30,024	96	0.015	76	0.011	0	0.000
6. 向上流动接近贫困	3,210	0.067	30,727	26,682	89	0.059	47	0.028	0	0.000
7. 向下流动贫困 1	979	0.020	5,711	7,159	157	0.032	555	0.101	190	0.038
8. 向下流动贫困 2	831	0.017	5,056	6,887	225	0.039	454	0.070	184	0.031
9. 向下流动接近贫困	2,870	0.060	14,947	15,208	175	0.104	193	0.103	594	0.350
10. 全部人口	48,210	1.000	41,435	33,575	100	1.000	112	1.000	101	1.000
福利接受状况										
11. 长期接受福利组	432	0.009	9,234	10,711	182	0.016	479	0.038	186	0.017
12. 脱离福利去工作	528	0.011	13,471	13,211	118	0.013	559	0.054	363	0.039
13. 不再工作接受福利	362	0.008	12,697	13,168	100	0.008	469	0.031	163	0.012
14. 所有福利接受者	1,321	0.027	11,874	12,382	134	0.037	508	0.124	250	0.068

续表

人口特征	人口数和人口比例		政策模拟前收入		等成本劳动力市场政策模拟后增加的收入					
	绝对数[a]	比例	现金	综合性	最低工资		EITC		FICA	
	(1)	(2)	(3)	(4)	美元 (5)	比例 (6)	美元 (7)	比例 (8)	美元 (9)	比例 (10)
(b) 模拟 2d——非成年工人的极值就业弹性										
流动性特征										
1. 持久贫困	2,489	0.052	4,986	6,667	114	0.063	436	0.221	122	0.070
2. 持久接近贫困	3,870	0.080	13,777	14,352	119	0.102	335	0.264	421	0.376
3. 持久高收入	31,823	0.660	54,537	42,847	74	0.520	13	0.084	0	0.000
4. 向上流动贫困 1	1,385	0.029	12,772	13,275	174	0.053	423	0.119	448	0.143
5. 向上流动贫困 2	751	0.016	36,345	30,024	87	0.014	71	0.011	0	0.000
6. 向上流动接近贫困	3,210	0.067	30,727	26,682	83	0.059	44	0.029	0	0.000
7. 向下流动贫困 1	979	0.020	5,711	7,159	155	0.033	505	0.101	172	0.039
8. 向下流动贫困 2	831	0.017	5,056	6,887	222	0.041	401	0.068	162	0.031
9. 向下流动接近贫困	2,870	0.060	14,947	15,208	173	0.110	176	0.103	525	0.347
10. 全部人口	48,210	1.000	41,435	33,575	94	1.000	102	1.000	90	1.000
福利接受状况										
11. 长期接受福利组	432	0.009	9,234	10,711	175	0.017	443	0.039	171	0.017
12. 脱离福利去工作	528	0.011	13,471	13,211	117	0.014	525	0.056	322	0.039
13. 不再工作接受福利	362	0.008	12,697	13,168	100	0.008	431	0.032	150	0.013
14. 所有福利接受者	1,321	0.027	11,874	12,382	132	0.038	473	0.127	226	0.069

续表

人口特征	人口数和人口比例		政策模拟前收入		等成本劳动力市场政策模拟后增加的收入					
	绝对数[a]	比例	现金	综合性	最低工资		EITC		FICA	
					美元	比例	美元	比例	美元	比例
	(1)	(2)	(3)	(4)	(5)	(6)	(7)	(8)	(9)	(10)
(c) 模拟 5c——就业弹性的最优估计										
流动性特征										
1. 持久贫困	2,489	0.052	4,986	6,667	117	0.064	443	0.220	125	0.070
2. 持久接近贫困	3,870	0.080	13,777	14,352	123	0.104	341	0.263	428	0.374
3. 持久高收入	31,823	0.660	54,537	42,847	76	0.528	14	0.089	0	0.000
4. 向上流动贫困 1	1,385	0.029	12,772	13,275	173	0.052	431	0.119	456	0.142
5. 向上流动贫困 2	751	0.016	36,345	30,345	93	0.015	72	0.011	0	0.000
6. 向上流动接近贫困	3,210	0.067	30,727	26,682	84	0.059	45	0.029	0	0.000
7. 向下流动贫困 1	979	0.020	5,711	7,159	159	0.034	514	0.100	175	0.039
8. 向下流动贫困 2	831	0.017	5,056	6,887	224	0.041	408	0.067	165	0.031
9. 向下流动接近贫困	2,870	0.060	14,947	15,208	175	0.110	179	0.102	534	0.345
10. 全部人口	48,210	1.000	41,435	33,575	95	1.000	104	1.000	92	1.000
福利接受状况										
11. 长期接受福利组	432	0.009	9,234	10,711	171	0.016	451	0.039	174	0.017
12. 脱离福利去工作	528	0.011	13,471	13,211	109	0.013	534	0.056	328	0.039
13. 不再工作接受福利	362	0.008	12,697	13,168	101	0.008	439	0.032	153	0.012
14. 所有福利接受者	1,321	0.027	11,874	12,382	127	0.037	481	0.127	229	0.068

[a] 以千计。

表 6.10 等成本劳动力市场模拟对长期贫困家庭及具有不同流动性特征的其他家庭分组的影响,2001

人口特征	人口数和人口比例		政策模拟前收入		等成本劳动力市场政策模拟后增加的收入					
	绝对数[a]	比例	现金	综合性	最低工资		FICA		EITC	
					美元	比例	美元	比例	美元	比例
	(1)	(2)	(3)	(4)	(5)	(6)	(7)	(8)	(9)	(10)
(a)模拟 1——零就业弹性										
流动性特征										
1. 持久贫困	1,204	0.057	6,754	8,796	134	0.059	480	0.211	148	0.065
2. 持久接近贫困	1,798	0.085	18,078	18,987	160	0.105	407	0.267	559	0.367
3. 持久高收入	13,514	0.637	76,510	60,012	104	0.513	17	0.084	0	0.000
4. 向上流动贫困 1	638	0.030	17,238	17,957	249	0.058	502	0.117	586	0.137
5. 向上流动贫困 2	371	0.018	45,572	38,131	96	0.013	77	0.010	0	0.000
6. 向上流动接近贫困	1,435	0.068	43,022	37,118	112	0.059	58	0.030	0	0.000
7. 向下流动贫困 1	456	0.022	7,665	9,500	196	0.033	600	0.100	227	0.038
8. 向下流动贫困 2	445	0.021	6,204	8,493	258	0.042	446	0.073	204	0.033
9. 向下流动接近贫困	1,360	0.064	19,390	19,827	244	0.121	218	0.108	730	0.363
10. 全部人口	21,221	1.000	56,398	45,692	129	1.000	129	1.000	129	1.000
福利接受状况										
11. 长期接受福利组	113	0.005	15,752	18,661	321	0.013	844	0.035	321	0.013
12. 脱离福利去工作	160	0.008	22,781	22,548	209	0.012	962	0.057	569	0.034
13. 不再工作接受福利	124	0.006	20,300	20,901	155	0.007	663	0.030	242	0.011
14. 所有福利接受者	397	0.019	20,006	20,927	224	0.032	835	0.121	396	0.057

续表

人口特征	人口数和人口比例		政策模拟前收入		等成本劳动力市场政策模拟后增加的收入					
	绝对数[a]	比例	现金	综合性	最低工资		FICA		EITC	
					美元	比例	美元	比例	美元	比例
	(1)	(2)	(3)	(4)	(5)	(6)	(7)	(8)	(9)	(10)
(b) 模拟 2d——非成年工人的极值就业弹性										
流动性特征										
1. 持久贫困	1,204	0.057	6,754	8,796	131	0.061	446	0.213	137	0.067
2. 持久接近贫困	1,798	0.085	18,078	18,987	157	0.109	369	0.263	501	0.366
3. 持久高收入	13,514	0.637	76,510	60,012	95	0.496	16	0.086	0	0.000
4. 向上流动贫困 1	638	0.030	17,238	17,957	238	0.059	467	0.118	541	0.140
5. 向上流动贫困 2	371	0.018	45,572	38,131	86	0.012	71	0.010	0	0.000
6. 向上流动接近贫困	1,435	0.068	43,022	37,118	106	0.059	54	0.031	0	0.000
7. 向下流动贫困 1	456	0.022	7,665	9,500	194	0.034	548	0.099	207	0.038
8. 向下流动贫困 2	445	0.021	6,204	8,493	254	0.044	396	0.070	182	0.033
9. 向下流动接近贫困	1,360	0.064	19,390	19,827	242	0.127	199	0.107	651	0.360
10. 全部人口	21,221	1.000	56,398	45,692	122	1.000	119	1.000	116	1.000
福利接受状况										
11. 长期接受福利组	113	0.005	15,752	18,661	310	0.013	779	0.035	294	0.013
12. 脱离福利去工作	160	0.008	22,781	22,548	208	0.013	905	0.058	512	0.034
13. 不再工作接受福利	124	0.006	20,300	20,901	155	0.007	611	0.030	224	0.011
14. 所有福利接受者	397	0.019	20,006	20,927	220	0.034	778	0.122	360	0.058

续表

人口特征	家庭数和人口比例		政策模拟前收入		等成本劳动力市场政策模拟后增加的收入					
	绝对数[a]	比例	现金	综合性	最低工资		FICA		EITC	
					美元	比例	美元	比例	美元	比例
	(1)	(2)	(3)	(4)	(5)	(6)	(7)	(8)	(9)	(10)
(c) 模拟 5c——就业弹性的最优估计										
流动性特征										
1. 持久贫困	1,204	0.057	6,754	8,796	134	0.061	454	0.213	139	0.067
2. 持久接近贫困	1,798	0.085	18,078	18,987	161	0.110	376	0.263	510	0.366
3. 持久高收入	13,514	0.637	76,510	60,012	97	0.498	16	0.084	0	0.000
4. 向上流动贫困 1	638	0.030	17,238	17,957	238	0.058	475	0.118	550	0.140
5. 向上流动贫困 2	371	0.018	45,572	38,131	93	0.013	73	0.011	0	0.000
6. 向上流动接近贫困	1,435	0.068	43,022	37,118	106	0.058	54	0.030	0	0.000
7. 向下流动贫困 1	456	0.022	7,665	9,500	196	0.034	557	0.099	210	0.038
8. 向下流动贫困 2	445	0.021	6,204	8,493	256	0.043	403	0.070	185	0.033
9. 向下流动接近贫困	1,360	0.064	19,390	19,827	244	0.126	202	0.107	662	0.360
10. 全部人口	21,221	1.000	56,398	45,692	124	1.000	121	1.000	118	1.000
福利接受状况										
11. 长期接受福利组	113	0.005	15,752	18,661	303	0.013	793	0.035	299	0.013
12. 脱离福利去工作	160	0.008	22,781	22,548	196	0.012	920	0.058	520	0.033
13. 不再工作接受福利	124	0.006	20,300	20,901	156	0.007	622	0.030	227	0.011
14. 所有福利接受者	397	0.019	20,006	20,927	214	0.032	791	0.122	366	0.058

[a] 以千计。

表 6. 11　不同流动性特征及福利接受状态的人口获得奥桑斯基等价收入福利比较

	三项等成本劳动力市场政策的福利		
	最低工资相当于 EITC 的比例 %（1）	最低工资相当于 FICA 的比例 %（2）	FICA 相当于 EITC 的比例%（3）
（a）模拟 1——零就业弹性			
流动性特征			
1. 持久贫困	24. 9	88. 6	28. 1
2. 持久接近贫困	33. 0	25. 8	127. 8
3. 持久高收入	546. 7	–	0. 0
4. 向上流动贫困 1	40. 0	37. 4	107. 0
5. 向上流动贫困 2	126. 3	–	0. 0
6. 向上流动接近贫困	189. 4	–	0. 0
7. 向下流动贫困 1	28. 3	82. 6	34. 2
8. 向下流动贫困 2	49. 6	122. 3	40. 5
9. 向下流动接近贫困	90. 7	29. 5	307. 8
10. 全部人口	89. 3	99. 0	90. 2
福利接受状况			
11. 长期接受福利组	38. 0	97. 8	38. 8
12. 脱离福利去工作	21. 1	32. 5	64. 9
13. 不再工作接受福利	21. 3	61. 3	34. 8
14. 所有福利接受者	26. 4	53. 6	49. 2
（b）模拟 2d——非成年工人的极值就业弹性			
流动性特征			
1. 持久贫困	26. 1	93. 4	28. 0
2. 持久接近贫困	35. 5	28. 3	125. 7
3. 持久高收入	569. 2	–	0. 0
4. 向上流动贫困 1	41. 1	38. 8	105. 9
5. 向上流动贫困 2	122. 5	–	0. 0
6. 向上流动接近贫困	188. 6	–	0. 0
7. 向下流动贫困 1	30. 7	90. 1	34. 1
8. 向下流动贫困 2	55. 4	137. 0	40. 4
9. 向下流动接近贫困	98. 3	33. 0	298. 3
10. 全部人口	92. 2	104. 4	88. 2
福利接受状况			
11. 长期接受福利组	39. 5	102. 3	38. 6

续表

	三项等成本劳动力市场政策的福利		
	最低工资 相当于 EITC 的 比例 %（1）	最低工资 相当于 FICA 的 比例 %（2）	FICA 相当于 EITC 的 比例%（3）
12. 脱离福利去工作	22.3	36.3	61.3
13. 不再工作接受福利	23.2	66.7	34.8
14. 所有福利接受者	27.9	58.4	47.8
（c）模拟 5c——就业弹性的最优估计			
表 6.10　等成本劳动力市场政策模拟对持久贫困家庭及其他家庭的影响			
1. 持久贫困	26.4	93.6	28.2
2. 持久接近贫困	36.1	28.7	125.5
3. 持久高收入	542.9	–	0.0
4. 向上流动贫困 1	40.1	37.9	105.8
5. 向上流动贫困 2	129.2	–	0.0
6. 向上流动接近贫困	186.7	–	0.0
7. 向下流动贫困 1	30.9	90.9	34.0
8. 向下流动贫困 2	54.9	135.8	40.4
9. 向下流动接近贫困	97.8	32.8	298.3
10. 全部人口	91.3	103.3	88.5
福利接受状况			
11. 长期接受福利组	37.9	98.3	38.6
12. 脱离福利去工作	20.4	33.2	61.4
13. 不再工作接受福利	37.9	98.3	38.6
14. 所有福利接受者	20.4	33.2	61.4

就业弹性的假设以及有关工作夫妇对收入抵税额变化的零劳动供给弹性假设。表 6.9（b）和（c）则显示了模拟 2d 和 5c 中同样的结果，这些模拟考虑了逆就业弹性。关键结果显示在这些表的第一排 5～10 栏处。在表 6.9（a）中持久贫困组获得了 21.7% 的 EITC 福利，与之比较，仅获得 6.0% 最低工资政策福利以及 6.7% FICA 税减免政策福利。这些结果在模拟 2d 和 5c 中也同样成立，仅有百分比上微小的变化。进一步地，表 6.10 有关家庭的结果类似于奥桑斯基等价个人的结果。有关证据确定无疑地表明了，在 EITC 政策下持久贫困家庭的福利改善要比在最低工资政策或

FICA政策下好得多。第11～14 排显示了同样的、尽管不是太显著的有关福利接受组的结果。无论福利接受者被划分为长期的还是短暂的，EITC 政策提供的福利比最低工资政策或 FICA 政策提供的福利都要多。与 EITC 政策相比，甚至和 FICA 政策相比，提高最低工资政策对改善贫困工作人口也就是福利接受者的福利显然是不足的。

表6.9 和表6.10 的其他方面也显示了很多信息。第2 行和第9 行显 191
示了在给持久接近贫困组和向下流动接近贫困组提供福利方面，FICA 税减免政策特别有效。无论是从个人还是家庭的奥桑斯基等价收入来看，不论采用什么特殊弹性，FICA 税减免政策都一致地转移了36%～37%的福利给持久接近贫困组，以及34%～36%的福利给向下流动接近贫困组。与 FICA 税减免政策及 EITC 政策相比，最低工资政策并不是亲近贫困的，因为其福利的50%～54%一致地转移给了持久高收入组。最低工资政策下的另外两个最有利的组就是向下流动接近贫困组及持久接近贫困组。

表6.11 和表6.12 从表6.9 和表6.10 推演而来，显示了在三个替代性劳动力市场政策下，分别转移给各个分组的福利百分比的配对比较。与表6.9 和表6.10 相比，这两张表没有提供其他更新的结果。然而，这些表可以使读者很容易地比较替代性劳动力市场政策在每个模拟下转移给以个人或家庭奥桑斯基等价收入度量的不同分组的相对福利比例。例如，对于持久贫困组，最低工资政策转移了相当于25%～30%比例的EITC 福利，最
低百分比（24.9%）发生在模拟1 的个人奥桑斯基等价收入上，最高百分 192
比（29.5%）出现在模拟5c 的家庭奥桑斯基等价收入上。同样地，与 FI-CA 政策相比，最低工资政策转移了88%～96%的 FICA 福利给持久贫困组，具体百分比大小则依据模拟类别，以及是从个人还是从家庭的奥桑斯基等价收入来看。

替代性等成本劳动力市场政策的最终比较值得强调。如果我们来关注持久低收入人口，即2000 年和2001 年收入低于低收入分割点的家庭，我

表 6.12　不同流动性特征及福利接受状态的家庭收入增长的比较

	三项等成本劳动力市场政策的福利		
	最低工资相当于 EITC 的比例 %（1）	最低工资相当于 FICA 的比例 %（2）	FICA 相当于 EITC 的比例%（3）
(a) 模拟 1——零就业弹性			
流动性特征			
1. 持久贫困	27.9	90.5	30.8
2. 持久接近贫困	39.3	28.6	137.3
3. 持久高收入	611.8	–	0.0
4. 向上流动贫困 1	49.6	42.5	116.7
5. 向上流动贫困 2	124.7	–	0.0
6. 向上流动接近贫困	193.1	–	0.0
7. 向下流动贫困 1	32.7	86.3	37.8
8. 向下流动贫困 2	57.8	126.5	45.7
9. 向下流动接近贫困	111.9	33.4	334.9
10. 全部人口	100.0	100.0	100.0
福利接受状况			
11. 长期接受福利组	38.0	100.0	38.0
12. 脱离福利去工作	21.7	36.7	59.1
13. 不再工作接受福利	38.0	100.0	38.0
14. 所有福利接受者	21.7	36.7	59.1
(b) 模拟 2d——非成年工人的极值就业弹性			
流动性特征			
1. 持久贫困	29.4	95.6	30.7
2. 持久接近贫困	42.5	31.3	135.8
3. 持久高收入	593.8	–	0.0
4. 向上流动贫困 1	51.0	44.0	115.8
5. 向上流动贫困 2	121.1	–	0.0
6. 向上流动接近贫困	196.3	–	0.0
7. 向下流动贫困 1	35.4	93.7	37.8
8. 向下流动贫困 2	64.1	139.6	46.0
9. 向下流动接近贫困	121.6	37.2	327.1
10. 全部人口	102.5	105.2	97.5
福利接受状况			
11. 长期接受福利组	39.8	105.4	37.7

续表

	三项等成本劳动力市场政策的福利		
	最低工资相当于 EITC 的比例 %（1）	最低工资相当于 FICA 的比例 %（2）	FICA 相当于 EITC 的比例%（3）
12. 脱离福利去工作	23.0	40.6	56.6
13. 不再工作接受福利	39.8	105.4	37.7
14. 所有福利接受者	23.0	40.6	56.6
（c）模拟 5c——就业弹性的最优估计			
流动性特征			
1. 持久贫困	29.5	96.4	30.6
2. 持久接近贫困	42.8	31.6	135.6
3. 持久高收入	606.3	–	0.0
4. 向上流动贫困 1	50.1	43.3	115.8
5. 向上流动贫困 2	127.4	–	0.0
6. 向上流动接近贫困	196.3	–	0.0
7. 向下流动贫困 1	35.2	93.3	37.7
8. 向下流动贫困 2	63.5	138.4	45.9
9. 向下流动接近贫困	120.8	36.9	327.7
10. 全部人口	102.5	105.1	97.5
福利接受状况			
11. 长期接受福利组	38.2	101.3	37.7
12. 脱离福利去工作	21.3	37.7	56.5
13. 不再工作接受福利	38.2	101.3	37.7
14. 所有福利接受者	21.3	37.7	56.5

们发现在模拟 5c 中，EITC 政策给该组转移了 69.3% 的福利。[62] 与之相比，每小时高 1 美元的最低工资政策仅仅转移了 25.4% 的福利给该组。而 FICA 税减免政策给该组转移了 62.5% 的福利。因此，持久低收入家庭从等成本 EITC 政策获得了最大的福利。虽然提高最低工资政策也给持久低收入家庭带来福利，但是这个福利仅有等成本 EITC 政策福利的 36.65%。

五、贫困与使用两年收入核算期的替代性劳动力市场政策的影响

两年当期人口调查面板数据集使研究人员可以将一年核算期延长为两年期，这样减少了短暂性收入的影响，缓解了短期贫困的影响。可以说收入核算期越长，越接近于一个人的长期收入或终身收入。值得关注的一点是，当收入核算期由一年变为两年时的贫困发生程度。本节将运用匹配的2000—2001 年当期人口调查样本数据探讨这一问题。我们将使用现金和综合性收入来考察森指数及其每个成分。此外，我们将考察替代性劳动力市场政策的不同模拟如何影响贫困的两年期综合性收入测度。

表 6. 13 ~ 表 6. 15 显示了模拟 1、2d 和 5c 的结果。这些表中的所有估计都在官方贫困线上。我们首先关注两年核算期对贫困的现金和综合性收入测度的影响，这都显示在表 6. 13 ~ 表 6. 15 中。可以看出，使用两年核算期的森指数及其每个成分测度的贫困明显小于一年核算期的结果。表 6. 13（a）显示了使用匹配当期人口调查数据中的收入测度的
193 2000 年和 2001 年的贫困统计的平均数。表 6. 13（b）显示了两年核算期的森指数及其每个成分。为计算这些贫困测度指标，我们计算了 2000 年与 2001 年的平均收入数据。表 6. 13（c）显示了当核算期由一年转换为两年时贫困测度指标及其成分下降的百分比。对于现今以及综合性收入而言，这个影响都很大。对于现金收入，森指数下降的百分比是30%，而综合性收入测度的森指数则下降了 35%。表 6. 13（c）的栏 2、栏 3 和栏 4 显示了与同一年核算期相比，两年期收入估计的结果全面减少了森指数的每一个成分。当采取两年核算期时，贫困发生率、贫困人口收入差距率和贫困人口基尼系数都显著下降了。

表 6.13　核算期从一年延长到两年对贫困测度的影响，2000—2001（模拟 1——零就业弹性）

收入概念	森指数（1）	森指数成分		
		发生率（2）	收入差距率（3）	贫困人口基尼系数（4）
(a) 年度核算期——平均贫困测度，2000 和 2001				
现金	0.0558	0.0928	0.4279	0.3030
综合性	0.0394	0.0740	0.3708	0.2577
综合性—最低工资	0.0378	0.0697	0.3779	0.2636
综合性—EITC	0.0359	0.0650	0.3858	0.2713
综合性—FICA	0.0376	0.0691	0.3809	0.2651
(b) 两年核算期——基于平均收入的贫困测度，2000 和 2001				
现金	0.0389	0.0767	0.3568	0.2330
综合性	0.0256	0.0590	0.3017	0.1895
综合性—最低工资	0.0245	0.0562	0.3017	0.1921
综合性—EITC	0.0228	0.0506	0.3114	0.2016
综合性—FICA	0.0242	0.0552	0.3044	0.1937
(c) 一到两年核算期贫困测度差异百分比，2000 和 2001				
现金	-30.22%	-17.30%	-16.62%	-23.10%
综合性	-35.03%	-20.22%	-18.64%	-26.46%
综合性—最低工资	-35.10%	-19.37%	-20.16%	-27.11%
综合性—EITC	-36.49%	-22.09%	-19.28%	-25.69%
综合性—FICA	-35.55%	-20.06%	-20.07%	-26.92%

为分析替代性劳动力市场政策对一年期和两年期核算的贫困测度指标的影响，我们假设政策变化自 2001 年 1 月 1 日开始生效。结果表明，当核
算期延长时，等成本 EITC 政策在减少森指数的边际影响上持续大于最低 194
工资政策或 FICA 政策的影响。表 6.13～表 6.15 中，三项政策的影响差异较小，但是在不同的模拟之间，等成本 EITC 政策在减少采用两年核算期测度的森指数上要比其他政策更加有效。

表 6.14　核算期从一年延长到两年对贫困测度的影响，2000—2001（模拟 2d——非成年就业弹性极值）

收入概念	森指数（1）	森指数成分		
		发生率（2）	收入差距率（3）	贫困人口基尼系数（4）
（a）年度核算期——平均贫困测度，2000 和 2001				
现金	0.0558	0.0928	0.4279	0.3030
综合性	0.0394	0.0740	0.3708	0.2577
综合性—最低工资	0.0378	0.0697	0.3782	0.2637
综合性—EITC	0.0361	0.0656	0.3845	0.2704
综合性—FICA	0.0378	0.0696	0.3789	0.2641
（b）两年核算期——基于平均收入的贫困测度，2000 和 2001				
现金	0.0389	0.0767	0.3568	0.2330
综合性	0.0256	0.0590	0.3017	0.1895
综合性—最低工资	0.0245	0.0562	0.3021	0.1922
综合性—EITC	0.0230	0.0516	0.3072	0.2001
综合性—FICA	0.0243	0.0553	0.3053	0.1934
（c）一到两年核算期贫困测度差异百分比，2000 和 2001				
现金	-30.22%	-17.30%	-16.62%	-23.10%
综合性	-35.03%	-20.22%	-18.64%	-26.46%
综合性—最低工资	-35.19%	-19.37%	-20.12%	-27.11%
综合性—EITC	-36.29%	-21.28%	-20.10%	-25.98%
综合性—FICA	-35.71%	-20.55%	-19.42%	-26.77%

尽管替代性劳动力市场政策对使用两年核算期计算的森贫困指数的影响差异较小，但对贫困的整体影响还是很大的。由此得到了有关现金和综合性收入以及收入核算期长度的影响的最终评论。当我们使用一年核算期并且由现金收入转换到综合性收入时，森指数及其各个成分显著下降。当从一年核算期转换到两年核算期时，对贫困的现金收入测度的影响与从现金收入转移到综合新收入测度的影响大小一致。这两个影响表明，现实贫困并非像基于现金收入和一年核算期的美国官方贫困统计所描述的那么严重。

表 6.15 核算期从一年延长到两年对贫困测度的影响，2000—2001（模拟 5c——就业弹性最优估计）

收入概念	森指数（1）	森指数成分		
		发生率（2）	收入差距率（3）	贫困人口基尼系数（4）
（a）年度核算期——平均贫困测度，2000 和 2001				
现金	0.0556	0.0927	0.4273	0.3022
综合性	0.0393	0.0740	0.3701	0.2570
综合性—最低工资	0.0377	0.0697	0.3774	0.2629
综合性—EITC	0.0360	0.0654	0.3838	0.2698
综合性—FICA	0.0377	0.0696	0.3779	0.2634
（b）两年核算期——基于平均收入的贫困测度，2000 和 2001				
现金	0.0385	0.0765	0.3548	0.2307
综合性	0.0253	0.0589	0.2994	0.1872
综合性—最低工资	0.0242	0.0558	0.3009	0.1901
综合性—EITC	0.0227	0.0512	0.3053	0.1979
综合性—FICA	0.0240	0.0551	0.3029	0.1911
（c）一到两年核算期贫困测度差异百分比，2000 和 2001				
现金	-30.76%	-17.48%	-16.97%	-23.66%
综合性	-35.62%	-20.35%	-19.09%	-27.16%
综合性—最低工资	-35.72%	-19.89%	-20.27%	-27.69%
综合性—EITC	-36.86%	-21.71%	-20.45%	-26.64%
综合性—FICA	-36.25%	-20.78%	-19.84%	-27.45%

六、结论 195

如果在美国家庭之间具有很高的收入流动性，包括那些位于或接近收入分配后端的家庭，那么贫困问题就不是太严重，并且对于反贫困的社会政策需求也不是很迫切。这里至少有两个基本理由。第一，年度统计数据上的很多低收入及贫困是暂时的。换句话说，暂时位于或接近收入分配后端的家庭的持久收入事实上要高于在人口调查数据中的暂时性收入。第二，那些暂时性贫困的人口持久收入越高，他们越容易进入信贷市场，从而可以在不同时期平均消费。这必然意味着，相对于观察到的持久贫困者，收入匮乏会更少发生。因此，美国低收入家庭的流动性特征是相当值得注意的。

196 本章分析了美国低收入家庭的流动性，并且考察了替代性劳动力市场政策对“持久贫困组”以及其他可识别流动性及福利接受状态的人口分组的影响。两年面板数据集通过匹配两个连续年度的同一个家庭、户以及个人的三月当期人口调查数据来构建。低收入家庭最初被分成四个小组，然后运用流动性转移矩阵来区分具有不同流动性特征的九个分组。

在九个流动性分组中，有一个被称为“持久贫困组”，因为该组家庭是贫困的，并且没有向上流动性。因此，该组家庭在 2000 年和 2001 年都持续位于官方贫困线之下。第二个流动性分组被称为“持久接近贫困组”，该分组家庭收入在两年内均位于官方贫困线之上和低收入分割点之下。第三个流动性分组被称为“持久高收入组”，该组家庭收入总是位于低收入分割点之上。其余六个带有不同流动性特征的分组包括处于正流入或流出贫困组或接近贫困组的家庭。这六个分组的一部分显示了向下流动，而另一部分则显示了向上流动的特征。除了九个流动性分组之外，我们还分析了三类福利接收状态的家庭的情况，即一类是在 2000 年和 2001 年都接受福利资助的家庭（长期福利接受者），一类是在 2000 年接受公共资助而 2001 年没有接受的家庭（脱离福利去工作者），一类是在 2000 年没有接受福利资助而 2001 年接受福利资助的家庭（不再工作接受福利者）。

劳动力市场政策模拟被用于考察每小时提高 1 美元的最低工资政策与其他等成本政策（包括等比例提高收入抵税额政策以及等比例提高低收入家庭工人支付的工资税减免比例政策）的比较影响。分析中出现了很多重要的结论。首先并且最重要的是，等成本 EITC 政策对持久贫困家庭提供的福利要远大于提高最低工资政策和低收入家庭缴纳的 FICA 税减免政策提供的福利。而 FICA 政策在提供福利给持久接近贫困组和向下流动接近贫困组这两个分组时要优胜些。最低工资政策最突出的是一致地提供了超过一半的总福利给持久高收入组。长期低收入家庭在 EITC 政策下的福利改善要远好于等成本提高最低工资政策。关于接受公共福利的家庭，我们 197
发现不论福利接受状态是持久还是短暂的，等成本 EITC 政策在提供福利上都要一致地大于最低工资政策和 FICA 政策。此外，我们发现相对于等成本 EITC 政策和 FICA 政策，在给同时接受公共资助的工作家庭提供福利方面，提高最低工资是一项很弱的政策。

注释

57. 正如第三章所指出的，三月当期人口调查报告了前一年的收入和所得数据。因此，当在 1995 年和 1996 年三月当期人口调查资料的同一家庭收入分配及贫困数据不能匹配时，其在 1994 年和 1995 年也是不能匹配的。

58. 我们指出，日历年 2000 年和 2001 年的两年期面板数据集是 2000 年三月当期人口调查数据与 2001 年三月当期人口调查数据的一个匹配子样本。在匹配子样本中的日历年 2001 年收入中观察到，贫困水平与在单个年度全部样本中观察到的不一样。我们发现，在两年匹配数据集中的每一年的贫困水平与一个年度全部样本数据集的相比，一般要更低。例如，在 2001 年的全部样本中，表 2.3 显示在官方贫困线的 100% 上贫困发生率是 11.3%，而在图 6.3（a）中显示的两年期匹配样本中这一数据为 9%。对此的解释是，那些在不同时期可以有效跟踪的家庭系统地不同于不能匹配的家庭。因此，附录 A 中确保我们可以在不同时期跟踪同一家庭的算法获得了较低的贫困测度，这是因为我们难以成功地跟踪每一个家庭。

59. 这个百分率通过计算表 6.6 中 1 ~4 行的高收入家庭累加数除以同一行的各列累加数得到。图 6.1 和图 6.2 中的所有百分率都是通过同样的模式分别计算表 6.1 ~ 表 6.6 的数据得到的。

60. 记得罗杰斯和罗杰斯（1993）使用 PSID 数据和五年时间周期得出结论，在 1975—1979年持久贫困人口占贫困人口的 43%，而在 1982—1986 年这一数据是 47%。我们可以预期在两年当期人口调查数据中会得到一个更高的百分率，并且事实如此。

61. 如果加入更多的收入层级，美国流动性人口的百分率会提高。例如，考虑表 6.1 中的 5 个层级，由于 73% 的家庭位于转移矩阵对角线上，因而是非流动的，而 27% 家庭不在对角线上，因而是流动的。

62. 持久或长期低收入组是由图 6.3 和表 6.11 中的流动性分组 1、2、4 和 7 构成的。这些分组的福利比例之和是 69.3%（21.3% +26.3% +11.8% +9.9% =69.3%）。

第七章

结论与政策建议

CONCLUSIONS AND POLICY IMPLICATIONS

20 世纪 70 年代末与 80 年代低薪劳动力市场的不景气引起了 90 年代的政策反馈，即提高名义联邦最低工资和显著增加收入抵税额。瑞贝卡 · 布兰克（2000）指出这两项政策很好地抵消了低薪劳动力市场萧条的影响，同时也比其他任何方法都提升了工资不平等。然而，1997 年以来，收入抵税额和最低工资政策的价值不断削弱，而低薪工人和低收入家庭面临的困难却增大了。因此，处于收入分配后端的工作家庭更加难以通过工作收入来满足基本需求了。在政策选择的争论中，无疑很快就会提出一个关键问题，那就是到底选择提高最低工资还是增加收入抵税额，或者是兼而有之。[63]本书报告的就业弹性估计和劳动力市场模拟结果，为这些政策难题和必须做出的社会选择提供了洞见和指导。 199

这里有一个引人注目的论点，就是给低收入工作家庭补贴实际上被所有研究人员和政策制定者所接受。正如埃德蒙 · 菲尔普斯（1997）所充分证明的，工作特别是低薪工人的工作需要得到回报。提高处于收入分配后端的工作家庭的劳动市场所得，会使社会收入得到增长并超过私人收益。关于是否需要采取政策消除低薪劳动力市场的不景气，这一点是几乎无须争论的。关键问题是选择哪一项政策。在本书研究中，我们对三个等成本替代劳动力市场政策做了很多对比分析。除了最低工资每小时提高 1 美元外，我们还考虑了等比例的等成本政策（如提供给低收入家庭工人的工资税减免和收入抵税额）的增长。

我们最重要的、首要的结论与以下基本问题有关：哪一项政策是最好的？我们发现有很强有力的证据表明，等成本收入抵税额政策不论是与提高最低工资政策相比，还是与等成本的低收入家庭工人的工资税减免政策 200

相比，均是最好的选择。

我们通过以下方法得出这一结论：比较一部分特殊低收入家庭的综合性收入（根据家庭规模和结构进行调整），整体收入分配的正式占优分析，使用分配敏感性指数来测度贫困，在不同的贫困线下检验不同的政策产生的影响，以及对长期贫困和低收入家庭进行分析等。此外，当我们侧重于从享受福利转移到就业的家庭以及在2001年得到公共资助而在2000年没有资助的家庭时，也会得到一样的结论。我们的基本结论是十分稳健的。无论我们考察核心问题的哪一方面，等成本收入抵税额政策总是表现最好的。

如果一项低薪劳动力市场政策的目标是减少贫困或增加收入分配的平等，那么等成本收入抵税额政策无疑是十分优秀的。以日常用语来说，等成本收入抵税额政策带来了价廉物美的东西。以正式用语来说，这个分析表明，在同样的社会成本下，等成本收入抵税额政策与提高最低工资政策以及等成本低薪工人支付的工资税减免政策相比，会产生更大的社会效益。提高最低工资和增加等成本收入抵税额补贴之间的关键差异是前一个政策的成本不在预算内，而后一个政策的成本在预算内。威廉·尼斯坎南（Niskanen，2000）观察到，由于计划成本的影响，对等成本收入抵税额政策的政治支持在缩小，但是他认为等成本收入抵税额政策仍然是福利改革的重要成分。如果政策制定者认识到，尽管所有低薪劳动力市场政策都有成本，但是在同样的社会成本下，等成本收入抵税额政策无疑是最好的，那么对于增加收入抵税额的政治支持可能就会扩大。

除了上述的主要结论外，还有一些值得强调的结果。我们重点关注五个结果，并对其进行简要评论。第一，我们对经济学中长期讨论的问题——提高最低工资可以减少贫困吗——提供了最新的证据。第二，我们提供了与最低工资提高相关的分配利益的估计。第三，我们发现了与次最低工资工人数目有关的惊人结果。第四，我们提供了有关最低工资的失业效应的最新证据。第五，我们建立了两年期面板数据集，并对低收入家庭的流动性和替代性劳动力市场政策对长期或持久贫困产生的影响提供了最新证据。[64]

经济学中长期存在着对于“最低工资对穷人会产生有利的影响”这个论点的怀疑主义观点。事实上，施蒂格勒（1946，1976）的关于最低工资有害于穷人的论证是几代经济学中传统思想的一部分。然而，一个持不同意见的观点表明，可能存在有利的分配效应足以使得穷人及其支持者一致地支持提高最低工资。传统思想受到了由戴维德·卡德和阿兰·克鲁格领衔的最低工资新经济学的严峻挑战。我们的劳动力市场政策模拟阐明了提高最低工资与穷人福利之间的关系。我们发现所有三项政策——提高最低工资、增加收入抵税额和提高低收入家庭工人支付的工资税减免比例——无疑都提高了处于或接近收入分配底端的个人及家庭的综合性收入。我们没有发现证据表明提高最低工资会使穷人福利状况恶化。这意味着在每一次包括就业弹性极端值的模拟中，提高最低工资产生的有利分配效应均超过失业效应。实际上，在我们的模拟分析中，有利的分配效应比失业效应大得多。 201

最低工资政策的问题不在于它有害于穷人，而是有很多问题使得我们认为提高最低工资是一项不良政策。简而言之，最低工资政策存在着四个问题。第一，可识别的工人分组中仍存在着较小的失业效应。第二，最低工资导致岗位不足，因而不利于最贫困的美国家庭。第三，超过一半的最低工资收益流向那些在当期人口调查年份中既不是贫困的人口或家庭也不是接近贫困的人口或家庭。这样，这些长期低收入人口或家庭受益极少。第四，最低工资政策之所以是一项不良政策是因为，存在一个毋庸置疑的更好的政策，成本一样且能够给穷人带来更大的利益，而且从整体社会评价来看还可以提高社会福利。

第三章报告的结果表明，在2001年，几乎30%的美国人是低收入人口，即其奥桑斯基等价收入低于两倍的官方贫困线收入。我们还发现有11.8%的工人处于低薪工作岗位，即工资低于联邦最低工资（每小时工资为6.44美元）的125%的工作。此外，还有没有预料到的很大比例（35.9%）的低薪工人只获得次最低小时工资，即低于联邦最低工资（4.64美元）的90%的工资。这样，大概有多于4%的美国工人是次最低工资工人。为调查数目惊人的低薪工人，我们估计和报告了个人处于次最低工资层级概率的 probit 和 logit 模型结果。有极高概率（0.5 以上）处于次最低工资层级工人的因素一般包含以下一个或多个特征：非成年人或年
202 轻的成年人，女性，西班牙裔，中学辍学者，被聘为私人家庭或农场工人，兼职工人，临时工人，以及“归因的”。归因变量很重要，这个事实表明了人口调查局对于遗漏和未报告数据的估算方法可能会在次最低工资工人数的估计中导入一些误差。然而，其他很有意义的变量，特别是西班牙裔，表明了使用三月当期人口调查数据测度次最低工资工人数是极为正确的。

第四章评述了近期有关最低工资失业效应的截面和时间序列的研究成果，并且对看起来最可能受最低工资变动影响的八个人口分组运用 20 年月度和季度微观数据进行了最新估计。多数证据强烈表明，在一些人口分组中存在着负向的显著失业效应。对于四个人口分组而言，不同的模型和计量经济设定对显著的就业弹性提供了一致的结果。证据表明两个人口分组——西班牙裔非成年人、年轻成年人和成年中学辍学者以及非西班牙裔成年中学辍学者——就业增加。同时该证据也表明了两个人口分组——白人女性非西班牙裔非成年人及非白人和非西班牙裔年轻成年人——就业减少。然而，对于以下四个人口分组——白人男性非西班牙裔非成年人，白人男性非西班牙裔年轻成年人，白人女性非西班牙裔年轻成年人，和非白人非西班牙裔非成年人——其结果在不同的模型和设定之间有差异。一般而言，基于卡德和克鲁格类型模型的估计是属于异常估计。主要结论是运用科弗和金（2001）近来提出的时间序列和截面设定估计，就会得到更加一致和可信的结果。我们将这些估计弹性运用到第五章和第六章报告的三个劳动力市场模拟的两个分析中。

一个最终结论与美国低收入家庭和长期或持久贫困的流动性有关。我们使用转移矩阵和两年期面板数据来识别九个流动性人口分组。其中一组被称为“持久贫困”，因为该组家庭是贫困的，并且没有向上的流动性。

这样，该组家庭收入在 2000 年和 2001 年持续保留在官方贫困线以下。第二个流动性人口分组被描述为“持久接近贫困”，因为该组家庭收入在 2000 年和 2001 年处于官方贫困线之上并低于低收入（两倍官方贫困线收入）分割点。第三个流动性人口分组被称为“持久高收入”组，该组家庭收入总是处于两倍官方贫困线之上。我们发现在美国所有家庭中有 5.7% 是持久贫困家庭，有 8% 是持久接近贫困家庭，以及 66% 是持久高收入家庭，也就是说在 2000 年和 2001 年，有三分之二的美国家庭既不是贫困家庭也不是接近贫困家庭。在 2000 年或 2001 年贫困的家庭大概有超过一半 203
在这两个年度都是贫困的。

其余六个具有明显流动性特征的人口分组包括了流入或流出贫困家庭或接近贫困家庭的 20% 的美国家庭。这六个人口分组的一部分表现出了向下的流动性，而另一部分则表现出向上的流动性。除了研究上述九个流动性人口分组外，我们还分析了在 2000 年和 2001 年接受福利资助的家庭（长期福利接受者），在 2000 年接受公共福利资助但在 2001 年没有接受的家庭（脱离福利去工作者）以及在 2000 年没有接受公共福利资助但在 2001 年接受了福利资助的家庭（不再工作接受福利者）。

劳动力市场政策模拟主要用于调查三个等成本替代性劳动力市场政策对持久贫困家庭以及其他具有可识别流动性特征的家庭的比较效应。等成本收入抵税额政策给持久贫困家庭带来的福利收益要比提高最低工资政策或给低收入家庭工人提供社会保障税减免政策大得多。社会保障税减免政策在给两个人口分组——持久接近贫困人口组和向下流动的接近贫困的人口分组——带来的福利收益上表现更加突出。而提高最低工资政策的主要特点是将总福利的一半提供给了持久高收入人口组。对于接受公共资助的家庭，我们发现不论福利接受者的状态是持久的还是短暂的，等成本收入抵税额政策所产生的福利收益总是一致地比社会保障税减免政策或提高最低工资政策所产生的福利要大得多。我们发现与等成本收入抵税额政策及社会保障税减免政策相比，从对既参加工作又接受公共资助的家庭所创造的福利来看，提高最低工资是一个特别不足的政策。

第一章提供了对将一般低薪补贴置于劳动力市场需求侧的讨论，这与本书中分析的劳动力市场供给侧补贴有一些相似之处。特别地，菲尔普斯（1997）强调，一般低薪补贴与工资税扣减或减免，在它们均是“对除了支付之外的一切都是综合的和无知的”（1997，106 页）这一方面是类似的。直觉表明，菲尔普斯设想的这类一般低薪补贴在分配上的影响类似于最低工资的增长，但是没有其逆向就业效应。事实上，很多工资补贴的表象很可能产生正向就业效应。为考察一般工资补贴的分配效应，我们假设存在零就业弹性，并且模拟了由菲尔普斯设定的分级工资补贴（1997，175 页）。这个补贴计划的成本比最低工资每小时提高 1 美元的成本要高五倍多。然而，替代性劳动力市场政策的福利收益的洛伦兹浓度曲线具有规模不变性，这意味着对
204 于上述分析和讨论的各项政策可以进行比较。我们发现分级低薪补贴甚至还没有最低工资定位精准。因此，菲尔普斯类的一般工资补贴计划的累积福利收益份额系统地小于与最低工资增长相关的福利收益。这也表明了一般低薪补贴在减少贫困方面是非效率的。当然，在对菲尔普斯提出的政策进行明确的评估之前，还需要更多的有关需求侧工资补贴的就业弹性信息。

最后的评论

从上述的所有理由来看，下一轮低薪劳动力市场的政策调整应该保持一个恒定不变的名义最低工资，并使用新的收入来源去提高低薪工作家庭的收入抵税额补贴。如果国会和总统准备将联邦最低工资每小时提高 1 美元或 1.5 美元，那么在名义最低工资保持不变而等量提高与提高最低工资成本相当的收入抵税额的情况下，则工作家庭以及整个国家将会更加富裕。一种替代性劳动力市场政策含有表内成本而另一种替代性劳动力市场政策的成本在表外的事实，与是否做出最佳社会选择是无关的。

我们最后强调，毋庸置疑，等成本收入抵税额政策要优于提高最低工

资政策和通过提供等比例社会保障税减免补助来自低收入家庭的工人，有关政策存在的部分问题也可以完善矫正。因此，与最低工资政策和社会保障税减免政策相比，收入抵税额政策是更好的政策，但它还可以进一步完善。我们同意霍恩和索希尔（2001）的观点，并敦促进一步改革 EITC 以确保该项政策不会惩罚选择结婚的低收入夫妇。此外，在布兰克、卡德和罗宾斯（2000）的建议中需要加入严肃的思考，即他们认为包括那些学历较低和较少过往工作经历在内的长期福利接受者往往看准的是财务激励。这类改革有助于压制住菲尔普斯（1997）的一些异议，即收入抵税额政策只会给那些不论什么原因自愿加入劳动力队伍晚、而退出劳动力队伍早的人带来好处。最后，我们指出，由于收入抵税额政策仅关注工作家庭，因此仅考虑收入抵税额政策是不够的。目前已经到了应该大规模试行巴蒂克（2001）提出的基于雇主的工资补贴的时刻，以瞄准这些在常规岗位下不可能被聘用的未来的失业工人。通过对潜在目标工人增加劳动力需求，我们可以在 20 世纪最后 25 年的低薪劳动力市场萧条时期，为增加工人加入 205
劳动力队伍减少一些费用。

注释

63. 通过对低收入工作家庭的工人支付的工资税给予一定比例的减免，来补助低收入工作家庭，这一方法一般不会出现在政论电视屏幕上，也不会在政治争议中得到严肃考虑。
64. 两个额外结果值得强调，但我们并不认为它们是主要结论。第一，当我们从以现金收入测度贫困转到以综合性收入来测算，我们发现低于官方贫困线的人口要少三分之一。使用综合性收入测度标准而不是现金收入标准，则会明显降低贫困发生率以及贫困人口的收入差距率和基尼系数。第二，当贫困以两年核算期来测度而不是每年核算一次时，官方（现金收入标准）贫困发生率会下降 17%，森指数会下降 30%。较长的核算期会为长期贫困提供一个较好的测度，而较短的核算期既反映了长期（持久）贫困，也反映了短暂贫困。

附录

附录 1　隐含的奥桑斯基等价收入尺度

		孩子数量								
		无		1	2	3	4	5	6	7
		户主年龄低于65岁	户主年龄65岁及以上							
家庭规模	1	1.00	0.92	–	–	–	–	–	–	–
	2	1.29	1.16	1.32	–	–	–	–	–	–
	3	1.50		1.55	1.55	–	–	–	–	–
	4	1.98		2.02	1.95	1.96	–	–	–	–
	5	2.39		2.43	2.35	2.29	2.26	–	–	–
	6	2.75		2.76	2.70	2.65	2.57	2.52	–	–
	7	3.16		3.18	3.16	3.07	2.98	2.88	2.76	–
	8	3.54		3.57	3.51	3.45	3.37	3.27	3.16	3.14

注：本尺度将标准化为低于65岁的单身成年人。

附录2　当期人口调查数据提取方法

我们所使用的数据取自当期人口调查公用事业三月数据文件(1990—2002)由加利福尼亚州圣莫尼卡市 UNICON 研究公司发行，版本为 3.3.1。在某些情况下 UNICON 资料中的一些变量名不同于人口调查局使用的初始公共使用资料中的变量名。

（1）家庭的定义。我们定义的家庭包括主体家庭和相关的附属家庭。在一个家庭内的不相关的附属家庭被认为是单独的家庭，以下例外：

• 当居住在该家庭内的不相关附属家庭（或不相关个体）的户主年龄低于 17 岁时，那么这个不相关附属家庭（不相关个体）被认为是主体家庭（或主要个体）的成员。

• 当居住在该家庭内的不相关附属家庭（或不相关个体）的户主年龄超过 17 岁，且其收入为 0 时，则将从样本中剔除该不相关附属家庭（或个体）。

（2）家庭收入。即通过加总家庭中每个成员的收入得到家庭的可能收入。为得到这个收入总和，我们将加总所有在家庭或户的层次上可获得的变量值。这些变量包括：

• 食品券

• 住房补贴

• 能源补贴

• 学校午餐补贴

• 住宅、股权的隐形收入

• 财产税

（3）家庭收入成分。家庭收入的关键成分定义如下：

• 其他税 = 联邦、州和财产税的总和

• 政府的家计调查转移支付 = 补充保障收入 + 公共资助和福利 + 从食

品券、住房补贴、能源补贴和学校午餐补贴获得的非现金收入市场价值的总和

• 其他转移支付 = 从政府获得的非家计调查转移支付 + 私人转移支付

• 工资税 = FICA + FedRet 的比例缴费（工资中用于联邦退休计划的缴费而不是 FICA 税）

（4）工人。工人定义为年龄在 16 岁及以上、有一定工资和薪水的成年人。

（5）工时数。一般而言，工时数是用于测度每周工作的小时数的变量。这个变量指出了在三月调查之前每周工作的小时数。在以下情形下工时数变量不再使用：

• 如果工时数遗漏或小于 5，则换为“Hrslyr”（去年每周通常工作时数）。

• 当工时数超过 80 时，我们就以最高工时数 80 记之。

（6）工资率。决定每小时工资的方法如下：

• 如果记录了每小时工资，则我们使用变量 Ernhr 给出的数量。

• 当一个工人的 Ernhr 为 0 或遗漏，则我们可以通过变量 Wklywg（每周平均收入）除以小时数（上周工作时数）计算这个值。

• 当计算出的一个工人的工资低于 2 美元（1997 年美元价格）时，则该工人被视为自我就业并且被排除在本报告分析的工资型或薪水型工人之外。他们产生的任何收入被视为自我就业收入。

（7）两年期当期人口调查面板。为创造诸如 1990—1991 年、1993—1994 年、1996—1997 年、1997—1998 年、1998—1999 年、1999—2000 年以及 2001—2002 年等两年期当期人口调查面板，我们在连续的当期人口调查数据档案中使用下述方法来匹配家庭：

• 将 t 年和 t + 1 年匹配的第一步就是从 t 年选择样本月（变量名为 MIS）值为 1 到 4 的家庭单位和从 t + 1 年选择样本月值为 5 到 8 的家庭单位。

- 然后我们匹配家庭户，使用三个变量——MIS、家庭 ID 和州。

- 为匹配家庭户中的个人，我们使用年龄和性别变量。当两个年份的 MIS、HHID、STATE、SEX 和 AGE（滞后一年）都一样时，个人则被视为“匹配的”。

- 接着我们计算一个家庭的匹配百分率。一个家庭的个人在 t 年和 t + 1 年之间 100% 的匹配，称为完全匹配。0 匹配百分率则称为完全不匹配。所有具有 0 匹配百分率的家庭需从样本中剔除。

- 对于既不是完全匹配（100%）又不是完全不匹配（0%）的家庭，存在部分匹配的个人。

- 对于部分匹配的家庭，我们重点关注家庭中的成年人。如果我们能使所有成年人匹配，则该家庭被认为是匹配的，并可列入样本中。未完成这个匹配过程的最后一步，进行如下操作：

- 计数一下家庭的成人数（年龄为 16 岁及以上），如果两个年份的成人数不一样，则该家庭被剔除出样本。

- 接着，我们在余下的部分匹配家庭中选择非匹配的成年人，并比较两个年份的成人年龄。如果两个成人（例如户主、配偶或成年孩子）年龄差异是 5 岁或更大，则该家庭被剔除出样本。如果年龄差异小于 5，则该成年个体被认为是匹配的，同时该家庭可以进入样本。

- 最后，计算部分匹配家庭的匹配百分率并选择 100% 匹配的样本。

- 总之，包含在当期人口调查面板中的家庭必须符合以下匹配条件：

- 具有同样的 MIS、HHID、STATE 和家庭内个体要 100% 匹配，

- 具有同样的 MIS、HHID、STATE 和两个年份的家庭内成人数一样，或

- 具有同样的 MIS、HHID、STATE 和两个年份的非匹配的成人年龄差异必须小于 5 岁。

参考文献

Addison, J. T., & Blackburn, M. L. (1999, April). Minimum wages and poverty. *Industrial and Labor Relations Review*, *52*(3), 393–409.

Atkinson, A. (1970). On the measurement of inequality. *Journal of Economic Theory*, *2*(September), 244–263.

Atkinson, A. B. (1987, July). On the measurement of poverty. *Econometrica*, *5*(4), 749–764.

Bartik, T. J. (2001). *Jobs for the poor: Can labor demand policies help?* New York: Russell Sage Foundation.

Beach, C., & Richmond, J. (1985, June). Joint confidence intervals for income shares and Lorenz Curves. *International Economic Review*, *26*(2), 439–450.

Beach, C. M., & Davidson, R. (1983, Oct). Distribution-free statistical inference with Lorenz Curves and income shares. *Review of Economic Studies*, *50*(4), 723–735.

Bhagwati, J. (1994, March). Free trade: Old and new challenges. *The Economic Journal*, *104*(423), 231–246.

Bishop, J. A., Chow, K. V., & Formby, J. P. (1991, April). A stochastic dominance analysis of the effects of growth and recessions on the U.S. distribution of income. *Southern Economic Journal*, *57*(4), 936–946.

Bishop, J. A., Chow, K. V., & Formby, J. P. (1994, May). Testing for marginal changes in income distributions with Lorenz and concentration curves. *International Economic Review*, *35*(2), 479–488.

Bishop, J. A., Chiou, J. R., & Formby, J. P. (1994, January). Truncation bias and the ordinal evaluation of income inequality. *Journal of Business and Economic Statistics*, *12*(1), 123–128.

Bishop, J. A., & Formby, J. P. (1994). A dominance evaluation of distributions of income and the benefits of economic growth. In: J. H. Berstrand, T. F. Cosimano, J. W. Houck & R. G. Sheehan (Eds), *The Changing Distribution of Income in an Open Economy* (pp. 65–100). Amsterdam: North Holland.

Bishop, J. A., & Formby, J. P. (1999). Tests of significance for Lorenz partial orders. In: J. Silber (Ed.), *Handbook of Income Inequality Measurement* (pp. 315–340). Amsterdam: Kluwer.

Bishop, J. A., Formby, J. P., & Kim, H. (2002). *The economic well-being of the low- income working families*. Washington, DC: Employment Policy Institute.

Bishop, J. A., Formby, J. P., & Thistle, P. D. (1989). Statistical inference, income distributions, and social welfare. In: D. J. Slottje (Ed.), *Research on Economic Inequality* (pp. 42–89). Greenwich: JAI Press.

Bishop, J. A., Formby, J. P., & Thistle, P. D. (1992, March). Convergence of the South and non-South income distributions. *American Economic Review*, *82*(1), 262–272.

Bishop, J. A., Formby, J. P., & Thistle, P. D. (1994, May). Convergence and divergence of regional income distributions and welfare. *Review of Economics and Statistics*, *76*(2), 228–235.

Bishop, J. A., Formby, J. P., & Thistle, P. D. (2003, January). Can earnings equations estimates improve CPS hot deck estimates? *Journal of Labor Research, 24*(1), 153–161.

Bishop, J. A., Formby, J. P., & Zheng, B. (1997, May). Statistical inference and the Sen Index of poverty. *International Economic Review, 38*(2), 381–388.

Bishop, J. A., Formby, J. P., & Zeager, L. A. (1996). The impact of food stamps on U.S. poverty in the 1980s: A marginal dominance approach. *Economica, 63*(Supplement), 141–162.

Bishop, J. A., Formby, J. P., & Zheng, B. (1999, September). Distribution sensitive measures of poverty in the United States. *Review of Social Economy, 57*(2), 307–343.

Blackorby, C., & Donaldson, D. (1980, May). Ethical indices for the measurement of poverty. *Econometrica, 48*(4), 1053–1060.

Blank, R. M. (2000). Enhancing the opportunities, skills and security of American Workers. In: D. Ellwood, R. M. Blank, J. Blaus, D. Kruse, W. Niskanen & K. Lynn-Davis (Eds), *A Working Nation* (pp. 105–123). New York: Russell Sage Foundation.

Blank, R. M., Card, D. E., & Robins, P. K. (1999). Financial incentives for increasing work and income among low-income families, NBER Working Paper No. 6698. Cambridge, MA: National Bureau of Economic Research.

Blank, R. M., Card, D. E., & Robins, P. K. (2000). Financial incentives for increasing work and income among low-income families. In: D. E. Card & R. M. Blank (Eds), *Finding Jobs* (pp. 373–419). New York: Russell Sage Foundation.

Blank, R. M., & Schmidt, L. (2001). Work and Wages. In: R. Blank & R. Haskins (Eds), *The New World of Welfare* (pp. 70–96). Washington, DC: Brookings.

Bound, J., Brown, C., Duncan, G. J., & Rogers, W. L. (1989). Measurement error in cross-sectional and longitudinal labor market surveys, NBER Working Paper No. 2884. Cambridge, MA: National Bureau of Economic Research.

Bound, J., Brown, C., Duncan, G. J., & Rogers, W. L. (1990). Measurement error in cross-sectional and longitudinal labor market surveys: Results from two validation studies. In: J. Hartog, G. Ridder & J. Teevwes (Eds), *Panel Data and Labor Market Studies* (pp. 1–19). Amsterdam: Elsevier.

Brown, C. (1999). Minimum wages, employment, and the distribution of income. In: O. Ashenfelter & D. Card (Eds), *Handbook of Labor Economics* (Vol. 3B, Chap. 32, pp. 2101–2134). Amsterdam: Elsevier.

Brown, C., Gilroy, C., & Kohen, A. (1982, June). The effect of the minimum wage on employment and unemployment. *Journal of Economic Literature, 20*(2), 487–528.

Brown, C. C. (1996). The old minimum-wage literature and its lessons for the new. In: M. H. Kosters (Ed.), *The Effects of the Minimum Wage on Employment* (pp. 87–98). Washington, DC: AEI Press.

Browning, E. K. (1995). Effects of the earned income tax credit on income and welfare. *National Tax Journal, 48*(1), 23–43.

Burkhauser, R. V., & Finegan, A. (1989). The minimum wage and the poor: The end of a relationship. *Journal of Policy Analysis and Management, 8*(1), 53–71.

Burkhauser, R. V., Couch, K. A., & Glenn, A. J. (1996). Public policies for the working poor: The earned income tax credit versus minimum wage legislation. In: S. Polachek (Ed.), *Research in Labor Economics* (Vol. 15, pp. 65–109). Greenwich: JAI Press.

Burkhauser, R. V., Couch, K. A., & Wittenburg, D. C. (1996, April). Who gets what from minimum wage hikes: A re-estimation of Card and Krueger's distributional analysis in myth and measurement: The new economics of the minimum wage. *Industrial and Labor Relations Review, 49*(3), 547–552.

Burkhauser, R. V., Couch, K. A., & Wittenburg, D. C. (2000, July). Who does the minimum wage increase bite: An analysis using monthly data from the SIPP and the CPS. *Southern Economic Journal, 67*(1), 16–40.

Burkhauser, R. V., Couch, K. A., & Wittenburg, D. C. (2000, October). A reassessment of the new economics of the minimum wage literature with monthly data from the current population survey. *Journal of Labor Economics, 18*(4), 653–680.

Burtless, G. (1995, June). International trade and the rise in earnings inequality. *Journal of Economic Literature, 33*(2), 800–816.

Card, D. (1992a). Do minimum wages reduce employment? A case study of California, 87–89. *Industrial and Labor Relations Review, 46*(1), 38–54.

Card, D. (1992b). Using regional variation in wages to measure the effects of the federal minimum wage. *Industrial and Labor Relations Review, 46*(October), 22–37.

Card, D., & Krueger, A. B. (1994, September). Minimum wages and employment: A case study of the fast food industry in New Jersey and Pennsylvania. *American Economic Review, 84*(4), 772–793.

Card, D., & Krueger, A. B. (1995, May). Time-series minimum-wage studies: A meta-analysis. *American Economic Review, 85*(2), 238–243.

Card, D., & Krueger, A. B. (1995). *Myth and measurement: The new economics of the minimum wage*. Princeton, NJ: Princeton University Press.

Chakravarty, S. (1983, February). Ethically flexible measures of poverty. *Canadian Journal of Economics, 16*(1), 74–85.

Chakravarty, S. (1997, September). On Shorrocks' reinvestigation of the Sen poverty index. *Econometrica, 65*(5), 1241–1242.

Citro, C. F., & Michael, R. T. (Eds) (1995). *Measuring poverty: A new approach*. Washington, DC: National Research Council and National Academy Press.

Cover, J. P., & Kim, H. (2001). New estimates of the employment effects of changes in the real minimum wage. Report to the Employment Policy Institute, Washington, DC.

Cover, J. P., & Kim, H. (2004). The effects of changes in the real minimum wage on teenage employment: Evidence from urban-area data. In: J. A. Bishop & Y. Amiel (Eds), *Research on Economic Inequality* (Vol. 12). Amsterdam: JAI Press.

Currie, J., & Fallick, B. C. (1995, August). The minimum wage and the employment of youth. *The Journal of Human Resources, 31*(2), 405–428.

Cushing, B. J., Chow, K. V., & Zheng, B. (1995, October). Statistical tests of changes in U.S. poverty, 1975–1990. *Southern Economic Journal, 62*(2), 334–347.

Dalton, H. (1920, September). The measurement of the inequality of incomes. *Economic Journal, 30*(119), 348–361.

Dasgupta, P., Sen, A., & Starrett, D. (1973, September). Notes on the measurement of inequality. *Journal of Economic Theory, 6*(2), 180–187.

Deere, D., Murphy, K. M., & Welch, F. (1995, May). Employment and the 1990–1991 minimum-wage hike. *American Economic Review, 85*(2), 232–237.

Deere, D., Murphy, K. M., & Welch, F. (1996). Examining the evidence on minimum wages and employment. In: M. H. Kosters (Ed.), *The Effects of the Minimum Wage on Employment* (pp. 26–54). Washington, DC: AEI Press.

Duncan, G. (1984). *Years of poverty, years of plenty*. Ann Arbor: University of Michigan Press.

Eissa, N., & Liebman, J. (1996, May). Labor supply response to the earned income tax credit. *Quarterly Journal of Economics, 111*(2), 605–637.

Eissa, N., & Hoynes, H. W. (1998). The earned income tax credit and the labor supply of married couples. NBER Working Paper No. 6856. Cambridge, MA: National Bureau of Economic Research.

Ellwood, D. T. (2000). Winners and losers in America: Taking the measure of the new economic realities. In: D. Ellwood, R. M. Blank, J. Blaus, D. Kruse, W. Niskanen & K. Lynn-Davis (Eds), *A Working Nation* (pp. 1–42). New York: Russell Sage Foundation.

Ellwood, D. T. (2001). The impact of the earned income tax credit and social policy reforms on work. In: B. D. Meyer & D. Holtz-Eaton (Eds), *Making Work Pay* (pp. 116–165). New York: Russell Sage Foundation.

Feenstra, R. C., & Hanson, G. H. (1996). Globalization, outsourcing, and wage inequality, NBER Working Paper No. 5424. Cambridge, MA: National Bureau of Economic Research.

Fishburn, P. C., & Willig, R. D. (1984, December). Transfer principles in income redistribution. *Journal Public Economics*, *25*(3), 323–328.

Fisher, G. M. (1992, Winter). The development and history of the poverty thresholds. *Social Security Bulletin*, *55*(1), 3–14.

Formby, J. P., Bishop, J. A., & Kim, H. (2003). Redistribution, welfare, and equity effects of marriage tax penalties in the United States. In: J. A. Bishop & Y. Amiel (Eds), *Research On Economic Inequality* (Vol. 10, pp. 211–243). Amsterdam: JAI Press.

Formby, J. P., Bishop, J. A., & Kim, H. (2004). Minimum wages and poverty. In: J. A. Bishop & Y. Amiel (Eds), *Research on Economic Inequality* (Vol. 12). Amsterdam: JAI Press.

Formby, J. P., & Luo, F. (2003). The marginal ranking power of third-order dominance. Working Paper, Department of Economics University of Alabama.

Formby, J. P., Smith, W. J., & Thistle, P. D. (1990, January). The average tax burden and the welfare implications of global tax progressivity. *Public Finance Quarterly*, *18*(1), 3–24.

Formby, J. P., Smith, W. J., & Thistle, P. D. (1992, January). On the definition of tax neutrality: Welfare implications of policy alternatives. *Public Finance Quarterly*, *20*(1), 3–23.

Foster, J., Greer, J., & Thorbecke, E. (1984). A class of decomposable poverty measures. *Econometrica*, *52*(May), 761–766.

Foster, J. J., & Shorrocks, A. (1988, January). Poverty orderings. *Econometrica*, *56*(1), 173–177.

Freeman, R. B. (1995, Summer). Are your wages set in Beijing? *Journal of Economic Perspectives*, *9*(3), 15–32.

Freeman, R. B., & Gottschalk, P. (2000). Introduction. In: R. B. Freeman & P. Gottschalk (Eds), *Generating Jobs: How to Increase Demand for Less-Skilled Workers* (pp. 1–18). New York: Russell Sage Foundation.

Freeman, R. B., & Katz, L. (1994). Rising wage inequality: The United States vs. other advanced countries. In: R. B. Freedman (Ed.), *Working Under Different Rules* (pp. 29–62). New York: Russell Sage Foundation.

Gottschalk, P. (2000). The impact of changes in public employment on low-wage labor markets. In: R. B. Freeman & P. Gottschalk (Eds), *Generating Jobs: How to Increase Demand for Less-Skilled Workers* (pp. 72–102). New York: Russell Sage Foundation.

Greenstein, R., & Shapiro, I. (1998). *New research findings on the effects of the earned income tax credit*. Washington, DC: Center On Budget And Policy Priorities.

Haskins, R. (2001). Effects of welfare reform on family income and poverty. In: R. M. Blank & R. Haskins (Eds), *The New World of Welfare* (pp. 103–136). Washington, DC: Brookings Institution Press.

Hoffman, S. D., & Seidman, L. S. (1990). *The earned income tax credit: Antipoverty effectiveness and labor market effects*. Kalamazoo, MI: W. E. Upjohn Institute.

Hoffman, S. D., & Seidman, L. S. (2002). *Helping working families, the earned income tax credit.* Kalamazoo, MI: W. E. Upjohn Institute.

Holtzblatt, J., & Rebelein, R. (2001). Measuring the effect of the EITC on marriage penalties and bonuses. *National Tax Journal, 53*(4), 1107–1134.

Horn, W. F., & Sawhill, I. V. (2001). Fathers, marriage, and welfare reform. In: R. Blank & R. Haskins (Eds), *The New World of Welfare* (pp. 421–441). Washington, DC: Brookings Institution Press.

Horrigan, M. W., & Mincy, R. B. (1993). The minimum wage and earnings and income inequality. In: S. Danzgier & P. Gottschalk (Eds), *Uneven Tides: Rising Inequality in America* (pp. 251–275). New York: Russell Sage Foundation.

Hotz, V. J., & Scholz, J. K. (2001). The earned income tax credit. NBER Working Paper No. 8078. Cambridge, MA: National Bureau of Economic Research.

Hoynes, H. W. (2000). The employment, earnings, and income of less skilled workers over the business cycle. In: D. E. Card & R. M. Blank (Eds), *Finding Jobs* (pp. 23–71). New York: Russell Sage Foundation.

Juhn, C., Murphy, K., & Pierce, B. (1993, June). Wage inequality and the rise in returns to skill. *Journal of Political Economy, 101*(3), 410–442.

Katz, L., & Krueger, A. B. (1992, October). The effect of the minimum wage on the fast food industry. *Industrial and Labor Relations Review, 46*(1), 6–21.

Katz, L. F. (1996). Wage subsidies for the disadvantaged. NBER Working Paper No. 5679. Cambridge, MA: National Bureau of Economic Research.

Katz, L. F. (2000). Wage subsidies for the disadvantaged. In: R. B. Freeman & P. Gottschalk (Eds), *Generating Jobs: How to Increase Demand for Less-Skilled Workers* (pp. 21–53). New York: Russell Sage Foundation.

Kaufman, J. J., & Foran, T. G. (1971). The minimum wage and poverty. In: J. F. Burton, Jr. et al. (Eds), *Readings in Labor Market Analysis* (pp. 508–523). New York: Holt, Rhinehart & Winston.

Kolm, S. C. (1969). The optimal production of social justice. In: J. Margolis & H. Guitton (Eds), *Public Economics* (pp. 145–200). London: Macmillan.

Kolm, S. C. (1976, June). Unequal inequalities. *Journal of Economic Theory, 12*(3), 416–442.

Knox, V., Miller, C., & Gennetian, L. A. (2000). *Reforming welfare and rewarding work: A summary of the final report on the Minnesota investment program.* New York: Manpower Research Demonstration Corporation.

Kosters, M. H. (1996). A summary of the new economics of the minimum wage. In: M. H. Kosters (Ed.), *The Effects of the Minimum Wage on Employment* (pp. 11–25). Washington, DC: AEI Press.

Kuznets, S. (1955, March). Economic growth and income inequality. *American Economic Review, 45*(1), 1–28.

Lambert, P. J. (2001). *The distribution and redistribution of income* (3rd ed.). Manchester: Manchester University Press.

Lambert, P. J., & Pfähler, W. (1992). Income tax progression and redistributive effect: The influence of changes in the pretax income distribution. *Public Finance, 47*(1), 1–16.

Lampman, R. (1959). The low income population and economic growth. Study Paper No. 12. Washington, DC: Joint Economic Committee, U.S. Congress.

Lawrence, R., & Slaughter, M. (1994, Fall). Trade and U.S. wages: Great sucking sound or small hiccup? *Brookings Papers on Economic Activity: Microeconomics, 2*(2), 161–226.

Lee, D. S. (1999, August). Wage inequality in the United States during the 1980s: Rising dispersion or falling minimum wage? *The Quarterly Journal Of Economics, 114*(3), 977–1023.

Leffler, K. (1981). The unanswered question: Why are minimum wages popular with the poor? In: S. Rottenberg (Ed.), *The Economics of the Minimum Wage* (pp. 531–534). Washington, DC: American Enterprise Institute.

Levy, F., & Murnane, R. (1992, September). U.S. earnings level and earnings inequality: A review of recent trends and proposed explanations. *Journal of Economic Literature*, *30*(3), 1333–1381.

Liebman, J. B. (2001). The optimal design of the earned income tax credit. In: B. D. Meyer & D. Holtz-Eaton (Eds), *Making Work Pay* (pp. 196–234). New York: Russell Sage Foundation.

Lillard, L., Smith, J. P., & Welch, F. (1986, June). What do we really know about wages? The importance of nonreporting and census imputation. *Journal of Political Economy*, *94*(3), 489–506.

Meyer, B. D. (2002, May). Labor supply at the extensive and intensive margins: The EITC, welfare, and hours worked. *American Economic Review*, *92*(2), 373–379.

Meyer, B. D., & Rosenbaum, D. T. (2000, December). Making single mothers work: Recent tax and welfare policy and its effects. *National Tax Journal*, *53*(4), 1027–1062.

Meyer, B. D., & Rosenbaum, D. T. (2001, August). Welfare, the earned income tax credit, and the labor supply of single mothers. *The Quarterly Journal Of Economics*, *116*(3), 1063–1114.

Michalopoulos, C., & Berlin, G. (2000). Financial work incentives for low-wage workers: Encouraging work, reducing poverty, and benefiting families. In: B. Meyer & G. Duncan (Eds), *The Incentives of Government Programs and the Well-Being of Families* (pp. 1–17). Evanston, IL: Joint Center for Poverty Research at Northwestern University.

Moyes, P. (1999). Stochastic dominance and Lorenz Curves. In: J. Silber (Ed.), *Handbook of Income Inequality Measurement* (pp. 199–226). Amsterdam: Kluwer.

Myrdal, G. (1944, Reprinted 1964). *An American dilemma: The negro problem and modern democracy*. New York: Harper and Brothers.

Nelson, R. R. (2000, January). State labor legislation enacted in various years. *Monthly Labor Review*, *23*(1), 1978–2000.

Neumark, D., Schweitzer, M., & Wascher, W. (1998). The effects of minimum wages on the distribution of family income: A non-parametric analysis, NBER Working Paper No. 6536. Cambridge, MA: National Bureau of Economic Research.

Neumark, D., & Wascher, W. (1992, October). Employment effects of minimum and subminimum wages: Panel data on state minimum wage laws. *Industrial and Labor Relations Review*, *46*(1), 55–81.

Neumark, D., & Wascher, W. (1994, April). Employment effects of minimum and subminimum wages: Reply to Card & Krueger. *Industrial and Labor Relations Review*, *47*(3), 497–512.

Neumark, D., & Wascher, W. (1997). Do minimum wages fight poverty? NBER Working Paper No. 6127. Cambridge, MA: National Bureau of Economic Research.

Neumark, D., & Wascher, W. (2000). Using the EITC to help poor families: New evidence and a comparison with the minimum wage, NBER Working Paper No. 7599. Cambridge, MA: National Bureau of Economic Research.

Niskanen, W. A. (2000). Creating good jobs and good wages. In: D. Ellwood, R. M. Blank, J. Blaus, D. Kruse, W. Niskanen & K. Lynn-Davis (Eds), *A Working Nation* (pp. 92–104). New York: Russell Sage Foundation.

O'Neill, D. M., & O'Neill, J. E. (1997). *Lessons for welfare reform*. Kalamazoo, MI: W. E. Upjohn Institute for Employment Research.

Orshansky, M. (1965, January). Counting the poor: Another look at the poverty profile. *Social Security Bulletin*, *28*(1), 3–29.

Orshansky, M. (1965, July). Who's who among the poor? A demographic view of poverty. *Social Security Bulletin*, *28*(3), 3–32.

Orshansky, M. (1969, February). How poverty is measured. *Monthly Labor Review, 28*(2), 387–406.

Page, M. E., Millar, J., & Spetz, J. (2000). Does the minimum wage affect welfare caseloads? JCPR Working Paper No. 135.

Phelps, E. (1997). *Rewarding work: How to restore participation and self-support to free enterprise*. Cambridge, MA: Harvard University Press.

Pigou, A. C. (1932). *The economics of welfare* (4th ed.). London: Macmillan.

Radner, D. (1997, March). Noncash income, equivalence scales and the measurement of economic well-being. *Review of Income and Wealth, 43*(1), 71–88.

Ravallion, M. (1993). *Poverty comparisons*. New York: Harwood Academic Publishers.

Rector, R., Johnson, K., & Youssef, S. (1999). The extent of material hardship in the United States. *Review of Social Economy, LVII*(3), 351–385.

Revenga, A. L. (1992, Feb). Exporting jobs? The import competition on employment and wages in U.S. manufacturing. *Quarterly Journal of Economics, 107*(1), 255–823.

Rodgers, J. R., & Rodgers, J. L. (1993, Winter). Chronic poverty in the United States. *Journal of Human Resources, 28*(1), 25–54.

Rosenbaum, D. T. (2000). Taxes, the earned income tax credit, and marital status, JCPR Working Paper, No. 177.

Rottenberg, S. (1981a). Introduction. In: S. Rottenberg (Ed.), *The Economics of the Minimum Wage* (pp. 5–7). Washington, DC: American Enterprise Institute.

Rottenberg, S. (1981b). Minimum wages in Puerto Rico. In: S. Rottenberg (Ed.), *The Economics of the Minimum Wage* (pp. 327–339). Washington, DC: American Enterprise Institute.

Ruggles, P. (1990). *Drawing the line*. Washington, DC: Urban Institute Press.

Saposnik, R. (1981). Rank dominance in income distribution. *Public Choice, 36*(1), 147–151.

Saposnik, R. (1983). On evaluating income distributions: Rank dominance, the suppes-Sen grading principle of justice, and Pareto optimality. *Public Choice, 40*(3), 329–336.

Sawhill, I. (1988, September). Poverty in the U.S.: Why is it so persistent? *Journal of Economic Literature, 26*(3), 1073–1119.

Sen, A. (1976). Poverty: An ordinal approach to measurement. *Econometrica, 44*, 219–231.

Sen, A. (1979). Issues in the measurement of poverty. *Scandanavian Journal of Economics, 2*, 285–307.

Shorrocks, A. F. (1983, Feb). Ranking income distributions. *Economica, 50*(197), 3–17.

Simons, H. C. (1948). *Economic policy for a free society*. Chicago: University of Chicago Press.

Stigler, G. (1976, January). Do economists matter? *Southern Economics Journal, 42*(3), 347–354.

Stigler, G. J. (1946, June). The economics of minimum wage legislation. *American Economic Review, 36*(3), 358–365.

Thon, D. (1979, December). On measuring poverty. *Review of Income and Wealth, 25*(4), 429–440.

Turner, M. D. (1999). The effects of higher minimum wages on welfare recipiency, JCPR Working Paper No. 95.

U.S. Bureau of the Census (1985). Income non-response, March 1983 current population survey. Washington, DC: Technical Paper No. 54.

U.S. Bureau of the Census (1988). *Annual demographic file, March 1988 current population survey, rewrite tape technical documentation*. Washington, DC: Data Access and Use Staff.

U.S. Bureau of the Census (1990). *Annual demographic file, March 1988 current population survey, rewrite tape technical documentation*. Washington, DC: Data Access and Use Staff.

Vedder, R. K., & Gallaway, L. (2001). *Does the minimum wage reduce poverty?* Washington, DC: Employment Policy Institute.

Watts, H. (1968). An economic definition of poverty. In: D. P. Moynihan (Ed.), *On Understanding Poverty* (pp. 316–329). New York: Basic Books.

Wood, A. (1994). *North-South trade, employment and inequality*. Oxford: Clarendon Press.

Wood, A. (1995, Summer). How trade hurt unskilled workers. *Journal of Economic Perspectives*, *9*(3), 57–80.

Wu, X. (2002). Nonparametric labor supply estimation under the earned income tax credit and welfare programs, Working Paper. Berkeley: University of California.

Yitzhaki, S., & Slemrod, J. (1991, June). Welfare dominance to commodity taxation: An application to commodity taxation. *American Economic Review*, *81*(3), 480–496.

Zheng, B. (1997, June). Aggregate poverty measures. *Journal of Economic Surveys*, *11*(2), 123–162.

Zheng, B., Formby, J. P., & Smith, W. J. (2000, October). Inequality orderings, normalized stochastic dominance and statistical inference. *Journal of Business and Economic Statistics*, *18*(4), 479–488.

人名索引

(页码为本书边码)

主题索引

(页码为本书边码)

图书在版编目（CIP）数据

反贫困策略：美国的政策选择与评估 /（美）约翰·丰比，（美）约翰·毕晓普，（美）金浩成著；王桂胜译. —北京：中国工人出版社，2020.5
书名原文: Minimum wages and poverty
ISBN 978-7-5008-7240-5

Ⅰ.①反… Ⅱ.①约… ②约… ③金… ④王… Ⅲ.①劳动力市场—研究—美国 Ⅳ.①F249.712

中国版本图书馆CIP数据核字（2020）第062887号

著作权合同登记号：01-2018-7241
This translation of *Minimum Wages and Poverty: An Evaluation of Policy Alternatives* by J.P. Formby, John A. Bishop and H. Kim is published under licence from Emerald Publishing Limited of Howard House, Wagon Lane, Bingley, West Yorkshire, BD16 1WA, United Kingdom.

反贫困策略：美国的政策选择与评估

出 版 人　王娇萍
责任编辑　邢　璐
责任印制　黄　丽
出版发行　中国工人出版社
地　　址　北京市东城区鼓楼外大街45号　邮编：100120
网　　址　http://www.wp-china.com
电　　话　（010）62005043（总编室）
（010）62005039（印制管理中心）
（010）62004005（万川文化项目组）
发行热线　（010）62005049　（010）62005041　（010）62046646
经　　销　各地书店
印　　刷　北京市密东印刷有限公司
开　　本　710毫米×1000毫米　1/16
印　　张　16.5
字　　数　218千字
版　　次　2020年5月第1版　2020年5月第1次印刷
定　　价　65.00元